日商簿記1級

試験に

とおるトレーニング

商業簿記・会計学 II

応用編

実力養成の1冊

Net-School

JN076329

ネットスクール出版

『日商簿記１級に合格するための学校　エクササイズ』からの主な改訂点

旧版（学校シリーズ）で「基礎編 1」、「基礎編 2」、「完成編」と３分冊あったものを、章立てを入れ替えて「基礎編」、「応用編」の２分冊に再構成するとともに、主に以下の点を改訂しました。

『とおるトレーニングⅠ　基礎編』

(1) 市場価格のない株式等、トレーディング目的で保有する棚卸資産に係る説明の変更
「時価の算定に関する会計基準」の公表にともない、「金融商品に関する会計基準」と「棚卸資産の評価に関する会計基準」の一部が改正され、市場価格のない株式等、トレーディング目的で保有する棚卸資産に係る説明を変更しました。

『とおるトレーニングⅡ　応用編』

(1) 「収益認識に関する会計基準」の新設による収益認識の Chapter を追加
(2) 工事契約における原価回収基準の処理を追加
(3) 連結会計における取得関連費用の処理を追加
(4) 子会社でその他有価証券評価差額金がある場合の持分変動の処理を追加

注）旧版の各 Chapter の後ろにありました TRY　IT の計算問題については、問題演習として他の問題とあわせて解いてもらうため、『とおるトレーニング』（問題集）に移しました。

本書は、2020 年 10 月末日時点で公表されている会計基準にもとづいて作成しています。

はじめに

選ばれし者達よ、さあ最高峰に挑もう！

商業簿記・会計学では**『収益の認識基準』**や**『時間価値の計算』**、工業簿記・原価計算では**『意思決定会計』**や**『予算実績差異分析』**といった、本当に力になる知識が、いよいよ皆さんの前に展開されてきます。それが、日商１級です。

これらの知識の修得は、日商２級という壁を超えるレベルの人にしか許されていない、というのが現実でしょう。でも、本書を手に取った皆さんは、既にその条件をクリアしていることでしょう。

すべての人の中で、簿記を学ぶ人の割合、その中で２級レベルまで修得した人の割合を考えれば、それだけでも素晴らしいことです。

では、この最高峰から見える景色を想像してみましょう。

今の知識は、皆さんの足元を固める存在になり、目には真実を見る力が、耳にはあらゆる情報をキャッチする能力が、足には利害を見ての行動力、手には物事を動かす力が宿っているはずです。そしてそこからは、峯続きに税理士、その向こうには公認会計士という人生も見渡せることでしょう。

つまり、**スーパーなビジネスパーソンや経営者になるにしても、税理士や公認会計士といった士（サムライ）業を目指すにしても、大いに展望が開ける、それが日商１級です。**

いま皆さんは、日商１級という名の大きな扉の前に立ち尽くしているかもしれません。

でも、よく見てください。

目の前にあるのは、**そんな大きな扉ではなく、現金預金、有価証券といった、いくつもの小さな扉が並んでいる**に過ぎません。**未知の扉を１つ１つ開けていく**というのは、これまで皆さんがやってきたことと同じです。

最後にこの扉をうまく開けるコツを、お伝えしておきましょう。

それは「**楽しむこと**」です。

これから目の前に展開されてくる１つ１つの扉を、ぜひ楽しみながら開けていってください。

この、楽しむという気持ちが、皆さんの未来を輝けるものにしていきますから。

CONTENTS

※

※　Section 1 の問題はありません。

本書の特徴

ネットスクールでは、日商簿記２級を修了された方が１級に合格するまでの過程として、次の３段階があると考えています。

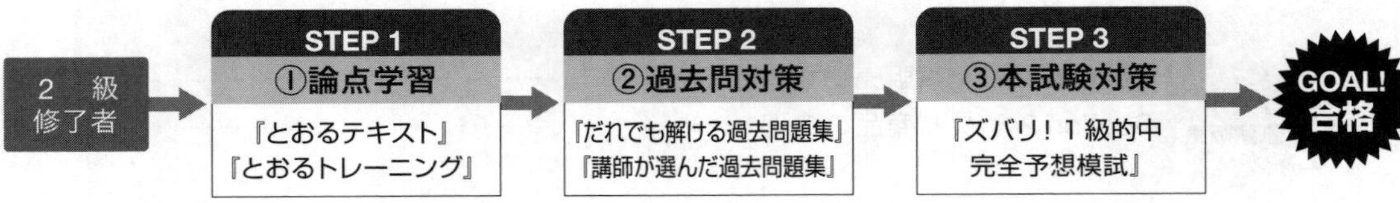

本書は、このうち①**論点学習を行うための問題集**で、２級を修了された方が「無理なく効率的に１級の内容をマスターでき、さらに次のステップの②**過去問対策**や③**本試験対策**に役立つ知識を身につけることができる」ように構成され、次の特徴があります。

❶ 良質の練習問題を厳選

『とおるテキスト』に完全対応。

また良質の練習問題を厳選して、収載しました。ぜひテキストとともに活用してください。

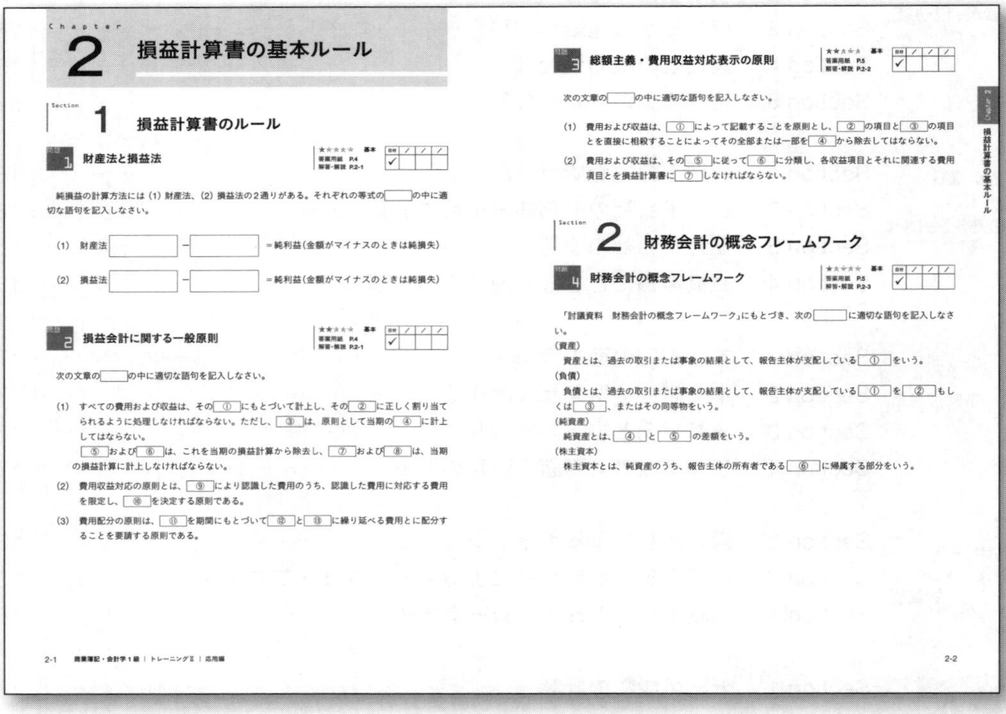

Chapter 2 損益計算書の基本ルール

Section 1 損益計算書のルール

1 財産法と損益法　★☆☆☆☆ 基本　答案用紙 P.4　解答・解説 P.2-1

純損益の計算方法には (1) 財産法、(2) 損益法の２通りがある。それぞれの等式の［　　］の中に適切な語句を記入しなさい。

(1) 財産法［　　］－［　　］＝純利益（金額がマイナスのときは純損失）

(2) 損益法［　　］－［　　］＝純利益（金額がマイナスのときは純損失）

2 損益会計に関する一般原則　★★☆☆☆ 基本　答案用紙 P.4　解答・解説 P.2-1

次の文章の［　　］の中に適切な語句を記入しなさい。

(1) すべての費用および収益は、その［①］にもとづいて計上し、その［②］に正しく割り当てられるように処理しなければならない。ただし、［③］は、原則として当期の［④］に計上してはならない。
［⑤］および［⑥］は、これを当期の損益計算から除去し、［⑦］および［⑧］は、当期の損益計算に計上しなければならない。

(2) 費用収益対応の原則とは、［⑨］により認識した費用のうち、認識した費用に対応する費用を限定し、［⑩］を決定する原則である。

(3) 費用配分の原則は、［⑪］を期間にもとづいて［⑫］と［⑬］に繰り延べる費用とに配分することを要請する原則である。

3 総額主義・費用収益対応表示の原則　★★☆☆☆ 基本　答案用紙 P.5　解答・解説 P.2-2

次の文章の［　　］の中に適切な語句を記入しなさい。

(1) 費用および収益は、［①］によって記載することを原則とし、［②］の項目と［③］の項目とを直接に相殺することによってその全部または一部を［④］から除去してはならない。

(2) 費用および収益は、その［⑤］に従って［⑥］に分類し、各収益項目とそれに関連する費用項目とを損益計算書に［⑦］しなければならない。

Section 2 財務会計の概念フレームワーク

4 財務会計の概念フレームワーク　★☆☆☆☆ 基本　答案用紙 P.5　解答・解説 P.2-3

「討議資料　財務会計の概念フレームワーク」にもとづき、次の［　　］に適切な語句を記入しなさい。

(資産)
資産とは、過去の取引または事象の結果として、報告主体が支配している［①］をいう。

(負債)
負債とは、過去の取引または事象の結果として、報告主体が支配している［①］を［②］もしくは［③］、またはその同等物をいう。

(純資産)
純資産とは、［④］と［⑤］の差額をいう。

(株主資本)
株主資本とは、純資産のうち、報告主体の所有者である［⑥］に帰属する部分をいう。

損益計算書の基本ルール

2-1　商業簿記・会計学１級｜トレーニングⅡ｜応用編　　2-2

❷ 過去問レベルまでムリなくステップアップ

一般的な1級カリキュラムでは、１つの章に平易な内容と難しい内容が混在し、学習者のやる気をくじく傾向がありました。そこで本シリーズでは、基礎編と応用編に分け、難関論点と過去問レベルの論点を応用編に配置することで、でこぼこがない学習環境を実現しています。

この２冊を学習することで、１級合格に最低限必要な知識を養うことができます。

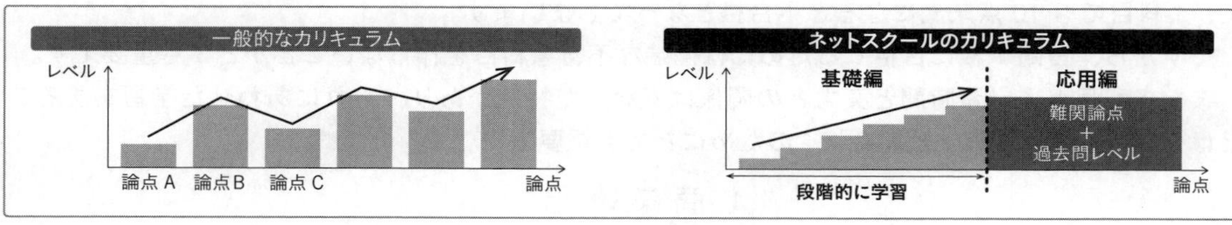

❸ 重要度が一目でわかる

本書は、読者の皆さんが効率的に学習を進められるように、問題ごとに重要度と難易度を示してあります。重要度と難易度の区別は次のようになります。

重要度

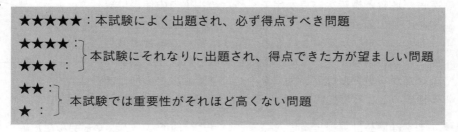

★★★★★：本試験によく出題され、必ず得点すべき問題

★★★★：
★★★　：本試験にそれなりに出題され、得点できた方が望ましい問題

★★：
★　：本試験では重要性がそれほど高くない問題

難易度

基　本：テキストレベルで比較的簡単に計算できる問題

応　用：基本問題と比較して、比較的計算・集計の手間がかかる問題

※　上記の他に「ゴール問題」として、本試験の商業簿記での出題を想定した総合問題を入れています。

❹ 過去問題集『だれでも解ける過去問題集』(別売り)で、本試験への対応力を付ける！

過去問題の中から、現金預金なら現金預金だけ、有価証券なら有価証券だけと論点ごとに（横断的に）問題を抜き出し、さらに２級レベルの内容から、１級の難問に至るまで、難易度順に並べたのが、『だれでも解ける過去問題集』です。このヨコ解きによって、論点ごとに実力を確認しながら自然と実力をアップさせていくことができ、また苦手な内容でも「合格に必要なところまでは解ける」ようになります。

『だれでも解ける過去問題集』が終わったら、本試験問題をそのまま掲載した『講師が選んだ過去問題集』に進んでください。

日商１級の攻略方法

日商１級の試験科目は**商業簿記・会計学・工業簿記・原価計算**の４科目で各25点の100点満点で出題されます。合格点は70点ですが、各科目に40％（10点）の合格最低点が設けられていて、１科目でも10点未満になると不合格となってしまいます。

ですから、日商１級に合格するためには極端な不得意科目を作らないことがとても重要です。

また各科目とも学習時間と実力との関係は異なった特性があり、それにあわせた学習をすることは“**学習時間の短縮＝短期合格**”のためにとても重要です。

商業簿記

出題形式➡ 商業簿記の出題は、通常、総合問題（25点分の問題）形式です。

出題パターンとしては、①決算整理後残高試算表の作成、②損益計算書作成、③貸借対照表作成、④本支店会計、⑤連結会計の５つがあります。

科目特性➡ 学び始めたときは２級の知識を基礎として、新しい知識を吸収し、実力も伸びていきます（Ⓐ）。しかしある程度学習が進むと複雑な論点が出てくるため、実力の伸びは緩やかになります（Ⓑ）。

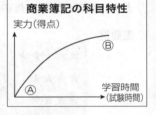

しかし“伸びが緩やかになる”部分は多くの場合出題可能性が低い論点です。この部分は手を広げればキリがありませんから重要度の高い論点を中心に学習し、その他はある程度のところで見切りをつけることが、短期合格のためには大切です。

商業簿記の科目特性

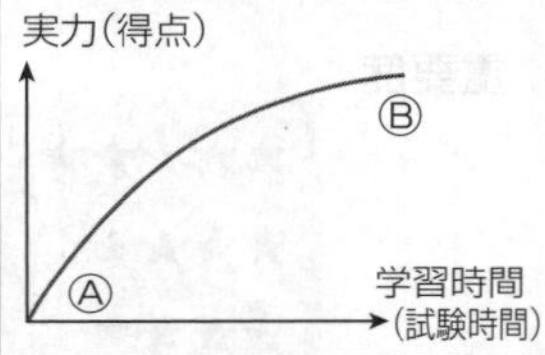

学習方法➡ まずは損益計算書・貸借対照表といった一般的な（２級でも学んだ）論点から始めましょう。『テキスト』（本書）で知識を身につけ『とおるトレーニング』で問題を解いてマスターしてください。

会計学

出題形式➡ 会計学は２問から３問の小問で出題されます。通常、このうち１問は理論問題、残りは計算問題です。

理論問題は正誤問題または空所補充（穴埋め）問題で出題されています。

計算問題は財務諸表の数値を問うもの、簡単な財務諸表の作成を要求するものなどが出題されています。

科目特性➡ 論点をひとつマスターするごとに実力もその分だけ伸びていきます。ですから学習時間に比例して実力が伸びるという、正比例の関係にあります。

会計学の科目特性

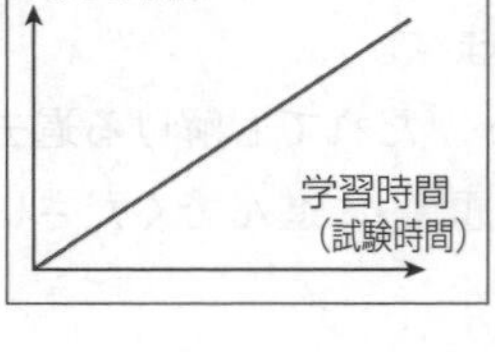

学習方法➡ 理論問題は計算問題とリンクさせて学習すると効果的です。計算問題を解くさいに理論問題もあわせて見るようにしましょう。計算問題は商業簿記の各論点を学ぶことで実力がつきます。ですから商業簿記と会計学を分けることなく一緒に学習していくのが効率的です。

問題編

日商１級のプロフィール

1. 過去の合格率

年度	2014年		2015年		2016年		2017年		2018年		2019年	
回数	137	138	140	141	143	144	146	147	149	150	152	153
受験者数	8,738	9,931	8,108	9,087	7,792	8,416	7,103	8,286	7,501	7,588	6,788	7,520
合格者数	847	877	716	873	846	783	626	487	1,007	680	575	735
合格率	9.7%	8.8%	8.8%	9.6%	10.9%	9.3%	8.8%	5.9%	13.4%	9.0%	8.5%	9.8%
平均合格率	9.3%		9.2%		10.1%		7.4%		11.2%		9.2%	

※　139回、142回、145回、148回、151回、154回は2・３級のみで、１級は実施されていません。

2. 受験資格

年齢、性別、学歴、国籍など、一切制限はありません。日商簿記２級を持っていなくても受験できます。

注１　受験に際しては、本人確認を行いますので、必ず身分証明書（氏名、生年月日、顔写真のいずれも確認できるもの<例>運転免許証、旅券（パスポート）、社員証、学生証など）を携帯してください。身分証明書をお持ちでない方は、受験希望地の商工会議所（または試験施行機関）にご相談ください。

注２　刊行時のデータとなります。最新の情報は検定試験のホームページをご確認ください。
https://www.kentei.ne.jp/bookkeeping

3. 試験日

年間２回（６月、11月）実施されます。なお、155回試験（６月）が新型コロナウィルスの影響により中止となったため、2021年２月に実施される予定です。最新の情報は検定試験のホームページをご確認ください。

4．試験会場

全国の商工会議所、もしくは商工会議所の指定する会場。

詳しくは最寄の商工会議所または検定情報ダイヤルへお問合わせください。

5. １級の試験内容

級別	科目	配点	制限時間	程度
１級	商業簿記	25点	１時間30分	税理士、公認会計士などの国家試験の登竜門。大学程度の商業簿記、工業簿記、原価計算並びに会計学を修得し、財務諸表等規則や企業会計に関する法規を理解し、経営管理や経営分析ができる。
	会計学	25点		
	工業簿記	25点	１時間30分	
	原価計算	25点		

※　１級の場合、１科目でも得点が40％（10点）に達しない場合、不合格になります。

Chapter

1 会計の基本ルール

Section

1 会計の基本ルール

問題 1 会計公準

★☆☆☆☆ 基本
答案用紙 P.1
解答・解説 P.1-1

日付	/	/	/
✓			

次の文章の□の中に適切な語句を記入しなさい。

(1) 企業実体の公準とは、企業はその出資者から分離した別個の存在であり、それを［①］とする前提である。企業は出資者から独立して企業自体の立場から会計上の計算・［②］を行うことになる。

(2) 継続企業の公準とは、企業は解散や［③］を予定せずに、［④］に事業を営むものとする前提である。したがって、会計を行うにあたっては、企業の全存続期間を人為的に区切った［⑤］を対象とする。

(3) 貨幣的評価の公準とは、企業はその経済活動を［⑥］によって記録・計算・［⑦］するという前提である。企業は［⑧］にあたって、貨幣（日本の場合は円）を単位として記録・計算・［⑦］しなければならない。

問題 2 真実性の原則

★★☆☆☆ 基本
答案用紙 P.1
解答・解説 P.1-1

日付	/	/	/
✓			

真実性の原則に関する各問いに答えなさい。

問1. 次の文章は「企業会計原則」に掲げられている文章の一部である。□の中に適切な語句を記入しなさい。

企業会計は、企業の［①］および［②］に関して、［③］な報告を提供するものでなければならない。

問2. 真実性の原則における真実とは何を意味しているか。一言で答えなさい。

問題 3	正規の簿記の原則

★★★★★ 基本
答案用紙 P.1
解答・解説 P.1-2

日付	/	/	/
	✓		

正規の簿記の原則に関する各問いに答えなさい。

問1. 次の文章は「企業会計原則」に掲げられている文章の一部である。[ ]の中に適切な語句を記入しなさい。

企業会計は、すべての[①]につき、正規の簿記の原則に従って、[②]を作成しなければならない。

問2. 問１の②を満たすための3つの要件をあげなさい。

問題 4	資本取引・損益取引区分の原則

★★★★★ 基本
答案用紙 P.1
解答・解説 P.1-2

日付	/	/	/
	✓		

資本取引・損益取引区分の原則に関する各問いに答えなさい。

問1. 次の文章は「企業会計原則」に掲げられている文章の一部である。[ ]の中に適切な語句を記入しなさい。

資本取引と[①]とを明瞭に区別し、特に[②]と利益剰余金とを混同してはならない。

問2. 利益剰余金は貸借対照表上、具体的にどのような項目として表示されますか。3つに分けてあげなさい。

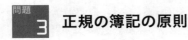

問題 5 明瞭性の原則

★★☆☆☆ 基本
答案用紙 P.2
解答・解説 P.1-3

日付	/	/	/
✓			

明瞭性の原則に関する各問いに答えなさい。

問1. 次の文章は「企業会計原則」に掲げられている文章の一部である。[　　]の中に適切な語句を記入しなさい。

(1) 企業会計は、財務諸表によって、[①]に対し必要な[②]を明瞭に表示し、[③]に関する判断を誤らせないようにしなければならない。

(2) 損益計算書には、[④]、経常損益計算および[⑤]の区分を設けなければならない。

(3) 資産、負債および資本の各科目は、一定の基準に従って明瞭に[⑥]しなければならない。

問2. 次に列挙した明瞭性の内容を①形式面(表示面)と②内容面(処理の原則および手続)に分けなさい。

(a) 損益計算書および貸借対照表の様式
(b) 附属明細表の作成
(c) 総額主義による表示
(d) 重要な会計方針の注記
(e) 科目の系統的配列

問題 6 継続性の原則

★★☆☆☆ 基本
答案用紙 P.2
解答・解説 P.1-3

日付	/	/	/
✓			

継続性の原則に関する各問いに答えなさい。

問1. 次の文章は「企業会計原則」に掲げられている文章の一部である。[　　]の中に適切な語句を記入しなさい。

企業会計は、その[①]および[②]を毎期継続して適用し、みだりにこれを変更してはならない。

問2. 企業会計において継続性が要請される理由を2つあげなさい。

問3. 次の各文章について、正しいと思うものには○を、正しくないと思うものには×をつけ、×とした場合にのみ、その理由を示しなさい。

(1) 企業会計において企業がいったん採用した会計処理および手続については、いかなる理由があっても、それを変更することは認められない。

(2) 1つの事象につき1つの会計処理および手続しか認められない場合には、継続性の問題は生じない。

問題 7 保守主義の原則

★★★★★ 基本
答案用紙 P.3
解答・解説 P.1-4

日付	/	/	/
✓			

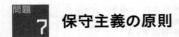

保守主義の原則に関する各問いに答えなさい。

問1. 次の文章は「企業会計原則」に掲げられている文章の一部である。□の中に適切な語句を記入しなさい。

企業の財政に ① な影響を及ぼす可能性がある場合には、これに備えて適当に ② な会計処理をしなければならない。

問2. 次に列挙した会計処理のうち、保守主義の具体的な適用例であると考えられるものをすべて選びなさい。

(a) 開発費等の繰延資産としての計上(全額一括費用化との比較)
(b) 減価償却における定率法の採用(定額法との比較)
(c) 将来に発生が予想される費用または損失に備える引当金の設定（引当金を設定しない場合との比較）

問3. 次の各文章について、正しいと思うものには○を、正しくないと思うものには×をつけ、×とした場合にのみ、その理由を示しなさい。

(1) 企業の財政に不利な影響を及ぼす可能性がある場合には、保守主義を適用して任意的に費用を過大計上し、収益については過少計上を行うことが望ましい。
(2) 保守主義の原則は真実性の原則に反しない範囲で認められるものであるため、過度に保守的な会計処理は認められない。

問題 8 単一性の原則

★★★★★ 基本
答案用紙 P.3
解答・解説 P.1-4

日付	/	/	/
✓			

単一性の原則に関する各問いに答えなさい。

問1. 次の文章は「企業会計原則」に掲げられている文章の一部である。□の中に適切な語句を記入しなさい。

株主総会提出のため、信用目的のため、租税目的のため等種々の目的のために異なる形式の財務諸表を作成する必要がある場合、それらの内容は、信頼しうる ① にもとづいて作成されたものであって、 ② のために事実の ③ をゆがめてはならない。

問2. 次の文章について、正しいと思うときには○を、正しくないと思うときには×をつけ、×とした場合のみ、その理由を示しなさい。

株主総会に提出するための財務諸表と税務署提出用の財務諸表では、基礎となる会計記録が異なるので、帳簿を複数作成しなければならない。

問題 9 重要性の原則

★★★★★ 基本
答案用紙 P.3
解答・解説 P.1-5

日付	/	/	/
✓			

重要性の原則に関する各問いに答えなさい。

問1. 次の文章は「企業会計原則注解」にある文章の一部である。□の中に適切な語句を記入しなさい。

企業会計は、定められた会計処理の方法に従って正確な計算を行うべきものであるが、企業会計が目的とするところは、企業の ① を明らかにし、 ② に関する利害関係者の判断を誤らせないようにすることにあるから、 ③ の乏しいものについては、本来の厳密な会計処理によらないで他の ④ な方法によることも ⑤ に従った処理として認められる。

問2. 次に列挙する項目のうち、重要性の原則の適用例として認められるものをすべて選びなさい。

(a) 売掛金の残高が僅少であったので、これを簿外資産とした。

(b) 引当金のうち重要性の乏しいものについて計上しなかった。

(c) 分割返済の定めのある長期の債権のうち、期限が一年以内に到来するものについて、重要性が乏しいため固定資産として表示した。

(d) 商品など棚卸資産の取得にさいして発生した付随費用を、取得原価に含めず費用として処理した。

(e) 役員に対する債権について特別な科目を設けずに他の貸付金と合計して表示した。

問3. 次の各文章について、正しいと思うものには○を、正しくないと思うものには×をつけ、×とした場合にのみ、その理由を示しなさい。

(1) 資産の取得原価は、購入代価または製造原価に、付随費用を必ず加算して決定しなければならない。

(2) 重要性の乏しい消耗品などの貯蔵品について、資産として計上せず買入時または払出時に費用として処理することができる。

Chapter

2 損益計算書の基本ルール

Section

1 損益計算書のルール

問題 1 財産法と損益法

★★★★★ 基本
答案用紙 P.4
解答・解説 P.2-1

日付	/	/	/
✓			

純損益の計算方法には (1) 財産法、(2) 損益法の2通りがある。それぞれの等式の［　　］の中に適切な語句を記入しなさい。

(1)　財産法［　　　　］－［　　　　］＝純利益（金額がマイナスのときは純損失）

(2)　損益法［　　　　］－［　　　　］＝純利益（金額がマイナスのときは純損失）

問題 2 損益会計に関する一般原則

★★★★★ 基本
答案用紙 P.4
解答・解説 P.2-1

日付	/	/	/
✓			

次の文章の［　　］の中に適切な語句を記入しなさい。

(1)　すべての費用および収益は、その［　①　］にもとづいて計上し、その［　②　］に正しく割り当てられるように処理しなければならない。ただし、［　③　］は、原則として当期の［　④　］に計上してはならない。
［　⑤　］および［　⑥　］は、これを当期の損益計算から除去し、［　⑦　］および［　⑧　］は、当期の損益計算に計上しなければならない。

(2)　費用収益対応の原則とは、［　⑨　］により認識した費用のうち、認識した収益に対応する費用を限定し、［　⑩　］を決定する原則である。

(3)　費用配分の原則は、［　⑪　］を期間にもとづいて［　⑫　］と［　⑬　］に繰り延べる費用とに配分することを要請する原則である。

問題3 総額主義・費用収益対応表示の原則

★★★★★ 基本
答案用紙 P.5
解答・解説 P.2-2

日付	/	/	/
	✓		

次の文章の［　　］の中に適切な語句を記入しなさい。

(1) 費用および収益は、［①］によって記載することを原則とし、［②］の項目と［③］の項目とを直接に相殺することによってその全部または一部を［④］から除去してはならない。

(2) 費用および収益は、その［⑤］に従って［⑥］に分類し、各収益項目とそれに関連する費用項目とを損益計算書に［⑦］しなければならない。

Section 2 財務会計の概念フレームワーク

問題4 財務会計の概念フレームワーク

★★★★★ 基本
答案用紙 P.5
解答・解説 P.2-3

日付	/	/	/
	✓		

「討議資料　財務会計の概念フレームワーク」にもとづき、次の［　　］に適切な語句を記入しなさい。

(資産)
資産とは、過去の取引または事象の結果として、報告主体が支配している［①］をいう。

(負債)
負債とは、過去の取引または事象の結果として、報告主体が支配している［①］を［②］もしくは［③］、またはその同等物をいう。

(純資産)
純資産とは、［④］と［⑤］の差額をいう。

(株主資本)
株主資本とは、純資産のうち、報告主体の所有者である［⑥］に帰属する部分をいう。

Chapter

3 純資産会計２（新株予約権）

Section

1 新株予約権

問題1 新株予約権の会計処理

★★★★★★ 基本
答案用紙 P.6
解答・解説 P.3-1

日付	／	／	／
✓			

次に示す条件で発行された新株予約権に関する各取引について仕訳を示しなさい。対価の受払いは当座預金によるものとする。

条件

（1） M社は×５年４月１日に取締役会決議により以下の条件で新株予約権を発行した。なお、会計期間は毎年3月31日を決算日とする１年である。

1. 新株予約権の発行価額：50,000千円(1個あたり50千円)
2. 新株予約権の目的となる株式の種類および数：普通株式10,000株
3. 発行する新株予約権の総数：1,000個(1個あたりの目的となる株式数10株)
4. 権利行使時の払込価額：新株予約権1個につき200千円
5. 資本金計上額：会社法規定の最低額

（2） ×6年9月30日　新株予約権の40%が行使され、株式の発行に代えて保有する自己株式(1株あたりの帳簿価額18千円)を4,000株交付した。

（3） ×6年11月30日　新株予約権の20%が行使され、株式を発行した。

（4） ×10年3月31日　新株予約権の40%について権利行使期間が満了した。

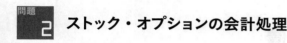

問題 2 ストック・オプションの会計処理

★★★★★ 応用
答案用紙 P.6
解答・解説 P.3-2

日付	/	/	/
✓			

次の資料にもとづいて、×7年度～×9年度の損益計算書に計上される株式報酬費用および×7年度～×9年度の貸借対照表に計上される新株予約権の金額を答えなさい。

資料

1. 当社（決算日は3月31日）は×7年6月の株主総会において従業員に対して、3,000個のストック・オプション（新株予約権）を付与することを決議し、同年7月1日に付与した。
   (1) 1個のストック・オプションの行使により1株の株式を与える。
   (2) ストック・オプションの行使時の払込金額：1株あたり20,000円
   (3) ストック・オプションの権利確定日：×9年6月末日
   (4) ストック・オプションの行使期間：×9年7月1日から×14年6月30日
   (5) 付与日におけるストック・オプションの公正な評価単価は、2,500円/個である。
   (6) 付与日において権利確定日までに失効すると見込まれる新株予約権の個数を360個と見込んでいる。
   (7) ×9年度中におけるストック・オプションの権利行使はなかった。

2. 新株予約権の失効に関する資料は、次のとおりである。
   (1) ×7年度末において、権利確定日までに失効すると見込まれる新株予約権の個数は360個であった。
   (2) ×8年度末において、権利確定日までに失効すると見込まれる新株予約権の個数は320個であった。
   (3) ×9年度の権利確定日までに実際に失効した新株予約権の個数は280個であった。

Section **2** 新株予約権付社債

問題3 新株予約権付社債(現金払込の場合)の会計処理

★★★★★ 応用
答案用紙 P.7
解答・解説 P.3-3

日付	/	/	/
	✓		

次に示す条件で×1年4月1日に発行された新株予約権付社債に関する各取引(1)～(3)について仕訳を示しなさい。なお、対価の受払いは当座預金によるものとする。

条件

1. 社債の額面総額：2,000,000千円(2,000口)
2. 社債の払込金額は額面@100円につき@95円、新株予約権は1個につき50千円で(2,000個)発行する。
3. 利率：年5%(利払日は3月末)
4. 償還期限：×6年3月31日
5. 償却原価法(定額法)を採用している。
6. 新株予約権の内容
   ① 社債1口につき1個の新株予約権証券(新株予約権1個につき1,000株)を付す。
   ② 新株予約権の行使価額：@1,000円
   ③ 資本金計上額：会社法規定の最低限度額
   ④ 代用払込も可能である。
   ⑤ 新株予約権の行使期間は、×1年5月1日～×6年3月31日までである。

(1) ×1年4月1日発行時の処理
(2) ×2年3月31日決算日(利払日)の処理
(3) 新株予約権の70%が行使され、行使価額全額が当座預金に払い込まれた場合の処理

問題 4 新株予約権付社債(代用払込の場合)の会計処理

★★★★★ 応用
答案用紙 P.7
解答・解説 P.3-4

日付	/	/	/
✓			

次に示す条件で発行された新株予約権付社債に関する権利行使時の仕訳を示しなさい。対価の受払いは当座預金によるものとする。決算日は12月31日である。

条件

1. 社債の額面総額：5,000,000千円(5,000口)
2. 社債の払込金額は額面@100円につき@94円、新株予約権は1個につき60千円(5,000個発行)とする。
3. 利率：年3%、利払日：12月31日
4. 発行日：×4年1月1日
5. 償還期限：×8年12月31日
6. 償却原価法(定額法)を採用している。
7. 新株予約権の内容
   ① 社債1口につき1個の新株予約権証券(新株予約権1個につき1,000株)を付す。
   ② 新株予約権の行使価額：@1,000円
   ③ 資本金計上額：会社法規定の最低限度額
   ④ 代用払込は可能である。
   ⑤ 新株予約権の行使期間は、×4年2月1日～×8年12月31日までである。

×6年9月30日に新株予約権の60%が行使され、代用払込の請求を受け、これを承認した。また、権利行使にともない代用払込として消滅した社債については、配当との調整上、利息を支払わない。

問題 5

新株予約権付社債(一括法)の会計処理

★★★★★ 応用
答案用紙 P.7
解答・解説 P.3-5

日付	/	/	/
	✓		

次に示す条件で発行された転換社債型新株予約権付社債に関する各取引(1)～(2)について一括法による仕訳を示しなさい。

条件

1. 社債の額面総額:3,000,000千円(3,000口)
2. 社債の払込金額は額面@100円につき@95円、新株予約権は1個につき50千円(3,000個発行)とする。
3. 利率:年4%、利払日:12月31日
4. 発行日:×5年1月1日
5. 償還期限:×9年12月31日
6. 新株予約権の内容
   ① 社債1口につき1個の新株予約権証券(新株予約権1個につき1,000株)を付す。
   ② 新株予約権の行使価額:@1,000円
   ③ 資本金計上額:会社法規定の最低限度額
   ④ 新株予約権の行使期間は、×5年2月1日～×9年12月31日までである。

(1) ×5年1月1日に新株予約権付社債を発行し、払込金は当座預金口座に入金された。

(2) ×7年9月30日に新株予約権の60%が行使され、代用払込の請求を受け、これを承認した。また、権利行使にともない代用払込として消滅した社債については、配当との調整上、利息を支払わない。

Chapter 4 デリバティブ

Section 1 デリバティブとヘッジ会計

問題1 金利スワップ取引

★★★★★ 基本
答案用紙 P.8
解答・解説 P.4-1

日付	/	/	/
✓			

次の一連の金利スワップ取引に関して、問1. ヘッジ会計を適用しない場合の仕訳と答案用紙に示す損益計算書に記載される各金額、問2. ヘッジ会計（繰延ヘッジ）を適用した場合の仕訳と答案用紙に示す損益計算書に記載される各金額を答えなさい。なお、決算日は3月31日である。

(1)　×1年5月1日

額面@100円につき@100円で総額200,000円、利率年3.5%の5年ものの固定利付国債を購入（その他有価証券勘定で処理）し、同時にA銀行との間で年3.5%の固定金利支払・変動金利受取りの金利スワップ契約を締結した。なお、想定元本は200,000円、利払日はともに4月末、10月末の年2回である。また、有価証券の代金は現金で支払っている。

(2)　×1年10月31日（利払日）

利息は現金で授受している。なお、変動金利の受取りは年利5%であった。

(3)　×2年3月31日（決算日）

上記国債の時価は@95.4円であり、全部純資産直入法で処理する。金利スワップの時価は9,204円であった。なお、利息の経過勘定の処理は無視する。

(4)　×2年4月1日（期　首）

その他有価証券および金利スワップの評価差額を振り戻す。

(5)　×2年4月25日

上記国債を@95.5円で売却すると同時に金利スワップを9,208円で決済し、代金はともに現金で受け取った。なお、利息の処理は無視する。

問題 2　先物取引１

★★★★★　基本
答案用紙　P.9
解答・解説　P.4-3

日付	／	／	／
✓			

次の一連の先物取引に関する仕訳を示しなさい。

(1)　×２年３月１日
　５月末日を限月とするＸ先物商品を5,000円／個で１枚買い建てた。なお、Ｘ先物商品の売買単位は１枚あたり100個であり、証拠金40,000円を現金で支払った。

(2)　×２年３月31日
　決算日。５月末日を限月とするＸ先物商品の時価は6,250円／個であった。

(3)　×２年４月１日
　翌期首につき、先物取引の評価差額を振り戻す。

(4)　×２年４月20日
　投資利益を確定させるため、５月末日を限月とするＸ先物商品を１枚売り建て、売却代金は現金で受け取った(反対取引)。このときのＸ先物商品の時価は6,500円／個であった。

問題 3　先物取引２

★★★★★　基本
答案用紙　P.10
解答・解説　P.4-4

日付	／	／	／
✓			

次の一連の先物取引に関する仕訳を示しなさい。

(1)　×２年３月１日
　国債先物300,000円を額面＠100円につき＠95円で売り建て、証拠金として15,000円を現金で支払った。

(2)　×２年３月31日
　決算日。同日の国債先物の時価は＠98円であった。

(3)　×２年４月１日
　翌期首につき、先物取引の評価差額を振り戻す。

(4)　×２年５月20日
　反対売買を行い、差金は現金で決済した。なお、同日の国債先物の時価は＠99円であった。

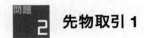

問題 4 **先物取引とヘッジ会計**

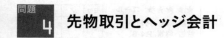

★★★★★ 応用
答案用紙 P.10
解答・解説 P.4-5

日付	/	/	/
	✓		

次の一連の先物取引およびヘッジ取引に関する仕訳を示しなさい。なお、その他有価証券は全部純資産直入法を、ヘッジ会計は繰延ヘッジを採用している。その他有価証券およびヘッジ会計について税効果会計を適用する。法定実効税率は30%とする。

(1) ×2年3月1日
国債現物500,000円を額面@100円につき@98円で購入し、代金は現金で支払った。なお、この国債はその他有価証券で処理した。このさいに、時価の変動によるリスクをヘッジする目的で国債先物500,000円を額面@100円につき@99円で売り建て、証拠金として25,000円を現金で支払った。

(2) ×2年3月31日
決算日。同日の国債現物の時価は@96円であった。同日の国債先物の時価は@97.2円であった。

(3) ×2年4月1日
翌期首につき、先物取引の評価差額を振り戻す。

(4) ×2年5月20日
上記国債を@93円で売却し、代金を現金で受け取った。
このさいに、国債先物につき反対売買を行い差金は現金で決済した。なお、国債先物の時価は@95円であった。

問題 5 **総合問題**

★★★★★ ゴール
答案用紙 P.11
解答・解説 P.4-6

日付	／	／	／
	✓		

NS株式会社の×6年3月期（自×5年4月1日　至×6年3月31日）における次の資料にもとづき、答案用紙の決算整理後残高試算表を作成しなさい。

資料1

決算整理前残高試算表
×6年3月31日　（単位：千円）

借方科目	金額	貸方科目	金額
現金預金	315,900	支払手形	200,000
売掛金	410,000	買掛金	300,990
繰越商品	52,500	仮受金	10,500
仮払金	37,500	貸倒引当金(売上債権)	3,500
建物	290,000	貸倒引当金(長期貸付金)	250
土地	225,000	退職給付引当金	760
満期保有目的債券	58,800	建物減価償却累計額	96,750
その他有価証券	54,500	資本金	600,000
関連会社株式	40,000	資本準備金	65,000
長期貸付金	12,500	その他資本剰余金	2,000
その他有価証券評価差額金	1,500	利益準備金	30,000
自己株式	15,500	任意積立金	21,000
仕入	716,100	繰越利益剰余金	3,000
販売費	34,000	売上	1,000,000
一般管理費	71,200	有価証券利息	1,250
	2,335,000		2,335,000

資料2　期末整理事項等

1.　商品売買に関する資料は次のとおりである。
　① 期首商品棚卸高　1,400個　@37,500円
　② 当期仕入高　18,600個　@38,500円
　③ 販売数量　18,000個
　④ 期末商品実地棚卸高　1,900個　正味売却価額　@37,000円
　棚卸資産の原価配分方法には総平均法を採用し、切放法を適用している。

2.　貸倒引当金
　(1)　売上債権については2%の貸倒見積額を、貸倒実績率にもとづき設定する。
　(2)　長期貸付金は、貸付先の経営悪化にともない、貸倒懸念債権とみなし、財務内容評価法にもとづき、貸倒見積額を設定する。同社の土地（処分見込額 11,500千円）が担保として提供されており、残額の50%を設定する。
　(3)　貸倒引当金は、差額補充法により設定する。

3. 保有有価証券に関する資料は次のとおりである。

	分　類	市場価格	帳簿価額	時　価	備　考
A社社債	満期保有目的債券	なし	58,800千円	−	(注1)
B社株式	関連会社株式	なし	40,000千円	−	(注2)
C社株式	その他有価証券	あり	7,000千円	9,500千円	(注3)
国　債	その他有価証券	あり	47,500千円	47,000千円	(注4)

(注1) ×6年1月1日に、額面総額60,000千円を、額面100円につき@98円で購入したものである。なお、クーポン利子率は年4%、利払日は6月および12月の各末日、償還日は×10年12月31日である。取得原価と額面金額との差額は、すべて金利調整差額と認められ、償却原価法(定額法)を適用する。

(注2) B社株式の議決権の25%を保有しているが、B社の財政状態は著しく悪化しており、同社の×6年3月末の純資産は、70,000千円となっている。

(注3) 全部純資産直入法によっているが、当期首において評価差額金を振り戻す処理がまだ行われていない。

(注4) ×5年7月1日に、額面総額50,000千円を額面100円につき@95円で購入し、価格変動によるリスクをヘッジする目的で、額面総額50,000千円の国債先物を、額面100円につき@98円で売り建てた。決算日の時価は、国債@94円、国債先物@96円であった。国債先物には繰延ヘッジを適用する。なお、国債のクーポン利子率は年5%であり、利払日は6月および12月の各末日、償還日は×10年6月30日である。

4. 固定資産

(1) 使用中の固定資産のうち、下記の資産に減損の兆候がある。減損損失の認識が必要な場合、損失の認識を行う。減損損失は、固定資産の取得原価より直接控除するものとする。建物の減価償却は、耐用年数20年、残存価額(取得原価の)10%、定額法により行っている。

	A建物	B建物	C土地
取得原価	40,000	50,000	60,000
前期までの減価償却累計額	18,000	33,750	—
割引前将来キャッシュ・フロー	9,500	6,000	28,000
正味売却価額	8,750	4,700	24,000
使用価値	8,000	4,900	21,000

(2) その他固定資産も、耐用年数20年、残存価額(取得原価の) 10%、定額法により減価償却する。

5. 退職給付

(1) 期首の退職給付債務　15,500千円
費用処理されていない数理計算上の差異　2,485千円(借方差異)
当期勤務費用　2,550千円
利息費用の利率　年2.0%
年金資産の期待運用収益　540千円
数理計算上の差異の残存償却期間　7年
ただし、当期に数理計算上の差異および過去勤務費用は生じていない。

(2) 仮払金のうち2,500千円は、厚生年金基金への拠出額である。

6. 自己株式は、当期中に5,000株を1株3,000円で取得したものであり、証券会社への支払手数料500千円は自己株式の取得原価に含めてある。また当期中に自己株式のうち3,000株を1株3,500円で売却したが、売却代金の全額を仮受金に計上している。決算にあたり、自己株式処分差額は、その他資本剰余金に加減する。
7. 経過勘定
費用前払分：販売費 700千円　一般管理費 1,120千円
費用未払分：販売費 1,930千円
8. 税引前当期純利益に対して、法人税等48,400千円を計上する。仮払金のうち、35,000千円は、法人税等の中間納付額である。

Chapter

5 会計上の変更および誤謬の訂正

Section

1 会計上の変更および誤謬の訂正

問題 1 会計方針の変更

★★★★★ 応用
答案用紙 P.12
解答・解説 P.5-1

日付	/	/	/
✓			

以下の資料にもとづき、当社の×4期（×4年4月1日から×5年3月31日）の損益計算書、貸借対照表を作成しなさい。なお、前期分と合わせて2期分の財務諸表を毎期に開示している。

資料

1. 商品について

当社は前期まで棚卸資産の評価方法として先入先出法を採用していたが、当期より正当な理由により総平均法に変更した。これにより総平均法を遡及適用する。

×2期			×3期			×4期（当期）		
摘要	取得原価	数量	摘要	取得原価	数量	摘要	取得原価	数量
期首	－	0個	期首	@720円	600個	期首	@730円	800個
仕入	@700円	2,400個	仕入	@725円	3,600個	仕入	@730円	1,600個
仕入	@720円	1,600個	仕入	@730円	1,000個	仕入	@728円	2,000個
売上		3,400個	売上		4,400個	売上		3,800個

2. 前期（×3期）の財務諸表（遡及適用前）

損益計算書 （単位：円）

	×2期	×3期
売上高	3,400,000	4,400,000
売上原価		
期首商品棚卸高	(0)	(432,000)
当期商品仕入高	(2,832,000)	(3,340,000)
合計	(2,832,000)	(3,772,000)
期末商品棚卸高	(432,000)	(584,000)
差引	2,400,000	3,188,000
売上総利益	1,000,000	1,212,000

貸借対照表 （単位：円）

	×2期	×3期
商品	432,000	584,000

株主資本等変動計算書 （単位：円）

繰越利益剰余金	×2期	×3期
当期首残高	800,000	1,200,000
当期純利益	400,000	800,000
当期末残高	1,200,000	2,000,000

3. 遡及適用後の×4期の当期純利益は500,000円である。

問題 2

貸倒引当金の計上不足

★★★★★ 応用
答案用紙 P.12
解答・解説 P.5-3

日付	/	/	/
	✓		

次の資料にもとづき、第×5期(当期)における必要な決算整理仕訳を(1)貸付金と(2)売掛金について示しなさい。

資料1

決算整理前残高試算表 (単位:円)

売掛金	36,850	貸倒引当金	900
貸付金	25,000		

・貸倒引当金の内訳:売掛金500円、貸付金400円

資料2

1. 前期生じた貸付金550円が期中に貸し倒れたが、未処理である。なお、この貸倒れにともなう引当不足額については、設定時には合理的に見積もられ、当期中における状況の変化によるものである。また、貸付金の期末残高に対して、4%の貸倒引当金を設定する。

2. 前期末において売掛金の期末残高に対して、850円の貸倒引当金を設定すべきところを、当社は誤って500円しか設定していなかった。また、前期に発生した売掛金850円が当期に貸し倒れたが未処理であった。

3. 売掛金の平均回収期間は6カ月であり、過去3期間の貸倒実績率の単純平均を用いて、貸倒引当金を設定している。過去4期間の期末売掛金残高と当該残高の実際貸倒高の発生状況は以下のとおりである。

第×1期末の売掛金残高	30,000円	第×2期中の貸倒高	660円
第×2期末の売掛金残高	28,000円	第×3期中の貸倒高	728円
第×3期末の売掛金残高	25,000円	第×4期中の貸倒高	675円
第×4期末の売掛金残高	34,000円	第×5期中の貸倒高	850円
第×5期末の売掛金残高	36,000円		

4. 前期に設定した貸倒引当金は上記1.2.の債権のみである。また、当期中における貸倒引当金の増減はない。

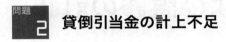

問題 3 耐用年数の短縮 1

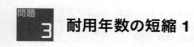

★★★★★ 応用
答案用紙 P.13
解答・解説 P.5-4

日付	/	/	/
✓			

当期末の貸借対照表、損益計算書および株主資本等変動計算書を作成しなさい。当期は×2年4月1日から×3年3月31日までの1年である。純資産の減少となる項目には、数字の頭に△印を付すこと。

決算整理前残高試算表(一部)　(単位：円)

建　物	600,000	建物減価償却累計額	15,000
備　品	300,000	備品減価償却累計額	37,500
		資本金	1,000,000
		利益準備金	5,000
		繰越利益剰余金	100,000

1. 有形固定資産の減価償却

科　目	取得価額	減価償却方法	残存価額	備　考
建　物	600,000円	定額法	0(ゼロ)	(1)
備　品	300,000円	定額法	0(ゼロ)	(2)

(1) 建物は前期首に取得したものであり、前期において耐用年数40年により減価償却を行っていたが、耐用年数は30年であることが判明した。これは耐用年数の見積り誤りによるものである。

(2) 備品は前期首に取得したものであり、前期において耐用年数8年により減価償却を行っていたが、当期首に耐用年数は6年であることが判明した。これは当期首に耐用年数を変更する新たな情報を入手したことによるものである。

問題 4 耐用年数の短縮 2

★★★★★ 基本
答案用紙 P.13
解答・解説 P.5-5

日付	/	/	/
✓			

当社は、備品（取得原価250,000円、耐用年数6年、残存価額は取得原価の10％）について、定額法により3年償却したが、新技術の発明により機能的価値が著しく減少したため、当期首より残存耐用年数を2年に変更する。

この耐用年数の変更は、設定時の耐用年数が合理的な見積りにもとづくものであり、変更後も合理的な見積りにもとづいている。決算にさいして必要な仕訳を示しなさい。なお、記帳方法は間接法によること。

問題 5 減価償却方法の変更

★★★★★ 応用
答案用紙 P.13
解答・解説 P.5-6

日付	/	/	/
✓			

当社は、前期の期首に備品（取得原価400,000円、耐用年数5年、残存価額はゼロ）を取得し、定率法（償却率40％）により償却を行っていたが、当期首より定額法に変更することにした。

決算にさいして必要な仕訳を示しなさい。なお、記帳方法は間接法によること。

Chapter

6 研究開発費（ソフトウェア）

Section

1 研究開発費（ソフトウェア）

問題 1 研究開発費の会計処理

★★★★★ 基本
答案用紙 P.14
解答・解説 P.6-1

日付	／	／	／
✓			

次の文章のうち、正しいものには○を、誤っているものには×を付しなさい。

(1)　研究開発費は発生時に一般管理費または当期製造費用として処理する。

(2)　研究開発費は新技術に関する研究のための費用であり、現製品を著しく改良する費用を含まない。

(3)　ソフトウェア制作費は取得形態別に会計基準が定められている。

(4)　特定の研究開発目的のみに使用され、他の目的に使用できない機械装置等を取得した場合の原価は、取得時の研究開発費とされるが、すべてその年度の費用になるとは限らない。

問題 2

ソフトウェア制作費に係る会計処理

★★★★★ 基本
答案用紙 P.14
解答・解説 P.6-1

日付	/	/	/
	✓		

次の文章の［　　］の中に適切な語句を記入しなさい。同じ語句を2回以上用いてもよい。

(1)　市場販売目的のソフトウェアに係る会計処理

市場販売目的のソフトウェアである製品マスターの制作費は、［　①　］に該当する部分を除き、［　②　］として計上しなければならない。ただし、製品マスターの機能維持に要した費用は、［　③　］として計上してはならない。

(2)　自社利用のソフトウェアに係る会計処理

ソフトウェアを用いて外部へ業務処理等のサービスを提供する契約等が締結されている場合のように、その提供により［　④　］が確実であると認められる場合には、適正な原価を集計した上、当該ソフトウェアの制作費を［　⑤　］として計上しなければならない。

社内利用のソフトウェアについては完成品を購入した場合のように、その利用により［　⑥　］または［　⑦　］が確実であると認められる場合には、当該ソフトウェアの取得に要した費用を［　⑧　］として計上しなければならない。

機械装置等に組み込まれているソフトウェアについては、当該機械装置等に含めて処理する。

問題 3
ソフトウェアの会計処理 1

★★★★★ 応用
答案用紙 P.14
解答・解説 P.6-2

日付	/	/	/
	✓		

次の資料にもとづき、問1. 見込販売数量を基準に減価償却を行う場合、問2. 見込販売収益を基準に減価償却を行う場合の各年度のソフトウェア償却額の金額を求めなさい。

資料

1. ×1年度期首に無形固定資産として計上したソフトウェア制作費は900,000円である。見込有効期間は3年であった。
2. 当該ソフトウェアに関する、初年度の総見込販売数量(総見込販売収益)および各期の期首の見込販売数量(見込販売収益)は以下のとおりである。なお、ソフトウェアの有効期間は見込みどおりであった。

	(1)×1期の総見込販売数量および各期の期首の見込販売数量	(2)各期の実績販売数量	(3)×1期の総見込販売収益および各期の期首の見込販売収益	(4)各期の実績販売収益
×1期	7,000個	3,000個	1,648,000円	840,000円
×2期	4,000個	1,500個	808,000円	390,000円
×3期	2,500個	2,500個	418,000円	418,000円

3. 計算過程で端数が生じた場合には、円未満を四捨五入する。

問題 4 ソフトウェアの会計処理 2

★★★★★ 応用
答案用紙 P.15
解答・解説 P.6-3

日付	/	/	/
✓			

次の資料にもとづき、問1. 見込販売数量を基準に減価償却を行う場合、問2. 見込販売収益を基準に減価償却を行う場合の各年度のソフトウェアの減価償却に係る仕訳を示しなさい。

資料

1. ×1年度期首に無形固定資産として計上したソフトウェア制作費は660,000円であった。
   なお、見込有効期間は3年である。
2. 当該ソフトウェアに関する、初年度の総見込販売数量(総見込販売収益)および各期の期首の見込販売数量(見込販売収益)は以下のとおりである。なお、ソフトウェアの有効期間は見込みどおりであった。

	(1)×1期の総見込販売数量および各期の期首の見込販売数量	(2)各期の実績販売数量	(3)×1期の総見込販売収益および各期の期首の見込販売収益	(4)各期の実績販売収益
×1期	9,400個	4,000個	1,930,000円	960,000円
×2期	4,900個	2,700個	843,000円	486,000円
×3期	2,200個	2,200個	357,000円	357,000円

3. ×1期末において見込販売数量が4,900個に、見込販売収益が843,000円に変更となった。
4. 過年度に見積もった見込販売数量はその時点で合理的な見積りにもとづいている。
5. 計算過程で端数が生じた場合には、円未満を四捨五入する。

Chapter

7 商品売買の期中処理

Section

1 商品売買の期中処理

問題 1 勘定連絡

★★★★★ 基本
答案用紙 P.16
解答・解説 P.7-1

日付	/	/	/
✓			

以下の資料にもとづいて、(1)期末現金預金、(2)当期売上原価を推定しなさい。

資料1

前期末・貸借対照表 (単位：円)

現金預金	45,000	支払手形	4,000
売掛金	22,500	買掛金	5,000
商品	14,000		

資料2

1. 商品売買は、すべて掛けで行っている。
2. 当期の売上高は340,000円である。
3. 当期末残高
   ①売掛金　18,500円　　②支払手形　7,000円
   ③買掛金　5,500円　　④期末商品　19,000円
4. 現金預金の減少
   ①支払手形決済　179,200円　　②買掛金決済　117,800円

問題 2 総記法の処理 1

★★★★★ 基本
答案用紙 P.16
解答・解説 P.7-1

日付	/	/	/
	✓		

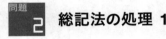

当社は商品売買の記帳方法として総記法を採用している。次の資料にもとづいて、各問いに答えなさい。

資料1

前期末・貸借対照表 (単位：円)

商　品	2,100	

資料2　期中取引

1. 商品12,000円(原価)を掛けで仕入れた。
2. 商品750円(原価)を仕入先に返品し、代金は買掛金と相殺した。
3. 仕入先から900円の割戻を受け、代金は買掛金と相殺した。
4. 商品9,450円(原価)を13,500円で掛けで売り上げた。

資料3　決算整理事項

期末商品帳簿棚卸高：3,000円　期末商品実地棚卸高：2,900円

棚卸減耗損は売上原価の内訳科目とする。なお、商品評価損は生じていない。

問1. 決算整理前残高試算表を作成しなさい。

問2. 決算整理後残高試算表を作成しなさい。

問3. 損益計算書および貸借対照表を作成しなさい。

問題 3

総記法の処理 2

★★★★★ ゴール
答案用紙 P.17
解答・解説 P.7-3

日付	/	/	/
	✓		

当社は商品売買の記帳方法として総記法を採用している。次の資料にもとづいて、損益計算書および貸借対照表を作成しなさい。

資料1

決算整理前残高試算表 (単位：円)

商　　品	5,000	

資料2

1．期首商品棚卸高：各自計算
2．当期商品仕入高：13,000円
3．当期の商品販売の利益率は30％である。
4．期末商品帳簿棚卸高：8,000円、期末商品実地棚卸高：7,800円
5．棚卸減耗損は売上原価の内訳科目とする。なお、商品評価損は生じていない。

Chapter
8 収益認識

Section
1 収益認識の基本的処理

問題1 収益認識 空欄補充

★★★★★ 基本
答案用紙 P.18
解答・解説 P.8-1

日付	/	/	/
✓			

「収益認識に関する会計基準」にもとづく次の［　　］の空欄に適切な語句を記入しなさい。なお、同じ語句を複数回用いてもよい。

1. 基本原則

「収益認識に関する会計基準」における基本となる原則は、約束した財またはサービスの顧客への移転を当該財またはサービス（以下「資産」と記載。）と交換に企業が権利を得ると見込む対価の額で描写するように、収益を認識することである。この基本原則に従って収益を認識するために、次のステップ1からステップ5を適用する。

ステップ1　顧客との契約を識別する。
ステップ2　契約における［①］を識別する。
ステップ3　［②］を算定する。
ステップ4　契約における［①］に［②］を配分する。
ステップ5　［③］を充足した時にまたは充足するにつれて収益を認識する。

2. 収益の額の算定

⑴　［④］とは、資産の顧客への移転と交換に企業が権利を得ると見込む対価の額（ただし、第三者のために回収する額を除く。）をいう。

⑵　［④］を算定する際には、次のⅰからⅳのすべての影響を考慮する。
ⅰ［⑤］
ⅱ　契約における重要な金融要素
ⅲ　現金以外の対価
ⅳ　顧客に支払われる対価

3. ⑥

⑴ 顧客と約束した対価のうち変動する可能性のある部分を「 ⑥ 」という。契約において、顧客と約束した対価に ⑥ が含まれる場合、資産の顧客への移転と交換に企業が権利を得ることとなる対価の額を見積る。

⑵ 顧客から受け取ったまたは受け取る対価の一部あるいは全部を顧客に返金すると見込む場合、受け取ったまたは受け取る対価の額のうち、企業が権利を得ると見込まない額について、 ⑦ を認識する。 ⑦ の額は、各決算日に見直す。

⑶ 見積られた ⑥ の額については、 ⑥ の額に関する不確実性が事後的に解消される際に、解消される時点までに計上された収益の著しい減額が発生しない可能性が高い部分に限り、取引価格に含める。見積った取引価格は、各決算日に見直す。

4. ⑧ 、 ⑨ **及び顧客との契約から生じた債権**

⑴ 顧客から対価を受け取る前または対価を受け取る期限が到来する前に、財またはサービスを顧客に移転した場合は、収益を認識し、 ⑧ または顧客との契約から生じた債権を貸借対照表に計上する。

⑵ 財またはサービスを顧客に移転する前に顧客から対価を受け取る場合、顧客から対価を受け取った時または対価を受け取る期限が到来した時のいずれか早い時点で、顧客から受け取る対価について ⑨ を貸借対照表に計上する。

問題 2

収益認識　基本問題

★★★★★　基本
答案用紙　P.18
解答・解説　P.8-2

日付	／	／	／
✓			

当期の会計期間は、×２年４月１日から×３年３月31日までの１年である。当期末の貸借対照表および損益計算書を作成しなさい。

決算整理前残高試算表
×3年3月31日　（単位：円）

売　掛　金	120,000	貸 倒 引 当 金	1,000
		売　　　上	800,000

資料　決算整理事項

１．以下の保守サービス付き商品の販売の処理が未処理である。

当社は、Ａ社と商品の販売と保守サービスの提供の契約を締結し、代金を掛けとした。なお、契約上、商品をＡ社に移転したときにＡ社に支払義務が発生する。

⑴　商品の販売と２年間の保守サービスの提供の対価：30,000円

⑵　独立販売価格

商品：28,000円　　２年間の保守サービス：7,000円

⑶　×３年２月１日に商品をＡ社に引き渡し、Ａ社では検収を完了し使用可能となり、代金は×３年４月末払いとしたが、未処理である。

⑷　期末において、保守サービスのうち当期分について売上として収益計上を月割計算で行う。

２．売掛金期末残高に対して２％の貸倒引当金を差額補充法により計上する。

問題 3

変動対価(リベート)

★★★★★ 基本
答案用紙 P.18
解答・解説 P.8-4

日付	/	/	/
✓			

当期の会計期間は、×2年4月1日から×3年3月31日までの1年である。当期末の貸借対照表および損益計算書を作成しなさい。

決算整理前残高試算表
×3年3月31日 (単位:円)

売掛金	130,000	貸倒引当金	1,000
		売上	800,000

資料 決算整理事項

1. 以下の商品の販売の処理が未処理である。

   当社は、得意先B社に商品を20,000円で掛け販売した。B社に対する過去の販売実績より、当期の販売金額のうちB社に返金する可能性が高いリベートを1,000円と見積もった。この1,000円について、取引価格に含めないものとする。

2. 売掛金期末残高に対して2%の貸倒引当金を差額補充法により計上する。

問題 4 返品権付き販売

★★★★★ 応用
答案用紙 P.19
解答・解説 P.8-5

日付	/	/	/
	✓		

当期の会計期間は、×2年4月1日から×3年3月31日までの1年である。当期末の貸借対照表および損益計算書を作成しなさい。商品の記帳方法は売上原価対立法による。

決算整理前残高試算表
×3年3月31日 (単位：円)

売掛金	130,000	貸倒引当金	1,000
商品	120,000	売上	800,000
売上原価	480,000		

資料 決算整理事項

1．以下の商品の販売の処理が未処理である。

(1) ×3年3月30日に商品を20,000円で得意先甲社に掛け販売した。なお、顧客が未使用の商品を30日以内に返品する場合、全額、返金に応じる契約となっている。

(2) これまでの販売実績よりこのうち4,000円の返品が見込まれた。商品の原価率は60%である。

2．売掛金期末残高に対して2%の貸倒引当金を差額補充法により計上する。

3．期末商品について棚卸減耗および収益性の低下は生じていない。

問題 5

重要な金融要素

★★★★★ 基本
答案用紙 P.19
解答・解説 P.8-6

日付	/	/	/
✓			

当期の会計期間は、×2年4月1日から×3年3月31日までの1年である。当期末の貸借対照表および損益計算書を作成しなさい。

決算整理前残高試算表
×3年3月31日　(単位：円)

売掛金	500,000	貸倒引当金	70,000
		売上	5,000,000

資料　決算整理事項

1．以下の取引の処理が未処理である。

当社は×2年4月1日にB社に機械装置を納入し、代金を2年後の決済とした。B社への販売価格は、現金販売価格1,000,000円に金利（年2%）を含んだ1,040,400円である。当社では取引価格に重要な金融要素が含まれていると判断し、利息法により利息を配分することとした。

2．×3年3月31日に金利部分のうち当期分について利息を計上する。

3．上記決算整理前残高試算表の売掛金残高と、B社への販売価格1,040,400円に対して5%の貸倒引当金を差額補充法により計上する。

問題 6

代理人取引

★★★★★ 応用
答案用紙 P.19
解答・解説 P.8-7

日付	/	/	/
	✓		

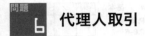

当期の会計期間は、×2年4月1日から×3年3月31日までの1年である。当期末の貸借対照表および損益計算書を作成しなさい。

決算整理前残高試算表
×3年3月31日
(単位：円)

現金	100,000	買掛金	220,000
売掛金	500,000	貸倒引当金	7,000
繰越商品	220,000	売上	500,000
仕入	380,000		

資料　決算整理事項

1．以下の商品売買の取引の処理が未処理である。

(1) 当社は、乙社から商品Cの販売を請け負っており、当社の店舗で商品Cの販売を行っている。
　商品Cが当社に納品されたときに当社は商品の検収を行っておらず、商品の所有権および保管責任は乙社が有している。そのため、商品C納品時に、当社では仕入計上を行っていない。

(2) 当社は、顧客に商品Cを50,000円で販売し、代金は現金で受け取った。販売した商品の当社の仕入値は35,000円であり、乙社に後日支払う。

2．期末商品帳簿棚卸高は250,000円である。期末商品について棚卸減耗および収益性の低下は生じていない。

3．売掛金期末残高に対して2％の貸倒引当金を差額補充法により計上する。

Section 2 収益認識に係る個別論点

問題7 商品券

★★★★★ 応用
答案用紙 P.20
解答・解説 P.8-8

日付	/	/	/
	✓		

当期の会計期間は、×2年4月1日から×3年3月31日までの1年である。当期末の貸借対照表および損益計算書を作成しなさい。

決算整理前残高試算表
×3年3月31日 (単位：円)

現金	100,000	売上	500,000
繰越商品	220,000		
仕入	380,000		

資料 決算整理事項

1．以下の取引の処理が未処理である。

(1) 当社は、×2年4月に商品券55,000円を発行し、顧客より現金を受け取った。商品券の発行について、当社では仕訳上、発行商品券勘定で処理し、財務諸表に計上するときは契約負債として表示している。

なお、商品券の過去の使用実績から、商品券発行額のうち5,000円を非行使部分と見積もった。

(2) 当期中に15,000円(原価10,500円)の商品券の提示を受け、商品を引き渡した。

(3) 非行使部分5,000円については一括収益計上せず、権利行使割合に応じて雑収入として計上する。

2．期末商品帳簿棚卸高は250,000円(上記1．(2)の未処理分を含む)である。期末商品について棚卸減耗および収益性の低下は生じていない。

問題 8

ポイント制度

★★★★★ 応用
答案用紙 P.20
解答・解説 P.8-9

日付	/	/	/
✓			

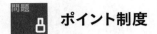

当期の会計期間は、×2年4月1日から×3年3月31日までの1年である。当期末の貸借対照表および損益計算書を作成しなさい。なお、円未満の端数が生じたときは四捨五入する。商品の記帳方法は三分法による。

前期末・貸借対照表
×2年3月31日 (単位：円)

現金預金	800,000	契約負債	4,960
商品	220,000		

資料 期中取引等

1．当社は前期の×2年3月よりポイント制度を採用した。販売価格100円につき1ポイント付与し、顧客は次回に、1ポイント1円で商品と交換できる。

2．前期の×2年3月に商品を625,000円で現金販売し、顧客に6,250ポイントを付与した。
6,250ポイントのうち80％分の5,000ポイントは使用を見込んでおり、残り20％分の1,250ポイントは未使用と見込んでいる。商品の独立販売価格は625,000円、ポイントの独立販売価格は5,000円と見積もられた。前期の処理は適切に行われている。

3．当社は商品をすべて現金で仕入れている。当期に700,000円を現金で仕入れた。

4．当期の商品販売額は754,000円であり、そのうち現金売上は750,000円、前期に付与したポイント使用による売上は4,000円であった。顧客に付与したポイントは7,500ポイントであり、20％の未使用を見込んでいる。
商品の独立販売価格は750,000円、ポイントの独立販売価格は6,000円と見積もられた。
なお、現金による売上およびポイント付与の仕訳と、ポイント利用による売上の仕訳を分けて行う。

5．期末商品棚卸高は316,800円であった。期末商品について棚卸減耗および収益性の低下は生じていない。

問題 9

契約資産が計上される場合

★★★★★ 基本
答案用紙 P.20
解答・解説 P.8-11

日付	/	/	/
	✓		

当期の会計期間は、×2年4月1日から×3年3月31日までの1年である。当期末の貸借対照表および損益計算書を作成しなさい。

決算整理前残高試算表
×3年3月31日　(単位：円)

売掛金	100,000	貸倒引当金	2,000
		売上	500,000

資料　決算整理事項

1．以下の商品販売の処理が未処理である。

(1)　当社は、甲社と商品Aおよび商品Bを合わせて20,000円で販売する契約を締結した。20,000円の対価は、当社が商品Aと商品Bの両方を甲社に移転した後にはじめて支払われる契約となっている。

(2)　商品Aの独立販売価格は8,400円、商品Bの独立販売価格は12,600円である。

(3)　当社は×3年3月1日に商品Aを甲社に引き渡した。

(4)　商品Bは翌期の×3年5月1日に引き渡す予定である。

2．売掛金と契約資産の期末残高に対して2%の貸倒引当金を差額補充法により計上する。

Chapter

9 建設業会計(工事契約)

Section

1 工事契約の収益の認識

問題 1 工事収益の認識 1

★★★★★ 基本
答案用紙 P.21
解答・解説 P.9-1

日付	/	/	/
✓			

以下の資料にもとづき、甲建設会社(会計期間は1年、決算日は3月31日)の各年度の工事収益、工事原価および工事利益の額を、次のそれぞれの場合において計算しなさい。

(1) 工事の進捗度を合理的に見積もることができ、進捗度にもとづいて収益を認識する場合
進捗度の見積り方法は原価比例法による。なお、工事原価総額の見積額は5,000万円である。

(2) 工事の進捗度を合理的に見積もることができず、原価回収基準により収益を認識する場合
なお、金額がゼロの場合には、「0」と記入すること。

資料

(1) 工事請負金額は 6,500万円。工事契約は、×1年5月10日に着工し、×3年6月12日に完成、引渡しの約束。
(2) 工事原価の実際発生額は、×1年度が 3,000万円、×2年度が 1,200万円、×3年度が 800万円。
(3) この工事について、一定期間にわたり充足される履行義務と判断した。

問題 2

工事収益の認識 2

★★★★★ 応用
答案用紙 P.21
解答・解説 P.9-2

日付	/	/	/
✓			

以下の資料にもとづき、A建設㈱（会計期間は1年、決算日は3月31日）の×1年度、×2年度、×3年度の各工事利益を、次のそれぞれの場合において計算しなさい。なお、工事進捗度の計算上、端数が生じたときは、小数点第3位を四捨五入すること。

⑴ 進捗度を合理的に見積もることができ、進捗度にもとづいて原価比例法により収益を認識する場合
工事開始時および×1年度末における工事原価総額の見積額は180,000千円であったが、×2年度末に工事原価総額を186,000千円に変更した。

⑵ ×1年度に進捗度を合理的に見積もることができず、原価回収基準により収益を認識する場合
なお、×2年度に工事原価総額を186,000千円と見積もることができたため、×2年度より進捗度にもとづき原価比例法により収益を認識する。また、金額がゼロの場合には、「0」と記入すること。

資料
⑴ 工事請負金額は270,000千円。工事契約は、×1年5月14日に着工し、×4年1月30日に完成、引渡しの約束。
⑵ 工事原価の実際発生額は、×1年度が60,000千円、×2年度が75,000千円、×3年度が54,000千円であった。
⑶ この工事について、一定期間にわたり充足される履行義務と判断した。

問題3 建設業会計の処理

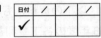

★★★★★ 応用
答案用紙 P.22
解答・解説 P.9-3

日付	/	/	/
	✓		

以下の資料にもとづき、北海建設株式会社（会計期間は1年、決算日は3月31日）の財務諸表計上額について、以下の問いに答えなさい。

問1　各年度の完成工事高、完成工事原価、完成工事総利益の金額を答えなさい。

問2　各年度末の契約資産、契約負債、完成工事未収入金の金額を答えなさい。
金額がゼロの場合には、「0」と記入すること。

資料

(1)　工事請負金額は900,000千円。この工事契約は、×1年4月1日に着工され、×4年2月28日に完成し、引き渡された。なお、注文主である東北商事株式会社の支払義務は、工事物件の引渡し時に発生する契約である。

(2)　×1年度と×2年度の各決算日の翌日から完成までに要する工事原価の見積額は、×1年度末が486,000千円であり、×2年度末が 155,100千円であった。工事の進捗度を合理的に見積もることができるため、進捗度にもとづいて原価比例法により収益を認識する。

(3)　工事原価の実際発生額は、×1年度が 189,000千円、×2年度が 360,900千円であり、×3年度が 158,700千円であった。

(4)　東北商事株式会社から工事代金として、当座預金口座に以下の入金があった。
×1年4月30日　300,000千円
×2年4月30日　300,000千円
×3年4月30日　200,000千円
×4年4月30日　100,000千円

(5)　この工事について、一定期間にわたり充足される履行義務と判断した。

Section

3 工事損失引当金の処理

問題 4 工事損失引当金

★★★★★ ゴール
答案用紙 P.22
解答・解説 P.9-5

日付	/	/	/
✓			

以下の資料にもとづき、当期末貸借対照表と当期損益計算書（一部）の[①]〜[⑤]の金額を求めなさい。当期はX１年４月１日からX２年３月31日までの１年間である。なお、金額がゼロの場合には、「0」と記入すること。

資料1　決算整理事項

（単位：千円）

工事名	請負価額	工事原価当初見積額	工事原価			当期までの工事代金受領額	期末の状況
			前期以前発生額	当期発生額	完成までの追加発生見積額		
C工事	270,000	250,000	50,000	168,400	61,600	160,000	工事中

資料2　決算整理事項

(1)　C工事について一定期間にわたり充足される履行義務と判断し、工事の進捗度を合理的に見積もることができるため、進捗度に応じて原価比例法により収益を認識する。

(2)　期中の工事原価はすべて『未成工事支出金』で処理している。

(3)　工事代金受領額は『契約負債』で処理している。工事ごとに認識した収益額と、当該工事について受領した金額との差額を『契約資産』として貸借対照表に計上する。

(4)　取引の継続のために条件の厳しいC工事を請け負ったが、当期末に工事原価を再計算したところ、損失の発生が避けられない状況になった。資料１に示されている追加原価見積額61,600千円はほぼ確実な数値であり、これらのデータから損失額を合理的に見積もることができる。そのため当期の決算で、将来の損失見積額を繰り入れた工事損失引当金を設定する。

(5)　工事損失引当金の繰入額は完成工事原価に含めて表示する。

貸借対照表
×2年3月31日　　（単位：千円）

契約資産	①	契約負債	②
		工事損失引当金	③

損益計算書
自×1年4月1日　至×2年3月31日　　（単位：千円）

完成工事原価	④	完成工事高	⑤
販売費及び一般管理費	32,600		

Chapter

10 試用販売

Section

2 手許商品区分法の処理

問題 1 試用販売 1

★★☆☆☆ 基本
答案用紙 P.23
解答・解説 P.10-1

日付	/	/	/
✓			

以下の資料にもとづき、損益計算書を完成させなさい。

資料1

決算整理前残高試算表　(単位：千円)

繰越商品	5,000	一般売上	40,000
試用品	9,000	試用品売上	11,000
仕入	35,000		

資料2　決算整理事項等

(1)　期首試用品原価 2,000千円

(2)　一般販売の原価率は75%であり、試用販売は一般販売の10%増しの売価を設定している。

(3)　試用品の処理は期末一括法による。

問題 2 試用販売 2

★★★★★ 基本
答案用紙 P.24
解答・解説 P.10-2

日付	/	/	/
	✓		

以下の資料にもとづき、損益計算書を完成させなさい。

資料1

決算整理前残高試算表 (単位：千円)

繰越商品	150,000	一般売上	600,000
試用品	135,000	試用品売上	150,000
仕入	450,000		

資料2 決算整理事項等

⑴ 期末手許商品原価 ? 千円、期末試用品原価 30,000千円

⑵ 期首試用品原価 14,000千円

⑶ 試用販売(期末一括法による)も、一般販売も原価率は同じである。

Chapter 10 試用販売

問題 3

試用販売 3

★★★★★ 基本
答案用紙 P.24
解答・解説 P.10-3

日付	/	/	/
	✓		

以下の資料にもとづき、損益計算書を完成させなさい。

資料1

決算整理前残高試算表　(単位：千円)

繰越商品	26,000	一般売上	500,000
試用品	8,000	試用品売上	75,000
仕入	447,000		

資料2　決算整理事項等

(1) 期首試用品原価 2,000千円

(2) 一般販売の原価率は80%であり、試用販売は一般販売の20%増しの売価を設定している。

(3) 試用品の処理はその都度法による。

Chapter

11 委託販売

Section

1 委託販売

問題 1 積送諸掛の処理

★★★★★ 基本
答案用紙 P.25
解答・解説 P.11-1

日付	/	/	/
✓			

次の一連の取引に関する各問いに答えなさい。なお、当店は委託販売のみを行っている。

(1) 掛けで商品を仕入れた。60個 @1,120円
(2) A商店に50個(原価 @1,120円)積送し、発送費は1,260円であり、小切手で支払った。
(3) 当期中に以下のとおり販売した旨、A商店から通知を受けた。
なお、売上収益として計上すべき金額は売上計算書の売上高とし、債権は売掛金で処理する。

売上計算書

売上高		(35個)	67,900円
立替諸掛：			
倉庫料	2,100円	(35個)	
手数料	3,640円	(35個)	5,740円
手取額			62,160円

(4) 当期中にA商店より62,160円の送金があり、当座預金とした。
(5) 決算となる。期首商品棚卸高5個 @1,120円　期末商品棚卸高15個 @1,120円
期末積送品(15個)の仕入原価は16,800円であり、これに対応する発送費は378円である。
期首積送品はない。

問1. 発送費を積送品原価に算入し、期末一括法による仕訳を示しなさい。
問2. 発送費を積送諸掛勘定で処理し、その都度法による仕訳を示しなさい。

問題 2

委託販売(期末一括法) 速

★★★★★ 基本
答案用紙 P.26
解答・解説 P.11-3

日付	/	/	/
✓			

以下の資料にもとづき、損益計算書を完成させなさい。

資料1

決算整理前残高試算表 (単位：円)

繰越商品	180,000	一般売上	825,000
積送品	200,000	積送品売上	230,000
仕入	600,000		

資料2 決算整理事項等

1．期末手許商品棚卸高 ？ 円
2．委託販売は当期より始めており、期末に一括して売上原価を仕入勘定で計算する処理方法によっている。
3．一般販売の原価率は80%であり、積送品は一般販売の15%増しで販売している。

問題 3

委託販売(その都度法) 速

★★★★★★ 基本
答案用紙 P.27
解答・解説 P.11-6

日付	/	/	/
✓			

以下の資料にもとづき、損益計算書と貸借対照表(一部)を完成させなさい。

資料1

決算整理前残高試算表 (単位：円)

繰越商品	176,400	一般売上	808,500
積送品	39,200	積送品売上	225,400
仕入	744,800		
積送諸掛	25,480		

資料2 決算整理事項等

1. 期末手許商品棚卸高 ？ 円
2. 委託販売は当期より始めており、その都度法によっている。
3. 一般販売の原価率は80%であり、積送品は一般販売の15%増しで販売している。
4. 積送諸掛の内訳は次のとおりである。
   発送諸掛 2,940円 販売諸掛 22,540円
(注) 発送諸掛は、当期に積送した全商品に対するものである。

問題 4

委託販売(数量分析)

★★★★★ 応用
答案用紙 P.27
解答・解説 P.11-9

日付	／	／	／
✓			

兵庫商事株式会社における第×6期（自×6年4月1日　至×7年3月31日）の決算整理前残高試算表(一部)は、次のとおりである。期末整理事項および参考事項にもとづいて、答案用紙の決算整理後残高試算表(一部)を完成させなさい。なお、計算の過程で端数が出る場合は、単価については円未満、勘定科目については千円未満を切り捨てること。

資料1　決算整理前残高試算表

残高試算表
×7年3月31日　(単位：千円)

繰越商品	(　　　)	一般売上	(　　　)
積送品	(　　　)	積送品売上	(　　　)
仕入	91,800		
積送諸掛	1,980		

(注)(　　　)内の金額は各自推定しなさい。

資料2　期末整理事項および参考事項

(1)　期首手許商品棚卸高 3,400個、期首積送品棚卸高 2,400個

(2)　当期商品総仕入高 67,000個、仕入戻し高 400個(仕入単価は前期・当期とも同一である)

(3)　委託販売のための当期積送高 15,600個(当期中の返品はなかった)
なお、発送時の諸掛は「積送諸掛」勘定で処理し、未実現に対応する分を期末に「繰延積送諸掛」に振り替え、翌期首に再振替仕訳をする。当期の発送諸掛は 1,716千円であり、期首分とあわせて当期売上分と期末分とに均等に配分する。

(4)　1個あたりの売価は一般売上・積送品売上ともに同一である。

(5)　積送品売上高は売上計算書上の手取金を計上し、それに対応する売上原価は期末に一括して積送品勘定から仕入勘定に振り替える。
当期の売上計算書の内訳：売上高 31,740千円、諸掛 4,960千円、手取金 26,780千円

(6)　期末手許商品棚卸高：帳簿棚卸高 5,200個、実地棚卸高 5,000個、
正味売却価額 @1,700円
期末積送品棚卸高(原価)：7,560千円
なお、積送品については評価替えは行わないこと。また、前期の決算において商品評価損は計上していない。

Chapter

12 割賦販売

Section

1 割賦販売総論

問題 1 割賦販売 1

★★★★★ 基本
答案用紙 P.28
解答・解説 P.12-1

日付	/	/	/
✓			

次の資料にもとづき、以下の問いに答えなさい。なお、計算の過程で千円未満の端数が生じた場合には、千円未満を四捨五入すること。なお、金額がゼロの場合には、「0」と記入すること。

資料1

1．当社は×1年4月1日に得意先甲社に商品を3回の分割払い（毎年3月末払い）の契約で販売し、甲社に商品を引き渡した。販売した商品の原価は5,076千円、現金正価は6,345千円、割賦売価は6,600千円である。割賦売価と現金正価との差額は利息として計上する。

2．×2年3月31日に甲社より2,200千円を回収し、代金は当座預金口座に振り込まれた。

3．×3年3月31日に甲社より2,200千円を回収し、代金は当座預金口座に振り込まれた。

4．×4年3月31日に甲社より2,200千円を回収し、代金は当座預金口座に振り込まれた。

問1　利息の配分方法を定額法によった場合の各期の以下の金額を答えなさい。

問2　利息の配分方法を利息法によった場合の各期の以下の金額を答えなさい。
なお、利息法による場合の利子率は年2％である。

(1) 割賦売上
(2) 売上原価
(3) 受取利息
(4) 割賦売掛金

問題 2	割賦販売 2

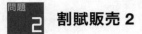

★★★★★ 応用
答案用紙 P.29
解答・解説 P.12-3

日付	/	/	/
	✓		

次の資料にもとづき、以下の問いに答えなさい。なお、計算の過程で千円未満の端数が生じた場合には、千円未満を四捨五入すること。なお、金額がゼロの場合には、「0」と記入すること。

資料1

1．当社は×1年4月1日に得意先甲社に商品を3回の分割払い（毎年3月末払い）の契約で販売し、甲社に商品を引き渡した。販売した商品の原価は5,076千円、現金正価は6,345千円、割賦売価は6,600千円である。割賦売価と現金正価との差額は利息調整勘定として処理した上で、受取利息に振り替える。

2．×2年3月31日に甲社より2,200千円を回収し、代金は当座預金口座に振り込まれた。

3．×3年3月31日に甲社より2,200千円を回収し、代金は当座預金口座に振り込まれた。

4．×4年3月31日に甲社より2,200千円を回収し、代金は当座預金口座に振り込まれた。

問1　利息の配分方法を定額法によった場合の各期の以下の金額を答えなさい。

⑴　割賦売上
⑵　売上原価
⑶　受取利息
⑷　割賦売掛金
⑸　利息調整勘定

問2　利息の配分方法を利息法によった場合の問1の各科目の金額を答えなさい。
なお、利息法による場合の利子率は年2％である。

Section

2 戻り商品の処理

問題 3 戻り商品の処理

★★★★★ 応用
答案用紙 P.30
解答・解説 P.12-4

日付	/	/	/
✓			

次の資料にもとづいて、損益計算書を完成させなさい。割賦販売の金利部分については、利息調整勘定で処理し、定額法により受取利息に振り替える。

資料1　決算整理前残高試算表

決算整理前残高試算表（一部）　(単位：円)

割賦売掛金	352,000	利息調整勘定	32,000
繰越商品	150,000	貸倒引当金	10,000
仕入	800,000	一般売上	537,500
		割賦売上	500,000
		受取利息	18,000

資料2　決算整理事項等

(1)　当期中に以下の割賦売掛金が貸し倒れたが未処理である。

①　当期販売分

当期に商品（原価40,000円、現金正価50,000円、割賦売価55,000円）を5回の分割払い契約で販売したものである。

期中に1回分11,000円を回収しその後、44,000円が貸し倒れたが、割賦代金の回収および貸倒れの処理が未処理である。戻り商品の評価額は10,000円である。

②　前期販売分

前期に商品（原価80,000円、現金正価100,000円、割賦売価110,000円）を5回の分割払い契約で販売したものである。

前期中に1回分22,000円を回収し当期首に88,000円が貸し倒れたが、貸倒れの処理が未処理である。戻り商品の評価額は15,000円である。

(2)　期末商品帳簿棚卸高は120,000円(戻り商品評価額を含まない)である。
棚卸減耗と商品の収益性の低下は生じていない。戻り商品は期末において未販売である。

(3)　割賦売掛金残高に対して2%の貸倒引当金を差額補充法により設定する。

Column 難問は戦わずに逃げる勇気も必要！

過去の本試験問題を解いていくと、どうしても気になってしまうのが難問です。

つい「この問題も正解できないと合格できないのか…」と思ってしまいがちです。

しかし、これは間違いです。むしろ、難問を完全に理解しようとしてはいけません。**難問にこだわるあまり、基本的な問題がおろそかになります。**

ここで、出題者の心理を考えてみましょう。基本的な問題だけを出題してしまうと高得点が続出し、合格率が極端に上がってしまいます。そうすると、合格率を約10％にするためには、少しは難問を出題せざるを得ないと考えられます。

１級は70点以上を取れば、各科目で10点未満が無い限り合格できます。つまり、**満点を取る必要はない**のです。

多くの問題は、**基本的な問題を確実に正解**し、応用的な問題は少し得点すれば、70点はいくように作成されています。

それでも、作問された先生が採点をしてみると、受験生の出来がよくない場合もあります。

そのようなときは、合格率をだいたい10％前後にするために得点の調整が行われるようです。

ＡさんとＢさんの例を挙げてみましょう。

Ａさんは、普段から成績が良く、全国模試でも良い成績をとっていて、細かい知識もあり、難問を見ると解きたくなります。本試験でも高得点で合格しようと思っています。

Ｂさんは、Ａさんほど成績は良くありませんが、計算ミスは比較的少なく、解答した問題の正答率は高いです。

いよいよ本試験の日。これまで見たことの無い問題が、また一部で出題されました。

Ａさんは、難問をどうしても解こうと思い時間を使った結果、解くことができました。しかし、難問で時間を使った結果、基本的な問題で計算ミスをしてしまいました。

一方、Ｂさんは、難問は後回しにして、**基本的な問題をていねいに解く**ようにして時間を使いました。その後に、難問に手を付けましたが、さっぱりわからないまま試験が終わりました。

その後、作問された先生が採点してみると、難問の箇所は正解できている方はほとんどいないため、難問の箇所は配点を低くして、みんなができている箇所の配点を高くして、合格率を調整しました。

結果、Ｂさんは合格し、Ａさんは残念な結果となりました。

本試験であまりできなかったのに点数の通知を見ると、それなりに点数がとれていたというのはよく聞きます。

だからこそ、難問にとらわれず、基本的な問題を確実に得点する（計算ミスを極力少なくする）ことが大事なのです！

本試験は、時間を得点に変えていく作業と考えましょう！できれば、解く時間を想定できる問題を優先して、
得点効率の良い箇所から順番に点数を積み上げて、結果として70点を超えるのが理想的です。

Chapter

13 リース会計（リースバック）

Section

1 セール・アンド・リースバック

問題 1 セール・アンド・リースバック取引

★★★★★ 応用
答案用紙 P.31
解答・解説 P.13-1

日付	/	/	/
✓			

当社の×9年3月期（1年決算）に係る以下の資料にもとづき、決算整理後残高試算表（一部）を完成させなさい。

資料1

決算整理前残高試算表

×9年3月31日　（単位：円）

現金預金	300,000	リース債務	73,260
リース資産	73,260	長期前受収益	5,260

資料2　期中取引および決算整理事項

期首に所有している備品のセール・アンド・リースバック取引を行った。リース料に含まれる金利の金額は円未満切捨てのこと。なお、リース料は期末日に銀行口座より引き落とされていたが未処理であった。備品の売却およびリースバックの仕訳は処理済みである。

［対象資産］

取得日：×7年4月1日、取得原価：80,000円、期首減価償却累計額：12,000円

償却方法：定額法、耐用年数：6年、残存価額：取得原価の10％

［セール・アンド・リースバック取引の内容］

売却価額：73,260円、リース期間：5年、1回のリース料：16,000円

リース料の支払：毎年3月31日（後払い方式）、貸手の計算利子率：年3％

所有権：リース期間終了後、無償で当社に移転する。なお、残存価額の見積りには変更がないと仮定する。

問題 2
中途解約

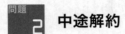

★★★★★ 応用
答案用紙 P.31
解答・解説 P.13-2

日付	/	/	/
✓			

以下の資料にもとづき、リース契約の中途解約により生じる(1)リース債務解約損、(2)リース資産除却損の金額を求めなさい。なお、当期は×5年4月1日から×6年3月31日までの1年である。また、計算の過程で端数が生じる場合は、その都度円未満を四捨五入すること。

決算整理前残高試算表(一部)　(単位：円)

当座預金	20,000	リース債務	3,719
リース資産	7,092	リース資産減価償却累計額	5,319

1．当社は×3年4月1日に、次の条件でリース会社とリース契約を結び機械をリースした。
　リース期間：4年
　リース料の支払：年額2,000円(年1回3月31日に当座預金より支払)
　追加借入れ利子率：年5％
　見積現金購入価額：7,500円
　所有権移転の有無：所有権の移転なし
　減価償却方法：200％定率法(間接法)、耐用年数4年、残存価額ゼロ
　　　　　　　　保証率0.12499、改定償却率1.000
2．×6年3月31日に上位互換の機械を取得したため、当期末をもってリース契約を中途解約し、当年度(×5年度)のリース料と違約金2,100円を小切手を振り出して支払ったが未処理である。

Chapter

14 企業結合・事業分離（応用編）

Section

1 株式交換・株式移転

問題 1

株式交換

★★★★★ 基本
答案用紙 P.32
解答・解説 P.14-1

日付	/	/	/
✓			

A社はB社と株式交換を行い、B社を完全子会社とした。次の資料にもとづき、株式交換によりA社が行うべき仕訳を示しなさい。なお、A社が取得企業となる。

資料1　株式交換直前の貸借対照表

A社　貸借対照表　（単位：円）

諸資産	180,000	諸負債	60,000
		資本金	48,000
		資本準備金	10,000
		利益準備金	2,000
		任意積立金	30,000
		繰越利益剰余金	30,000
	180,000		180,000

B社　貸借対照表　（単位：円）

諸資産	80,000	諸負債	40,000
		資本金	20,000
		資本準備金	4,000
		利益準備金	1,000
		任意積立金	8,000
		繰越利益剰余金	7,000
	80,000		80,000

資料2

1．B社株主への交付株式数は320株である。
2．A社株式の時価は@150円であり、その内、@100円を資本金とし、残りを資本準備金とする。

問題 2 株式移転

★★★★★ 基本
答案用紙 P.32
解答・解説 P.14-1

日付	/	/	/
	✓		

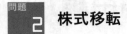

A社およびB社の2社は、株式移転により共同持株会社となる完全親会社P社を設立した。そこで、次の資料にもとづき、株式移転時にP社が行うべき仕訳を示しなさい。なお、この株式移転はA社を取得企業とする。

資料1　株式移転直前の貸借対照表

A社　貸借対照表　(単位：円)

諸資産	1,400,000	諸負債	480,000
		資本金	680,000
		利益準備金	80,000
		繰越利益剰余金	160,000
	1,400,000		1,400,000

B社　貸借対照表　(単位：円)

諸資産	560,000	諸負債	200,000
		資本金	320,000
		利益準備金	32,000
		繰越利益剰余金	8,000
	560,000		560,000

資料2

1. B社株主への交付株式数は1,000株である。なお、A社株式の株式移転時の時価は@400円である。
2. P社は増加資本の50％を資本金に組み入れ、残りを資本準備金とする。

問題 3 会社分割の会計処理

★★★★★ 応用
答案用紙 P.33
解答・解説 P.14-2

日付	/	/	/
	✓		

次の資料にもとづいて、下記のそれぞれの場合について、甲社の仕訳を示しなさい。なお、勘定科目は、下記に掲げる語句より、最も適当と思われる科目を選んで使用すること。

1. 甲社は、X5年3月31日乙社にR事業を移転し、乙社株式850株を取得した。
2. X5年3月31日の甲社の貸借対照表は次のとおりである。

貸借対照表 (単位：円)

R事業資産	350,000	R事業負債	140,000
その他の資産	900,000	その他の負債	260,000
		資本金	850,000
	1,250,000		1,250,000

X5年3月31日におけるR事業資産の時価は390,000円、R事業負債の時価は160,000円である。

3. X5年3月31日における乙社株式の時価は@300円である。

R事業資産	R事業負債	関係会社株式	投資有価証券
資本金	資本準備金	のれん	事業移転損益

問1. 乙社株式850株を取得し、乙社が子会社になる場合
問2. 乙社株式850株を取得し、乙社が子会社にも関連会社にもならない場合

問題 4

承継会社の会計処理

★★★★★ 応用
答案用紙 P.33
解答・解説 P.14-3

日付	/	/	/
	✓		

次の資料にもとづいて、乙社の仕訳を示しなさい。なお、勘定科目は、下記に掲げる語句より、最も適当と思われる科目を選んで使用すること。

1．甲社は、X5年3月31日乙社にR事業を移転し、乙社株式850株を取得した。取得企業は乙社である。
2．X5年3月31日の甲社の貸借対照表は次のとおりである。

貸借対照表 (単位：円)

R事業資産	350,000	R事業負債	140,000
その他の資産	900,000	その他の負債	260,000
		資本金	850,000
	1,250,000		1,250,000

X5年3月31日におけるR事業資産の時価は390,000円、R事業負債の時価は160,000円である。

3．X5年3月31日における乙社株式の時価は@300円である。
4．乙社は増加資本の50%を資本金に組み入れ、残りを資本準備金とする。
5．乙社は甲社の子会社および関連会社に該当しない。

R事業資産	R事業負債	関係会社株式	投資有価証券
資本金	資本準備金	のれん	事業移転損益

Chapter

15 連結会計3（持分の変動、税効果）

Section

1 追加取得と一部売却の処理

問題1 追加取得1（時価評価）

★★★★★ 応用
答案用紙 P.34
解答・解説 P.15-1

日付	/	/	/
✓			

次の資料にもとづき、追加取得に係る連絡修正仕訳を示しなさい。

資料

1．P社は、第1年度末にS社の議決権の80%を65,000円で取得し、S社を子会社とした。
2．P社は、第2年度末にS社の議決権の10%を9,000円で追加取得した。
3．S社の貸借対照表は次のとおりである。

貸借対照表　(単位：円)

資　産	第1年度末	第2年度末	負債・純資産	第1年度末	第2年度末
諸資産	100,000	120,000	諸負債	25,000	41,000
			資本金	60,000	60,000
			利益剰余金	15,000	19,000
	100,000	120,000		100,000	120,000

4．S社の諸資産のうち土地（帳簿価額10,000円）の時価は、第1年度末に11,500円、第2年度末に13,000円となっていた。その他の資産および負債の時価は帳簿価額と同じであった。
5．のれんは、発生年度の翌年から20年にわたって定額法によって償却を行う。
6．S社の第2年度の当期純利益は4,000円であった。

問題 2

追加取得 2（その他有価証券評価差額金）

★★★★★ 応用
答案用紙 P.34
解答・解説 P.15-2

日付	／	／	／
✓			

次の資料にもとづき、追加取得に係る連結修正仕訳を示しなさい。

資料

1. P社は、×1年3月31日にS社の議決権の60％を50,500円で取得し、S社を子会社とした。

2. P社は、×2年3月31日にS社の議決権の10％を11,000円で追加取得した。

3. S社純資産の内訳は以下のとおりである。
   ×1年3月31日
   資　本　金：60,000円　　資本剰余金：15,000円　　利益剰余金：5,000円
   その他有価証券評価差額金：2,500円
   ×2年3月31日
   資　本　金：60,000円　　資本剰余金：15,000円　　利益剰余金：17,500円
   その他有価証券評価差額金：7,500円

4. S社の資産および負債の時価は帳簿価額に等しいものとする。

5. のれんは発生の翌年度より20年で定額法により償却する。

問題 3 追加取得３（取得関連費用）

★★★★★ 応用
答案用紙 P.34
解答・解説 P.15-3

日付	/	/	/
✓			

次の資料にもとづき、追加取得に係る連結修正仕訳を示しなさい。

資料

1. P社は×1年3月31日にS社の株式の60％を取得し、子会社株式として24,300円を計上している。なお、子会社株式の取得原価には、購入手数料300円が含まれている。

その後、×2年3月31日にS社の株式の10％を追加取得し、子会社株式として5,750円を追加計上している。追加取得分の取得原価には、購入手数料250円が含まれている。

2. S社の純資産の内訳

×1年3月31日
資　本　金：25,000円　　利益剰余金：12,500円
×2年3月31日
資　本　金　25,000円　　利益剰余金：22,500円

3. S社の資産および負債の時価は帳簿価額に等しいものとする。

4. のれんは、発生の翌年度より20年間にわたり均等償却する。

問題 4

一部売却１（時価評価）

★★★★★ 応用
答案用紙 P.35
解答・解説 P.15-4

日付	／	／	／
✓			

次の資料にもとづき、Ｓ社株式売却時の連結修正仕訳を示しなさい。

資料

1．Ｐ社は、第１年度末にＳ社の議決権の80％を65,000円で取得し、Ｓ社を子会社とした。

2．Ｐ社は、第２年度末にＳ社の議決権の16％を12,700円で売却した。

3．Ｓ社の貸借対照表は次のとおりである。

貸借対照表 (単位：円)

資　　産	第1年度末	第2年度末	負債・純資産	第1年度末	第2年度末
諸　資　産	100,000	120,000	諸　負　債	25,000	41,000
			資　本　金	60,000	60,000
			利益剰余金	15,000	19,000
	100,000	120,000		100,000	120,000

4．Ｓ社の諸資産のうち土地（帳簿価額10,000円）の時価は、第１年度末に11,500円、第２年度末に13,000円となっていた。その他の資産および負債の時価は帳簿価額と同じであった。

5．のれんは、発生年度の翌年から20年にわたって定額法によって償却を行う。

6．Ｓ社の第２年度の当期純利益は4,000円であった。

問題 5

一部売却２（その他有価証券評価差額金）

★★★★★ 応用
答案用紙 P.35
解答・解説 P.15-5

日付	／	／	／
✓			

次の資料にもとづき、Ｓ社株式売却時の連結修正仕訳を示しなさい。

資料

1. Ｐ社は、×１年３月31日にＳ社の議決権の80％を68,000円で取得し、Ｓ社を子会社とした。

2. Ｐ社は、×２年３月31日にＳ社の議決権の10％を10,500円で売却した。

3. Ｓ社純資産の内訳は以下のとおりである。

	資　本　金	利益剰余金	その他有価証券評価差額金
×1年3月31日	60,000円	20,000円	2,500円
×2年3月31日	60,000円	32,500円	7,500円

4. Ｓ社の資産および負債の時価は帳簿価額に等しいものとする。

5. のれんは発生の翌年度より20年で定額法により償却する。

問題 6

一部売却3（取得関連費用）

★★★★★ 応用
答案用紙 P.35
解答・解説 P.15-6

日付	/	/	/
✓			

次の資料にもとづき、S社株式売却時の連結修正仕訳を示しなさい。

資料

1. P社は×1年3月31日にS社の株式の60%を取得し、子会社株式として24,300円を計上している。なお、子会社株式の取得原価には、購入手数料300円が含まれている。
   その後、×2年3月31日にS社の株式の10%を5,000円で売却した。

2. S社の純資産の内訳
   ×1年3月31日
   資　本　金：25,000円　　利益剰余金：12,500円
   ×2年3月31日
   資　本　金：25,000円　　利益剰余金：22,500円

3. S社の資産および負債の時価は帳簿価額に等しいものとする。

4. のれんは、発生の翌年度より20年間にわたり均等償却する。

Section

2 段階取得の処理

問題 7 段階取得の処理

★★★★★ 応用
答案用紙 P.36
解答・解説 P.15-7

日付	/	/	/
	✓		

P社のS社株式の取得状況は次のとおりである（会計期間はP社・S社ともに4月1日から3月31日までの1年）。そこでX10年3月期の連結修正仕訳を示しなさい（子会社の土地の時価評価替えに係る仕訳は含めない）。

資料

取 得 日	取得原価	取得比率
×9年3月31日	17,000円	10%（その他有価証券として保有）
×10年3月31日	90,000円	50%（1％あたりの時価：1,800円）

S社の×8年度末、×9年度末における個別財務諸表は次のとおりである。

貸借対照表

S社　×9年3月31日　（単位：円）

諸資産	320,000	諸負債	250,000
土地	80,000	資本金	100,000
		利益剰余金	50,000
	400,000		400,000

貸借対照表

S社　×10年3月31日　（単位：円）

諸資産	335,000	諸負債	260,000
土地	80,000	資本金	100,000
		利益剰余金	55,000
	415,000		415,000

（注1）土地について評価替えを行う。×8年度末の土地の時価は81,200円、×9年度末の土地の時価は81,500円であった。なお、土地以外の諸資産、諸負債については×8年度末、×9年度末において帳簿価額と時価は一致している。

（注2）のれんの償却は発生の翌年から20年間で均等償却を行う。

（注3）S社は設立以来、無配当政策を採用している。

Section

3 持分法から連結への移行

問題 8 持分法から連結への移行

★★★★★ 基本
答案用紙 P.36
解答・解説 P.15-8

日付	/	/	/
	✓		

次の資料にもとづき、×3年3月期（×2年4月1日から×3年3月31日まで）の以下の開始仕訳を示しなさい。

⑴ 持分法適用の開始仕訳

⑵ 資産・負債評価替えの開始仕訳

⑶ 子会社株式の評価替えに係る開始仕訳

⑷ 支配獲得日の資本連結に係る開始仕訳

資料

1．P社は、×1年3月31日にS社の株式の20％を58,000円で取得し、持分法適用会社とした。

2．P社は、×2年3月31日にS社の株式の35％を112,000円で取得し、支配を獲得した。

3．S社の貸借対照表は次のとおりである。

貸借対照表

S社　×1年3月31日　（単位：円）

諸資産	510,000	諸負債	300,000
土地	70,000	資本金	200,000
		利益剰余金	80,000
	580,000		580,000

貸借対照表

S社　×2年3月31日　（単位：円）

諸資産	550,000	諸負債	320,000
土地	70,000	資本金	200,000
		利益剰余金	100,000
	620,000		620,000

4．S社の保有する土地に、×1年3月31日現在において3,600円の評価益が、×2年3月31日現在において12,000円の評価益が生じている。

5．のれんは、発生年度の翌年から20年にわたって定額法によって償却を行う。

Section

4 連結上の税効果会計

問題 9 未実現利益の消去に係る税効果 1

★★★★★ 基本
答案用紙 P.37
解答・解説 P.15-10

日付	/	/	/
	✓		

次の各問いに答えなさい。なお、実効税率は30％とし、税効果会計を適用する。

問1. P社はS社株式の80％を所有し支配している。P社はX1年度の期首（X1年4月1日）に、備品100,000円を購入したと同時に、S社へ当該備品を120,000円で売却している。なお、両社とも、当該備品について定額法（耐用年数10年、残存価額ゼロ）で減価償却を行っている。X1年度の連結財務諸表を作成するために必要な修正仕訳を示しなさい。

問2. P社はS社株式の80％を所有し支配している。S社はX1年度の期首（X1年4月1日）に、備品100,000円を購入したと同時に、P社へ当該備品を120,000円で売却している。なお、両社とも、当該備品について定額法（耐用年数10年、残存価額ゼロ）で減価償却を行っている。X1年度の連結財務諸表を作成するために必要な修正仕訳を示しなさい。

問題 10 未実現利益の消去に係る税効果 2

★★★★★ 基本
答案用紙 P.38
解答・解説 P.15-11

日付	/	/	/
	✓		

次の資料にもとづき、各問いに答えなさい。なお、税効果会計を適用し、実効税率は30％とする。

資料

1. 親会社であるP社は子会社であるS社に対して毎期原価の20％増しの価格で商品Zを販売している。
2. S社の期首商品のうち6,000円と、期末商品のうち7,800円はP社から仕入れた商品Zである。

問1. 未実現利益の調整に係る連結修正仕訳を示しなさい。

問2. P社とS社を入れ替えた場合の未実現利益の調整に係る連結修正仕訳を示しなさい。なお、P社はS社の発行済株式の80％を保有しているものとする。

問題 11

貸倒引当金の修正に係る税効果

★★★★★ 応用
答案用紙 P.39
解答・解説 P.15-12

日付	/	/	/
	✓		

次の資料にもとづき、連結決算期末における連結修正仕訳を示しなさい。

資料

1．P社はS社株式の80％を所有し、S社を支配している。

2．P社のS社に対する売掛金の前期末残高は50,000円、当期末残高は75,000円である。

3．P社は、毎期、売掛金の期末残高に対して2％の貸倒引当金を差額補充法により計上している。なお、P社のS社に対する貸倒引当金は、個別上、損金算入されている。

4．法定実効税率を30％として、税効果会計を適用する。

Section

5 持分法上の税効果会計

問題 12 評価差額に係る税効果（持分法）

★★★★★ 基本
答案用紙 P.40
解答・解説 P.15-13

日付	/	/	/
	✓		

次の資料にもとづき、当期末（X3年3月31日）の連結財務諸表に計上される持分法による投資損益とC社株式勘定の金額を求めなさい。なお、税効果会計（実効税率30%）を適用すること。

資料

1．P社は×2年3月31日にC社（資本金550,000円、利益剰余金200,000円）の発行済議決権株式の20%を180,500円で取得し、持分法適用会社とした。株式取得時（×2年3月31日）におけるC社の土地（簿価320,000円）の時価は370,000円であった。
2．C社の当期純利益は150,000円である。
3．のれんは、発生年度の翌年度より5年間で均等償却する。

問題 13 未実現利益の消去に係る税効果（持分法）

★★★★★ ゴール
答案用紙 P.40
解答・解説 P.15-14

日付	/	/	/
	✓		

次の各問いに答えなさい。

問1．P社はA社株式の20%を所有している。以下のP社とA社の取引について、当期における持分法の仕訳を示しなさい。なお、税効果会計を適用し、法定実効税率は30%とする。

A社は当期首に、帳簿価額200,000円の土地を250,000円でP社に売却した。P社は当期末にこの土地を保有している。なお、未実現利益の消去に関しては投資勘定で行うこと。

問2．P社はA社株式の20%を所有している。以下のP社とA社の取引について、当期における持分法の仕訳を示しなさい。なお、税効果会計を適用し、法定実効税率は30%とする。

P社はA社に原価率60%で商品を販売している。A社の期末商品棚卸高に含まれるP社商品は50,000円である。

Chapter

16 連結会計4（退職給付、在外子会社等）

Section

1 連結上の退職給付会計

問題1 連結上の退職給付会計1

★★★★★ 基本
答案用紙 P.41
解答・解説 P.16-1

日付	/	/	/
	✓		

次の資料にもとづいて、×2期末（×2年3月31日）の連結貸借対照表、連結包括利益計算書および連結株主資本等変動計算書を作成しなさい。子会社では退職給付引当金を計上していない。

なお、税効果会計は考慮しない。

資料

期首退職給付債務	125,000円	期首年金資産	75,000円
勤務費用	13,750円	期待運用収益	2,250円
利息費用	3,750円	年金基金への掛け金拠出	1,500円
期末実際退職給付債務	142,500円	期末実際年金資産	77,500円

×2期に数理計算上の差異（借方差異）1,250円が発生した。なお、数理計算上の差異は発生年度の翌年度から10年で定額法により償却する。個別財務諸表上には、退職給付引当金63,750円が計上されている。

問題 2

連結上の退職給付会計 2

★★★★★ 応用
答案用紙 P.41
解答・解説 P.16-2

日付	/	/	/
✓			

次の資料にもとづいて、×３期末（×３年３月31日）の個別財務諸表の退職給付引当金および退職給付費用の金額を算定し、連結貸借対照表、連結包括利益計算書および連結株主資本等変動計算書を作成しなさい。子会社では退職給付引当金を計上していない。

なお、税効果会計を適用し、法定実効税率は30％である。

資料

期首退職給付債務	28,500円	期首年金資産	15,500円
勤務費用	2,750円	期待運用収益	450円
利息費用	850円	年金基金への掛け金拠出	500円
期末実際退職給付債務	32,500円	期末実際年金資産	16,450円

当期に過去勤務費用（借方差異）400円が発生した。なお、過去勤務費用は発生年度から8年で定額法により償却する。

Section **2**
在外子会社の財務諸表項目の換算

問題 3 在外子会社の円建財務諸表の作成手順

★★★★★ 基本
答案用紙 P.42
解答・解説 P.16-3

日付	/	/	/
	✓		

P社は、前期×1年4月1日に100％出資の米国在外子会社S社を設立している。下記の資料により、当期（×2年4月1日から×3年3月31日まで）の円建ての損益計算書と貸借対照表を作成しなさい。

なお、為替換算調整勘定が借方に生ずる場合には、金額の前に△を付すこと。

資料1　設立時から前期末までのS社純資産の部の推移

	資本金	利益剰余金
×1年4月1日	＄5,000	＄　0
×2年3月31日	＄5,000	＄200

資料2　S社の当期損益計算書および当期末貸借対照表

損益計算書　（単位：ドル）

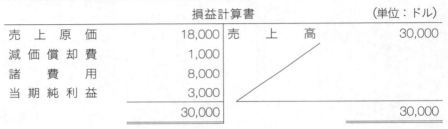

売上原価	18,000	売上高	30,000
減価償却費	1,000		
諸費用	8,000		
当期純利益	3,000		
	30,000		30,000

①収益・費用は期中平均為替相場により換算している。
②売上高のうち＄8,000は、親会社P社への売上であり、P社では￥700,000と記帳されている。

貸借対照表　（単位：ドル）

流動資産	6,000	諸負債	1,900
固定資産	4,000	資本金	5,000
		利益剰余金	3,100
	10,000		10,000

③固定資産はS社設立時に取得した。S社設立時の為替相場：＄1＝￥95
④S社は当期において剰余金の配当＄100を実施した。配当確定時の為替相場：＄1＝￥88
⑤　各期の為替相場：

	期中平均為替相場	決算時為替相場
前期	＄1＝￥86	＄1＝￥90
当期	＄1＝￥85	＄1＝￥80

Section

3 在外子会社の連結

問題 4 在外子会社の連結

★★★★★ ゴール
答案用紙 P.43
解答・解説 P.16-5

日付	/	/	/
	✓		

次の資料にもとづき、P社の当期(×2年4月1日～×3年3月31日)の連結財務諸表を作成しなさい。

資料1

P社は×2年3月31日に米国にあるS社の発行済株式の70%を133,000円で取得し、S社を支配した。P社・S社とも会計期間は4月1日から翌年3月31日までである。なお、支配獲得日のS社の諸資産および諸負債の時価は帳簿価額に等しいものとする。

×2年3月31日(支配獲得日、為替レート：95円/ドル)のS社の資本

資　本　金：1,500ドル　　利益剰余金：500ドル

資料2

当期の個別財務諸表

P社損益計算書
×2年4月1日～×3年3月31日(単位：円)

諸　費　用	310,500	諸　収　益	356,000
当期純利益	52,290	受取配当金	6,790
	362,790		362,790

S社損益計算書
×2年4月1日～×3年3月31日(単位：ドル)

諸　費　用	1,200	諸　収　益	1,600
当期純利益	400		
	1,600		1,600

P社貸借対照表
×3年3月31日　(単位：円)

諸　資　産	800,000	諸　負　債	371,500
S 社 株 式	133,000	資　本　金	400,000
		利益剰余金	161,500
	933,000		933,000

S社貸借対照表
×3年3月31日　(単位：ドル)

諸　資　産	3,800	諸　負　債	1,500
		資　本　金	1,500
		利益剰余金	800
	3,800		3,800

資料3

1．S社は当期中に剰余金の配当100ドルを行っている。配当時の為替レートは97円/ドルである。
2．当期の期中平均レートは98円/ドル、当期の決算時のレートは100円/ドルである。
3．P社の前期末の利益剰余金は139,210円であり、当期中に30,000円の剰余金の配当を行っている。

問題 5　外貨建てのれん

★★★★★　応用
答案用紙　P.44
解答・解説　P.16-7

日付	/	/	/
	✓		

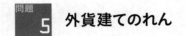

次の在外子会社の連結に関する資料にもとづき、×２年３月末のＰ社の連結財務諸表における以下の金額を答えなさい。

1. Ｐ社は、前期末（×１年３月31日）にＳ社の発行済株式の80％を90ドルで取得し、Ｓ社を子会社とした。同日のレートは@100円である。

2. Ｓ社の純資産
　×１年３月末　資本金：80ドル　　利益剰余金：20ドル
　×２年３月末　資本金：80ドル　　利益剰余金：30ドル
(1)　支配獲得時の子会社の資産・負債の時価は簿価と一致している。
(2)　のれんは発生の翌年度より10年間で均等償却する。

3. Ｓ社の当期純利益は10ドルであり、当期の期中平均レートは@101円である。
当期末のレートは@102円である。

①　連結貸借対照表　の　れ　ん
②　連結貸借対照表　為替換算調整勘定
③　連結包括利益計算書　為替換算調整勘定
④　連結貸借対照表　非支配株主持分

Section

4 組織再編にともなう連結上の処理

問題6 株式交換の連結上の処理

★★★★★ 応用
答案用紙 P.44
解答・解説 P.16-10

日付	/	/	/
✓			

P社は×1年3月31日にS社と株式交換を行い、S社株主に対してP社株式を3,000株交付した。株式交換における取得企業はP社である。

P社・S社とも会計期間は4月1日から3月31日まででである。このときの連結修正仕訳(評価差額の計上を含む)および連結貸借対照表を示しなさい。なお、税効果会計は適用しないものとする。

資料1

株式交換直前(×1年3月31日)の個別貸借対照表

P社貸借対照表
×1年3月31日 (単位：円)

諸資産	1,000,000	諸負債	460,000
		資本金	350,000
		資本剰余金	50,000
		利益剰余金	140,000
	1,000,000		1,000,000

S社貸借対照表
×1年3月31日 (単位：円)

諸資産	300,000	諸負債	130,000
		資本金	100,000
		資本剰余金	20,000
		利益剰余金	50,000
	300,000		300,000

資料2

1. 株式交換時のP社株式の時価は@70円である。
2. 株式交換による払込資本については、全額を資本金とすること。
3. S社の諸資産の時価は312,000円であり、諸負債の時価は帳簿価額に等しいものとする。
4. のれんは発生年度の翌年から10年間で均等償却を行う。

問題7　株式移転の連結上の処理

★★★★★　応用
答案用紙　P.45
解答・解説　P.16-11

日付	/	/	/
✓			

A社とB社は、株式移転を行って完全親会社となるP社を新設した。この株式移転に関する諸条件は、次に示す資料のとおりである。これらの資料にもとづいて、下記の各設問に答えなさい。なお、A社とB社に資本関係はない。また、解答にあたって税効果は考慮外とする。

資料1　株式移転の内容

(1) 発行済株式総数：A社　18,000株　B社　10,000株
(2) 企業結合日における各社株式の時価：A社　@3,000円　B社　@2,250円
(3) P社株式の各社株式に対する移転比率：A社　1.0　B社　0.6
(4) 株式移転にさいして増加する純資産のうち、P社の資本金にはその2分の1を計上し、残額を資本剰余金とする。

資料2　株式移転直前のA社とB社の貸借対照表

A社貸借対照表
×2年3月31日　（単位：千円）

諸資産	90,000	諸負債	36,000
		資本金	35,000
		資本剰余金	10,000
		利益剰余金	9,000
	90,000		90,000

B社貸借対照表
×2年3月31日　（単位：千円）

諸資産	31,500	諸負債	21,000
		資本金	7,500
		資本剰余金	1,800
		利益剰余金	1,200
	31,500		31,500

資料3　株式移転直前のA社とB社の諸資産・諸負債の時価

(1) A社の諸資産の時価は96,000千円で、諸負債の時価は帳簿価額と一致している。
(2) B社の諸資産の時価は37,000千円で、諸負債の時価は帳簿価額と一致している。

設問1　P社に対するA社株主とB社株主の議決権比率をそれぞれ求めなさい。
設問2　取得企業と判定される会社名を記しなさい。
設問3　完全子会社となるA社株式とB社株式の取得原価を求めなさい。
設問4　P社連結財務諸表における資本金、資本剰余金およびのれんの金額を求めなさい。
ただし、連結財務諸表上、取得企業の利益剰余金については、そのまま引き継ぐこととする。

Chapter

17 本支店会計

Section

1 本店支店の期中取引

問題 1 本支店間取引

★★☆☆☆ 基本
答案用紙 P.46
解答・解説 P.17-1

日付	/	/	/
✓			

次の各取引について、本店および支店の仕訳を示しなさい。仕訳が不要な場合は借方科目欄に「仕訳なし」と記入すること。

(1) 本店は、支店の得意先より、売掛金250,000円を回収し、先方振出しの小切手を受け取った。
(2) 本店は、支店に商品（原価160,000円）を売り上げた。なお、本店は支店に商品を発送するさい、原価の5%増しを振替価格としている。
(3) 支店は、得意先に対して、本店から仕入れた商品（振替価格126,000円）を原価率80%として売り上げ、代金は掛けとした。
(4) 支店は、本店の仕入先から、商品(本店の仕入原価110,000円)を直接仕入れ、代金は掛けとした。支店は直ちに本店に連絡し、取引内容を伝えた。なお、本店は支店に商品を発送するさい、原価の5%増しを振替価格としている。

問題 2 支店間取引

★★★☆☆ 基本
答案用紙 P.46
解答・解説 P.17-1

日付	/	/	/
✓			

次の各取引について、本店および上野支店、新宿支店の仕訳を示しなさい。仕訳が不要な場合は借方科目欄に「仕訳なし」と記入すること。

(1) 上野支店は、新宿支店に商品(仕入代価120,000円、仕入付随費用6,000円)を売り上げた。売価は、原価の５％増しとしている(支店分散計算制度)。
(2) 新宿支店は、上野支店の得意先より売掛金150,000円を回収し、現金を受け取った（本店集中計算制度)。

Section

2 本支店合併財務諸表の作成

問題 3 本支店合併財務諸表

★★★★★ 応用
答案用紙 P.47
解答・解説 P.17-2

日付	/	/	/
	✓		

㈱関西商事は、大阪に本店、京都に支店を置き、商品売買業を営んでいる（当期X２年４月１日～X３年３月31日）。次の資料にもとづき、以下の各問いに答えなさい。

資料1

決算整理前残高試算表
×3年3月31日
(単位：円)

借方	本店	支店	貸方	本店	支店
現金預金	94,050	11,810	買掛金	54,000	18,000
売掛金	72,000	21,000	貸倒引当金	1,050	210
繰越商品	63,500	※36,650	繰延内部利益	(　　)	―
建物	120,000	50,000	減価償却累計額	40,500	11,250
土地	500,000	(　　)	借入金	65,000	20,000
支店	45,500	―	資本金	(　　)	―
仕入	654,000	291,250	繰越利益剰余金	120,000	―
本店仕入	―	(　　)	本店	―	(　　)
販売費	13,400	6,200	売上	(　　)	(　　)
支払利息	2,500	300	支店売上	53,550	―
	(　　)	(　　)		(　　)	(　　)

※このうち 13,650円は本店仕入分である。

資料2　未処理事項

1．本店から支店に商品 9,450円（振替価格）を送付したが、支店で未処理である。
2．支店は、本店の販売費 500円を小切手を振り出して支払っていたが、本店で未処理であった。
3．本店から支店に 1,200円を送金したが、支店で未処理である。

資料3　決算整理事項等

1．本店は支店に商品を送付するさい、原価の5%増しを振替価格とし（毎期一定）、支店以外に商品を販売するさいには原価の20%増しを売価としている。支店は、原価の25%増しを売価としている（ただし、本店からの仕入分については、振替価格を原価とする）。
2．期末商品棚卸高（未処理分を除く）
　⑴　本店58,000円（帳簿棚卸高）、57,000円（実地棚卸高）
　⑵　支店38,000円（うち本店仕入分 15,750円）棚卸減耗はなかった。
3．一般債権につき、2%の貸倒引当金を設定する（差額補充法）。
　なお、上記の売掛金はすべて一般債権である。

4．減価償却

⑴　本店　建物：取得原価　120,000円、耐用年数40年、残存価額10%、定額法

⑵　支店　建物：取得原価　　50,000円、耐用年数30年、残存価額10%、定額法

5．借入金

⑴　本店　年利率4%　借入期間　×1年4月1日より5年間、利払日9月末と3月末の年2回

⑵　支店　年利率3%　借入期間　×1年10月1日より3年間、利払日9月末の年1回

なお、残高試算表上の支払利息は、すべて当該借入金に関するものである。

6．税引前当期純利益に対して50%の法人税等を計上する。

問1．未達整理後における支店勘定・支店売上勘定および本店勘定・本店仕入勘定の金額を示しなさい。

問2．合併貸借対照表上の次の各金額を示しなさい。

①現金預金　②商　品　③借入金　④資本金　⑤土　地

Chapter 17 本支店会計

Section

3 決算手続と帳簿の締切り

問題 4 決算手続と帳簿の締切り

★★★★★ 基本
答案用紙 P.48
解答・解説 P.17-6

日付	/	/	/
✓			

㈱関東物産は、東京に本店、横浜に支店を置き、商品売買業を営んでいる(当期X2年4月1日～X3年3月31日)。次の資料にもとづき、以下の各問いに答えなさい。なお、未処理の取引はない。また、税効果会計は適用しない。

資料1

決算整理前残高試算表
×3年3月31日
(単位：円)

借方	本店	支店	貸方	本店	支店
現金預金	28,540	6,530	買掛金	15,000	8,500
売掛金	21,000	14,000	貸倒引当金	380	170
繰越商品	11,000	5,570	繰延内部利益	( )	—
有価証券	( )	( )	減価償却累計額	12,600	6,750
備品	70,000	20,000	本店	—	32,060
投資有価証券	( )	—	資本金	170,000	—
支店	32,060	—	繰越利益剰余金	2,000	—
仕入	46,600	14,190	売上	52,000	42,000
本店仕入	—	22,050	支店売上	( )	—
販売費	13,200	2,560	受取配当金	7,200	—
			有価証券売却益	—	420
	( )	( )		( )	( )

資料2　決算整理事項等

1．本店の期末商品棚卸高は9,000円(帳簿)、8,900円(実地)、支店の期末商品棚卸高は6,810円(うち本店仕入分2,310円）である。支店の期首商品棚卸高のうち本店仕入分は3,570円であり、当期の本店仕入高は本店の仕入原価で21,000円である。

　本店は支店に商品を送付するさい、原価の5％増しを内部振替価格としている(毎期一定)。

2．一般債権につき、2%の貸倒引当金を設定する(差額補充法)。

　なお、上記の売掛金はすべて一般債権である。

3．本店が所有する有価証券の内訳は次のとおりであり、その他有価証券の評価方法は、部分純資産直入法を採用している。なお、当該有価証券はすべて当期中に取得したものである。

銘柄	所有目的	取得原価	当期末時価
A社株式	売買目的	24,000円	20,000円
B社株式	売買目的	18,000円	18,200円
C社株式	その他	17,000円	16,000円

4．支店が所有する有価証券(当期取得)は次のとおりである。

銘柄	所有目的	数量	取得原価	当期末時価
D社株式	売買目的	80株	@62.5円	@63円

5．減価償却(備品)

① 本店　取得原価　70,000円　耐用年数15年　残存価額10%　定額法

② 支店　取得原価　20,000円　耐用年数20年　残存価額10%　定額法

6．税引前当期純利益に対して、50%の法人税等を計上する。

問1．支店損益勘定の空欄を埋めなさい。

問2．次期に繰り越すべき本店勘定、支店勘定の金額を答えなさい。

問3．総合損益勘定の空欄を埋め、完成させなさい。

Section

4 在外支店の財務諸表項目の換算

問題 5 在外支店の財務諸表の換算手順

★★★★★ 基本
答案用紙 P.49
解答・解説 P.17-11

日付	/	/	/
✓			

次の資料により、在外支店の円貨額による(1)貸借対照表および(2)損益計算書を完成させなさい。

資料1 在外支店の決算整理後残高試算表

決算整理後残高試算表
×2年3月31日 (単位：ドル)

現金預金	1,500	買掛金	4,700
売掛金	2,500	長期借入金	4,450
繰越商品	3,000	減価償却累計額	450
備品	4,500	本店	600
仕入	14,000	売上	17,000
減価償却費	450	本店へ売上	1,000
その他の費用	2,250		
	28,200		28,200

資料2

1．当期の売上原価は、期首商品 4,000ドル（前期の期中平均為替レートにより換算）、当期仕入高13,000ドル、期末商品 3,000ドルにより計算されている。なお、期末商品に対して評価損は計上していない。
2．本店における支店勘定の残高は72,000円(借方残高)である。
3．備品は当期首に取得したものである。取得原価は 4,500ドル（取得時のレート1ドル135円)、残存価額10%、耐用年数9年で減価償却を行う。
4．換算レートとして期中平均レートの使用が認められているものについては、繰越商品も含めてできるだけ期中平均レートを用いることとする。
5．換算に必要な1ドルあたりのレートは次のとおりである。

長期借入金発生時為替レート	125円	期中平均為替レート(当期)	122円
		期中平均為替レート(前期)	124円
本店への商品売上時為替レート	120円	当期末為替レート	123円

問題 6

総合問題(在外支店)

★★★★★ ゴール
答案用紙 P.50
解答・解説 P.17-13

日付	/	/	/
✓			

次の資料にもとづき、(1)合併貸借対照表および(2)合併損益計算書を完成させなさい。なお、法人税等は考慮しないものとする。指示のない損益項目については、期中平均レートを用い換算すること。

資料1　決算整理後残高試算表

決算整理後残高試算表　(単位　本店：円、支店：ドル)

借　方	本　店	支　店	貸　方	本　店	支　店
現金預金	153,100	600	買掛金	88,600	485
売掛金	235,000	800	貸倒引当金	4,700	16
有価証券	—	200	長期借入金	120,000	510
繰越商品	100,000*	315	減価償却累計額	90,000	450
備品	500,000	2,000	本店	—	1,475
土地	(　　)	1,500	資本金	950,000	—
支店	350,000	—	利益剰余金	300,000	—
仕入	850,000	800	売上	1,104,300	7,844
本店仕入	—	3,100	支店売上	(　　)	—
営業費	65,000	1,250	有価証券評価損益	—	20
減価償却費	45,000	225			
支払利息	3,600	10			
合計	(　　)	10,800	合計	(　　)	10,800

＊期首繰越商品はないものとする。

資料2　支店に関する資料

1．売上原価に関するデータ

期首商品415ドル(前期外部仕入分のみ)

当期外部仕入高700ドル

期末商品315ドル(当期外部仕入分115ドル、当期本店仕入分200ドル)

換算にあたり、外部仕入分につき期中平均レートを、本店仕入分につき取引時レートを用いること。また、期末商品本店仕入分に係る内部利益は6,000円である。

2．備品および土地は、前期首に取得したものである。備品について、残存価額を取得原価の10%、耐用年数を8年として、減価償却を行う。

3．借入金は当期首に借り入れたものであり、支払利息は当該借入金に係るものである。また、支払利息は年1回後払い(3月末支払)である。

4．有価証券は期中に180ドルで取得したものである。支払利息は当期末レートで換算すること。

5．1ドルあたり換算レート

前期首：@120円	前期期中平均：@118円
当期首：@115円	当期期中平均：@112円
有価証券取得時：@117円	本支店商品売買時：@111円
当期末：@110円	

Chapter 17 本支店会計

Chapter

18 キャッシュ・フロー計算書

Section

2 営業活動によるキャッシュ・フロー

問題 1 営業活動によるキャッシュ・フロー1

★★★★★ 基本
答案用紙 P.51
解答・解説 P.18-1

日付	/	/	/
✓			

次の資料にもとづき、答案用紙に示した間接法によるキャッシュ・フロー計算書を完成させなさい。

資料

貸借対照表
×2年3月31日　(単位：円)

資産	期首	期末	負債・純資産	期首	期末
現金預金	2,000	3,900	買掛金	2,500	3,000
売掛金	4,000	5,000	未払費用	250	100
貸倒引当金	△ 200	△ 300	未払法人税等	400	600
有価証券	1,000	1,000	長期借入金	7,000	6,500
商品	2,500	3,500	資本金	10,000	10,000
未収収益	150	50	利益準備金	300	340
備品	12,000	13,000	繰越利益剰余金	1,000	3,610
減価償却累計額	△ 3,000	△ 3,500			
長期貸付金	3,000	1,500			
	21,450	24,150		21,450	24,150

(注)

1. キャッシュ・フローの減少となる場合は、数字の前に△印を付けること。
2. 受取利息、受取配当金および支払利息は、「営業活動によるキャッシュ・フロー」に記載する。
3. 未収収益は、すべて受取利息に係るものである。
4. 未払費用の内訳は次のとおりである。

	期首	期末
支払利息に係るもの	120円	20円
営業費に係るもの	130円	80円

問題 2

営業活動によるキャッシュ・フロー2

★★★★★ 基本
答案用紙 P.51
解答・解説 P.18-2

日付	/	/	/
✓			

次の資料にもとづき、キャッシュ・フロー計算書における「営業収入」の金額を求めなさい。

資料

1. 当期の売上高の内訳
   現金売上　150,000円　　掛売上　320,000円　　手形売上　190,000円
2. 前期末における残高
   売掛金　25,000円　　受取手形　12,000円
3. 当期末における残高
   売掛金　50,000円　　受取手形　15,000円
4. 買掛金決済のために、他社から受け取った手形42,000円を裏書きした。
5. 売掛金決済のために、手形を155,000円受け取った。
6. 前期に貸倒処理を行った売掛金3,000円を当期に回収した。

Section **3**

投資活動・財務活動によるキャッシュ・フロー

問題 3 キャッシュ・フロー計算書の総合問題

★★★★★ ゴール
答案用紙 P.52
解答・解説 P.18-3

日付	/	/	/
✓			

次の資料にもとづき、問1. 直接法および 問2. 間接法によるキャッシュ・フロー計算書を作成しなさい。なお、間接法の場合については「営業活動によるキャッシュ・フロー」の区分のみでよい。

資料

貸借対照表 (単位：円)

科目	前期	当期	科目	前期	当期
現金	1,930	3,650	買掛金	1,240	1,920
売掛金	1,380	1,710	短期借入金	1,000	810
貸倒引当金	△ 60	△ 80	未払金	120	100
有価証券	2,500	2,620	未払法人税等	300	800
商品	1,050	1,130	資本金	10,000	11,000
未収利息	30	20	利益準備金	800	880
備品	7,500	8,200	繰越利益剰余金	1,200	2,170
減価償却累計額	△1,500	△2,100			
貸付金	1,830	2,530			
	14,660	17,680		14,660	17,680

損益計算書 (単位：円)

Ⅰ 売上高		24,000
Ⅱ 売上原価		14,600
売上総利益		9,400
Ⅲ 販売費及び一般管理費		
1. 営業費	2,590	
2. 給料	2,960	
3. 貸倒引当金繰入	20	
4. 減価償却費	750	6,320
営業利益		3,080
Ⅳ 営業外収益		
1. 受取利息配当金	120	
2. 有価証券売却益	300	
3. 為替差益	100	520
Ⅴ 営業外費用		
1. 支払利息		200
経常利益		3,400
Ⅵ 特別損失		
1. 固定資産売却損		50
税引前当期純利益		3,350
法人税、住民税及び事業税		1,500
当期純利益		1,850

(注)

1. 当期に有価証券(売買目的)の取得と売却があり、売却時の簿価は、1,200円である。
2. 当期首に備品の取得と売却があり、売却時の簿価は、350円(取得原価500円－減価償却累計額150円)である。
3. 未払金はすべて備品の購入代価である。
4. 当期に新規貸付け1,000円と回収？円があった。
5. 当期に新規借入れ？円と返済1,000円があった。
6. 為替差益は、以下の項目の期末換算替えによるものである。
   短期借入金 40円(差益)
   外国通貨 60円(差益)
7. 当期に増資1,000円を行っている。
8. 当期に剰余金の処分として、剰余金の配当800円を行い、会社法規定の額を利益準備金に繰り入れている。
9. 売上、仕入はすべて掛けによる取引である。
10. 上記以外の取引は、すべて現金決済している。
11. キャッシュ・フローの減少となる場合には、数字の前に△の符号を付けること。

Section

4 連結キャッシュ・フロー計算書

問題 4 営業収入と商品仕入支出

★★★★★ 基本
答案用紙 P.53
解答・解説 P.18-6

日付	/	/	/
	✓		

P社はS社の発行済株式(S社株式)の過半数を所有し、実質的に支配している。次の資料にもとづき、連結キャッシュ・フロー計算書の営業活動によるキャッシュ・フローについて、空欄に該当する金額を答えなさい。キャッシュ・フローの減少項目には△を付すこと。

資料 (単位:円)

P社とS社の直接法による個別キャッシュ・フロー計算書(一部)は、次のとおりである。

キャッシュ・フロー計算書(P社)

Ⅰ 営業活動によるキャッシュ・フロー	
営業収入	520,000
商品の仕入支出	△330,000
⋮	

キャッシュ・フロー計算書(S社)

Ⅰ 営業活動によるキャッシュ・フロー	
営業収入	170,000
商品の仕入支出	△90,000
⋮	

当期にP社は、S社に商品50,000円を掛けで売り上げ、そのうち、30,000円を現金で回収している。

連結キャッシュ・フロー計算書(一部)

Ⅰ 営業活動によるキャッシュ・フロー	
営業収入	(①)
商品の仕入による支出	(②)
⋮	⋮

Chapter 18 キャッシュ・フロー計算書

問題 5

貸付けと借入れ

★★★★★ 基本
答案用紙 P.53
解答・解説 P.18-6

日付	/	/	/
✓			

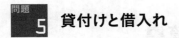

P社はS社の発行済株式（S社株式）の過半数を所有しており、実質的に支配している。次の資料にもとづき、連結キャッシュ・フロー計算書の空欄に該当する金額を答えなさい。キャッシュ・フローの減少項目には△を付すこと。

資料（単位：円）

P社とS社の直接法による個別キャッシュ・フロー計算書(一部)は、次のとおりである。

キャッシュ・フロー計算書(P社)

Ⅰ　営業活動によるキャッシュ・フロー	
⋮	
小　計	
利息及び配当金の受取額	48,000
利息の支払額	△34,000
Ⅱ　投資活動によるキャッシュ・フロー	
貸付けによる支出	△160,000
Ⅲ　財務活動によるキャッシュ・フロー	
短期借入れによる収入	180,000

キャッシュ・フロー計算書（S社）

Ⅰ　営業活動によるキャッシュ・フロー	
⋮	
小　計	
利息及び配当金の受取額	16,000
利息の支払額	△12,000
Ⅱ　投資活動によるキャッシュ・フロー	
貸付けによる支出	△30,000
Ⅲ　財務活動によるキャッシュ・フロー	
短期借入れによる収入	50,000

P社の貸付けによる支出のうち、15,000円はS社に対するものである(貸付期間1年)。
なお、P社はS社より受取利息1,500円を現金で受け取っている。

連結キャッシュ・フロー計算書(一部)

Ⅰ　営業活動によるキャッシュ・フロー	
⋮	
小　計	
利息及び配当金の受取額	（　①　）
利息の支払額	（　②　）
Ⅱ　投資活動によるキャッシュ・フロー	
貸付けによる支出	（　③　）
Ⅲ　財務活動によるキャッシュ・フロー	
短期借入れによる収入	（　④　）

問題 6

有形固定資産の売却と取得

★★★★★ 基本
答案用紙 P.54
解答・解説 P.18-7

日付	/	/	/
✓			

P社はS社の発行済株式(S社株式)の過半数を所有し、実質的に支配している。次の資料にもとづき、連結キャッシュ・フロー計算書の投資活動によるキャッシュ・フローにおける(A)有形固定資産の取得による支出および(B)有形固定資産の売却による収入の金額を答えなさい。キャッシュ・フローの減少項目には△を付すこと。

資料(単位:円)

P社とS社の個別キャッシュ・フロー計算書(一部)は、次のとおりである。

キャッシュ・フロー計算書(P社)

Ⅱ 投資活動によるキャッシュ・フロー	
有形固定資産の取得による支出	△560,000
有形固定資産の売却による収入	320,000

キャッシュ・フロー計算書(S社)

Ⅱ 投資活動によるキャッシュ・フロー	
有形固定資産の取得による支出	△320,000
有形固定資産の売却による収入	120,000

当期に、P社はS社に建物(帳簿価額200,000円)を240,000円で売却し、代金は現金で回収している。

問題 7
配当金の受取りと支払

★★★★★ 基本
答案用紙 P.54
解答・解説 P.18-7

日付	／	／	／
✓			

P社はS社の発行済株式の70％を所有し、S社の経営を実質的に支配している。次の資料にもとづき、連結キャッシュ・フロー計算書の空欄に該当する項目および金額を求めなさい。キャッシュ・フローの減少項目には△を付すこと。

資料（単位：円）

P社とS社の直接法による個別キャッシュ・フロー計算書(一部)は、以下のとおりである。

キャッシュ・フロー計算書(P社)

Ⅰ　営業活動によるキャッシュ・フロー	
⋮	
小　計	
利息及び配当金の受取額	72,000
Ⅱ　投資活動によるキャッシュ・フロー	
⋮	
Ⅲ　財務活動によるキャッシュ・フロー	
配当金の支払額	△69,000

キャッシュ・フロー計算書（S社）

Ⅰ　営業活動によるキャッシュ・フロー	
⋮	
小　計	
利息及び配当金の受取額	24,000
Ⅱ　投資活動によるキャッシュ・フロー	
⋮	
Ⅲ　財務活動によるキャッシュ・フロー	
配当金の支払額	△30,000

連結キャッシュ・フロー計算書(一部)

Ⅰ　営業活動によるキャッシュ・フロー	
⋮	
小　計	
利息及び配当金の受取額	（　①　）
Ⅱ　投資活動によるキャッシュ・フロー	
⋮	
Ⅲ　財務活動によるキャッシュ・フロー	
配当金の支払額	（　②　）
（　③　）	（　④　）

問題8 簡便法による連結キャッシュ・フロー計算書の作成

★★★★★ 基本
答案用紙 P.54
解答・解説 P.18-8

日付	/	/	/
✓			

P社はS社の発行済株式総数の75%を所有し、支配している。また、A社の発行済株式総数の25%を所有している。次の資料にもとづき、簡便法により連結キャッシュ・フロー計算書（営業活動によるキャッシュ・フローの区分のみ）を作成しなさい。なお、営業活動によるキャッシュ・フローについては間接法により作成すること。

資料

連結貸借対照表　（単位：千円）

資産	前期末	当期末	負債・純資産	前期末	当期末
現金預金	31,220	34,540	買掛金	16,200	15,000
売掛金	24,000	31,000	未払法人税等	3,200	3,900
商品	4,600	4,100	貸倒引当金	480	620
建物	150,000	150,000	減価償却累計額	31,400	41,000
土地	100,000	100,000	資本金	160,000	160,000
のれん	400	320	資本剰余金	40,000	40,000
A社株式	34,000	36,100	利益剰余金	82,420	84,040
繰延税金資産	480	800	非支配株主持分	11,000	12,300
	344,700	356,860		344,700	356,860

連結損益計算書（単位：千円）

Ⅰ	売上高		126,000
Ⅱ	売上原価		83,000
	売上総利益		43,000
Ⅲ	販売費及び一般管理費		
	営業費	21,120	
	貸倒引当金繰入	200	
	減価償却費	9,600	
	のれん償却額	80	31,000
	営業利益		12,000
Ⅳ	営業外収益		
	受取利息配当金	1,600	
	持分法による投資利益	2,100	3,700
	税金等調整前当期純利益		15,700
	法人税、住民税及び事業税	6,600	
	法人税等調整額	△320	6,280
	当期純利益		9,420
	非支配株主に帰属する当期純利益		1,800
	親会社株主に帰属する当期純利益		7,620

（注）

1. A社は持分法適用関連会社として処理している。
2. 前期よりP社はS社に商品を販売しており、当期は5,000千円販売している。なお、S社に販売するさいには、毎期10%の利益を付加している。
3. S社の前期末商品のうち1,100千円、当期末商品のうち1,320千円は、P社から仕入れたものである。
4. S社の前期末買掛金のうち800千円、当期末買掛金のうち700千円はP社に対するものである。
5. S社は当期中に2,000千円の配当金を株主に対して支払っている。
6. 配当金の受取額は、営業活動によるキャッシュ・フローの区分に記載すること。
7. キャッシュ・フローの減少となる場合には、数字の前に△の符号を付けること。

Chapter

19 特殊論点編

Section

1 分配可能額の計算

問題 1 分配可能額の算定1

★★★★★ 応用
答案用紙 P.55
解答・解説 P.19-1

日付	/	/	/
✓			

次の資料にもとづき、次の一連の取引に関する各問いに答えなさい。前期末から×8年6月24日まで、株主資本項目に変動はなかった。なお、3月31日を決算日とする。

問1. ×8年6月25日における分配可能額を計算しなさい。
問2. ×8年12月25日における分配可能額を計算しなさい。

資料1

前期末貸借対照表
×8年3月31日 (単位：円)

	資本金	9,000,000
	資本準備金	400,000
	その他資本剰余金	360,000
	利益準備金	592,000
	任意積立金	480,000
	繰越利益剰余金	640,000
	自己株式	△80,000

資料2 ×8年6月25日から×8年12月24日までに行われた取引の概要

1. 株主総会決議により、繰越利益剰余金からの配当80,000円を行い、利益準備金8,000円を積み立てた。
2. 株主総会決議により、資本準備金40,000円および利益準備金64,000円を剰余金に振り替えた。
3. 株主総会決議により、任意積立金80,000円を取り崩し、任意積立金56,000円を積み立てた。
4. 自己株式24,000円を取得した。
5. 自己株式16,000円を20,000円で処分した。

問題 2

分配可能額の算定2

★★★★★ 応用
答案用紙 P.55
解答・解説 P.19-2

日付	/	/	/
✓			

前期末貸借対照表に計上されたのれん(資産の部)および繰延資産が以下の場合について、それぞれ分配可能額を算定しなさい。なお、前期末から分配日まで、株主資本項目に変動はなかった。また、臨時計算書類は作成しないものとする。

資料1

前期末貸借対照表
×8年3月31日 (単位:円)

	資本金	6,500,000
	資本準備金	625,000
	その他資本剰余金	562,500
	利益準備金	925,000
	任意積立金	750,000
	繰越利益剰余金	1,000,000

資料2

(1) のれん　6,250,000円の場合
(2) のれん　16,250,000円の場合
(3) のれん　10,000,000円および繰延資産3,750,000円の場合
(4) のれん　17,500,000円および繰延資産　625,000円の場合

Section
2 金融商品等に係る特殊論点

問題 3 有価証券の消滅

★★★★★ 応用
答案用紙 P.55
解答・解説 P.19-4

日付	／	／	／
✓			

次の資料にもとづき、当期末（×５年３月31日）の貸借対照表および損益計算書を作成しなさい。

決算整理前残高試算表

×5年3月31日　　　　（単位：円）

売買目的有価証券	2,000	

1. 決算整理事項

当社が当期末に保有する有価証券は次のとおりである。

	取得原価	当期末時価	保有目的
A社株式	1,000円	1,100円	売買目的

(1)　×５年３月30日に売買目的でＢ社株式を1,000円で購入する契約を締結したが未処理である。株式の受渡日は×５年４月２日、Ｂ社株式の当期末時価は1,200円である。有価証券の発生と消滅の認識は修正受渡日基準による。

(2)　×５年３月30日に売買目的でＣ社株式（簿価1,000円）を1,300円で売却する契約を締結したが、未処理である。株式の受渡日は×５年４月２日である。

解答・解説編

【チェック表】

Chapter	Section	重要度	メモ（解けなかった問題、解いた日付など）
1 会計の基本ルール	1 会計の基本ルール	★★	
2 損益計算書の基本ルール	1 損益計算書のルール	★★	
	2 財務会計の概念フレームワーク	★★	
3 純資産会計2（新株予約権）	1 新株予約権	★★	
	2 新株予約権付社債	★★★	
4 デリバティブ	1 デリバティブとヘッジ会計	★★★	
5 会計上の変更および誤謬の訂正	1 会計上の変更および誤謬の訂正	★★★	
6 研究開発費（ソフトウェア）	1 研究開発費（ソフトウェア）	★★	
7 商品売買の期中処理	1 商品売買の期中処理	★	
8 収益認識	1 収益認識の基本的処理	★★★	
	2 収益認識に係る個別論点	★★★	
9 建設業会計（工事契約）	1 工事契約の収益の認識	★★	
	2 建設業会計の処理	★★	
	3 工事損失引当金の処理	★★	
10 試用販売	2 手許商品区分法の処理	★	
11 委託販売	1 委託販売	★	
12 割賦販売	1 割賦販売総論	★	
	2 戻り商品の処理	★	
13 リース会計（リースバック）	1 セール・アンド・リースバック	★★★	
14 企業結合・事業分離（応用編）	1 株式交換・株式移転	★★	
	2 事業分離（会社分割）	★★	
15 連結会計3（持分の変動、税効果）	1 追加取得と一部売却の処理	★★★	
	2 段階取得の処理	★★★	
	3 持分法から連結への移行	★★	
	4 連結上の税効果会計	★★★	
	5 持分法上の税効果会計	★★	
16 連結会計4（退職給付、在外子会社等）	1 連結上の退職給付会計	★★★	
	2 在外子会社の財務諸表項目の換算	★★★	
	3 在外子会社の連結	★★★	
	4 組織再編にともなう連結上の処理	★★	
17 本支店会計	1 本店支店の期中取引	★	
	2 本支店合併財務諸表の作成	★★	
	3 決算手続と帳簿の締切り	★★	
	4 在外支店の財務諸表項目の換算	★★	
18 キャッシュ・フロー計算書	2 営業活動によるキャッシュ・フロー	★★	
	3 投資活動・財務活動によるキャッシュ・フロー	★★	
	4 連結キャッシュ・フロー計算書	★	
19 特殊論点編	1 分配可能額の計算	★	
	2 金融商品等に係る特殊論点	★	

Chapter

1 会計の基本ルール

Section

1 会計の基本ルール

問題 1 会計公準

解答

①	会計単位	②	記録	③	清算	④	永久
⑤	会計期間	⑥	貨幣額	⑦	表示	⑧	会計処理

解説

会計公準[01]には企業実体の公準・継続企業の公準・貨幣的評価の公準の3つがあります。

01) 会計公準とは、企業が会計を行う上での基礎的前提および仮定であり、会計上の理論や原則が成立するための基礎的な前提条件となっています。

問題 2 真実性の原則

解答

問1.

①	財政状態	②	経営成績	③	真実[01]

01) ―般原則―

問2. 相対的真実

解説

問2. たとえば、減価償却では定額法、定率法等の方法を選択することが認められています。したがって、財務諸表に記載される数値は採用する方法によって異なり、必ずしも1つの数値によって財政状態および経営成績が表されるわけではありません。

真実性の原則における"真実"は、絶対的に1つとは限らないという意味で、**相対的真実**[02]を表します。

02) 1つと限るものを絶対的真実といいます。

問題 3 正規の簿記の原則

|解答|

問 1.

①	取引	②	正確な会計帳簿

01)

01) 一般原則 二

問 2.

網羅性	検証可能性	秩序性

02)

02) 網羅性（記帳漏れや架空記録がない）、検証可能性（客観的に証明可能な証ひょう資料にもとづく）、秩序性（組織的、体系的に秩序正しく記録する）を満たすのが、正確な会計帳簿です。

解説

正規の簿記の原則は、①正確な会計帳簿を作成し、それにもとづいて②誘導法[03)]により財務諸表を作成することを要請する原則です。

03) 誘導法とは、財務諸表を帳簿記録から誘導して作成する方法です。そのためには正確な会計帳簿が必要です。

問題 4 資本取引・損益取引区分の原則

|解答|

問 1.

①	損益取引	②	資本剰余金

01)

01) 一般原則 三

問 2.

利益準備金	任意積立金	繰越利益剰余金

解説

資本取引・損益取引区分の原則は資本と利益を区別することを要請する原則です。たとえば、企業会計原則注解【注2】では新株発行による株式払込剰余金から新株発行費用を控除することを禁じています。

これは、株式払込剰余金という資本項目（資本準備金）と損益項目を混同して相殺すると、適正な期間損益計算ができなくなるからです。

問題 5 明瞭性の原則

|解答|

問 1.

①	**利害関係者** [01]	②	**会 計 事 実** [01]	③	**企業の状況** [01]	④	**営業損益計算** [02]
⑤	**純損益計算** [02]	⑥	**分　　類** [03]				

01)　一般原則 四
02)　損益計算書原則 二
03)　貸借対照表原則 四

問 2.　①形式面　**(a)、(c)、(e)**
　　　②内容面　**(b)、(d)**

問題 6 継続性の原則

|解答|

問 1.

①	**処 理 の 原 則**	②	**手　　続** [01]

01)　一般原則 五

問 2.　**利益操作の排除**
　　　財務諸表の期間比較性の確保

問 3.

(1)	正誤	×	理由	**正当な理由がある場合には、会計方針の変更が認められる。**
(2)	正誤	○	理由	

解説

継続性の変更は、1つの会計事実について、2つ以上の会計処理が認められている場合に、適正な処理から適正な処理への変更が問題になります。

その変更に正当な理由がある場合には認められ、正当な理由がない場合には認められません。

問題7 保守主義の原則

解答

問 1.

①	不　　　利	②	健　　　全

01)

01) 一般原則 六
保守主義の原則は、予想される将来の危険に備えて慎重な判断にもとづく会計処理を行うことを要請している。

問 2. **(b)、(c)**

問 3.

	正誤		理由	
(1)	正誤	×	理由	**任意的に費用を過大に計上あるいは収益を過少に計上することは、真実性の原則に反するため認められない。**
(2)	正誤	○	理由	

解説

問2.

(a) 開発費等を資産計上せずに支出額全額を支出期の費用とした方が、繰延資産とするのに比べて保守的な会計処理であるといえます。

(b) 固定資産の減価償却を定率法によって行うと、早期に多額の減価償却費が計上されるので、定額法よりも保守的な会計処理であるといえます。

(c) 将来に発生が予想される費用または損失に備えて引当金を設定することは、早期に費用を計上することになるため、保守的な会計処理であるといえます。

問3.

(1) 過度に保守的な会計処理は、企業の財政状態・経営成績の真実な報告をゆがめることになってしまうため認められません。

したがって、保守主義の原則は真実性の原則に反しない範囲で認められる原則です。

問題8 単一性の原則

解答

問 1.

①	会　計　記　録	②	政　策　の　考　慮	③	真　実　な　表　示

01)

01) 一般原則 七
単一性の原則は、形式多元を認めているが、実質一元であることを要請している。

問 2.

正誤		理由	
正誤	×	理由	**財務諸表作成の基礎となる会計記録は単一であることが要請されている。**

問題 9 重要性の原則

解答

問1.

①	財務内容	②	企業の状況	③	重要性	④	簡便
⑤	正規の簿記の原則[01]						

01) 注解【注1】

問2. (b)、(c)、(d)[02]

02) 重要性の判断基準には①金額の重要性と②科目の重要性とがあります。
①金額の重要性(量的基準)
金額的に僅少なものについては、簡便な会計処理を認めるとするものです。
②科目の重要性(質的基準)
重要性の高い科目は独立科目で、低い科目はまとめて表示するとするものです。

問3.

	正誤		理由	
(1)	正誤	×	理由	資産の取得で発生した付随費用のうち、重要性の乏しいものについては取得原価に算入しないことができる。
(2)	正誤	○	理由	

解説

問2.

(a) 売掛金は企業の主目的たる営業取引により取得した債権です。したがって、科目の重要性が高いため、金額の大小のみによって簿外資産とすることはできません。

(c) 分割返済の定めのある長期の債権・債務のうち、期限が一年以内に到来するものであっても、重要性の乏しいものについては流動資産・流動負債とせずに固定資産・固定負債として表示することができます。

(e) 役員等の企業内部者や親会社・子会社に対する債権・債務は、質的に重要性が高いため、特別の科目[03]による表示、または注記を行います。

03) 役員貸付金・子会社貸付金などの科目を用います。
貸借対照表原則 四(一) D

Chapter

2 損益計算書の基本ルール

Section

1 損益計算書のルール

問題 1 財産法と損益法

|解答|

(1)　財産法　**期末純財産** − **期首純財産** ＝純利益
(金額がマイナスのときは純損失)

(2)　損益法　**総　収　益** − **総　費　用** ＝純利益
(金額がマイナスのときは純損失)

解説

財産法とは、期首と期末の純財産(正味財産)の差額から純損益を計算する方法です。

損益法とは、一会計期間における総収益と総費用の差額により純損益を計算する方法です[01]。

01)　現行会計は損益法による計算を中心としています。

問題 2 損益会計に関する一般原則

|解答|

(1)

①	支出および収入	②	発生した期間	③	未実現収益	④	損益計算
⑤	前払費用	⑥	前受収益	⑦	未払費用	⑧	未収収益

(2)

⑨	発生主義	⑩	期間損益

(3)

⑪	発生した費用	⑫	当期の費用	⑬	次期以降

解説

(1) 収益・費用は期中発生した収入・支出の金額にもとづいて計上されます[01]。そして、その後に期中計上した収益のうち実現したものだけを損益計算書に計上することになります[02]。

01) 収益・費用を収入額・支出額にもとづいて測定することを収支額基準といいます。
02) 損益計算書原則一A

(3) 費用配分の原則の代表的な適用例としては減価償却があります。建物、車両など長期間使用する資産は、取得時に支出額を全額費用とするのは合理的ではありません。こうした資産は耐用期間にわたり、各会計期間の営業活動に使用するため一定の方法（定額法、定率法など）により、毎期費用化するのが合理的です[03]。

03) したがって、費用収益対応の原則の下位原則にあたります。

問題 3 総額主義・費用収益対応表示の原則

解答

(1)

①	総額	②	費用	③	収益	④	損益計算書

(2)

⑤	発生源泉	⑥	明瞭	⑦	対応表示

解説

(1) 総額主義の原則は、費用と収益を直接相殺することなく、総額で損益計算書を作成することを要請しています[01]。

01) 損益計算書原則一B
売上高を純売上高、仕入高を純仕入高とすることと、為替差損益等について両者を相殺していずれか一方で表示することは例外的に認められています。

(2) 費用収益対応表示の原則は、損益計算書の表示方法に関する原則です[02]。たとえば、売上高と売上原価を離れた位置で表示すれば、売上総利益を即座に把握することができません。このため売上高と売上原価は対応表示すべきです。

また、販売費及び一般管理費は、売上高を計上するために当然必要な費用のため、売上総利益を計算した後でこれを表示すべきです。

さらに、営業外収益と営業外費用は企業の財務活動、特別利益と特別損失は臨時的なものであるという点で取引内容が同質的である点に着目し、対応表示を行います。

02) 損益計算書原則一C

Section

2 財務会計の概念フレームワーク

問題 4 財務会計の概念フレームワーク

解答

①	経済的資源	②	放棄	③	引き渡す義務
④	資産	⑤	負債	⑥	株主

解説

「財務会計の概念フレームワーク」では、財務諸表の構成要素を特定し、それらに定義を与えることを通じて、財務報告が対象とすべき事象を明確にしています。これにより、環境の変化により新たな経済事象が生じたとき、それを財務報告の対象に含めるか否かの指針としての機能が果たされます。

Chapter

3 純資産会計２（新株予約権）

Section

1 新株予約権

問題1 新株予約権の会計処理

解答

（単位：千円）

	借方科目	金額	貸方科目	金額
(1)	当座預金	50,000	新株予約権	50,000
(2)	当座預金 新株予約権	80,000 20,000	自己株式 その他資本剰余金	72,000 28,000
(3)	当座預金 新株予約権	40,000 10,000	資本金 資本準備金	25,000 25,000
(4)	新株予約権	20,000	新株予約権戻入益	20,000

解説

(2)　払込金額：

1,000個×40％×@200千円＝80,000千円

新株予約権：

50,000千円×40％＝20,000千円

自己株式の帳簿価額：

4,000株×@18千円＝72,000千円

その他資本剰余金：貸借差額

(3)　払込金額：

1,000個×20％×@200千円＝40,000千円

新株予約権：50,000千円×20％

＝10,000千円

交付株式数：1,000個×20％×10株

＝2,000株

資本金計上額：

(40,000千円＋10,000千円)÷2

＝25,000千円

(4)　新株予約権戻入益：50,000千円×40％

＝20,000千円

問題2 ストック・オプションの会計処理

解答

	株式報酬費用	新株予約権
×7年度	**2,475,000 円**	**2,475,000 円**
×8年度	**3,387,500 円**	**5,862,500 円**
×9年度	**937,500 円**	**6,800,000 円**

解説

1. ×7年度(×8年3月31日)

ストック・オプションは、従業員等の労働に対する報酬の意味があるため、決算時には株式報酬費用(販売費及び一般管理費)として費用計上するとともに、新株予約権を計上します。

(株式報酬費用) 2,475,000[01]	(新株予約権) 2,475,000

01) $@2,500円 \times (3,000個 - 360個) \times \frac{9カ月}{24カ月} = 2,475,000円$

2. ×8年度(×9年3月31日)

2回目以降の費用計上額は、①付与日から当期末までの株式報酬費用をいったん計算し、その金額から②前期までに計上した株式報酬費用を差し引いて計算します。

なお、失効すると見込まれるストック・オプション数が変更された場合には、変更後のストック・オプション数によって、株式報酬費用を計上します。

(株式報酬費用) 3,387,500[02]	(新株予約権) 3,387,500

02) $@2,500円 \times (3,000個 - 320個) \times \frac{21カ月}{24カ月} - 2,475,000円 = 3,387,500円$

新株予約権：

2,475,000円＋3,387,500円＝5,862,500円

または

$@2,500円 \times (3,000個 - 320個) \times \frac{21カ月}{24カ月}$

＝5,862,500円

3. ×9年度(×9年6月30日(権利確定日))

権利確定日に実際に失効したストック・オプション数が判明するため、実際のストック・オプション数によって株式報酬費用を算定します。

(株式報酬費用) 937,500[03]	(新株予約権) 937,500

03) $@2,500円 \times (3,000個 - 280個) - 2,475,000円 - 3,387,500円 = 937,500円$

新株予約権：

5,862,500円＋937,500円＝6,800,000円

または@2,500円×(3,000個－280個)

＝6,800,000円

Section
2 新株予約権付社債

問題 3
新株予約権付社債（現金払込の場合）の会計処理

解答

（単位：千円）

	借方科目	金額	貸方科目	金額
(1)	当座預金	2,000,000	社債 新株予約権	1,900,000 100,000
(2)	社債利息 社債利息	100,000 20,000	当座預金 社債	100,000 20,000
(3)	当座預金 新株予約権	1,400,000 70,000	資本金 資本準備金	735,000 01) 735,000

01)　(1,400,000千円+70,000千円)×$\frac{1}{2}$=735,000千円

解説

転換社債型以外の新株予約権付社債に該当するため、区分法により処理します。

(1) 発行時の処理

社債は払込金額で計上し、社債勘定で処理します。また、新株予約権の対価は新株予約権勘定で処理します。

社債：2,000,000千円×$\frac{@95円}{@100円}$

＝1,900,000千円

新株予約権：

@50千円×2,000個＝100,000千円

(2) 決算時の処理（×2年3月31日）

通常の社債と同様に、利息の計上および償却原価法による償却額の計上を行います。

利息の計上：

2,000,000千円×5％＝100,000千円

償却額：

100,000千円 02)×$\frac{12カ月}{60カ月}$＝20,000千円

(3) 新株予約権が行使されたときの処理

新株予約権が行使された部分に対応する新株予約権と払込金額の合計額を、資本金および資本準備金に振り替えます。

発行株式数：

2,000個×70％×1,000株＝1,400,000株

払込金額（当座預金）：

@1,000円×1,400,000株

＝1,400,000千円

新株予約権：

100,000千円×70％＝70,000千円

02)　2,000,000千円×$\frac{@100円-@95円}{@100円}$＝100,000千円

問題 4 新株予約権付社債（代用払込の場合）の会計処理

|解答|

（単位：千円）

借方科目	金額	貸方科目	金額
社債利息	**27,000**	**社債**	**27,000**
社債	**2,919,000**	**資本金**	**1,549,500**[01)
新株予約権	**180,000**	**資本準備金**	**1,549,500**

01)　(2,919,000千円+180,000千円)×$\frac{1}{2}$=1,549,500千円

解説

転換社債型以外の新株予約権付社債に該当するため、区分法により処理します。

新株予約権付社債の権利行使が行われ、代用払込の請求を受けた場合には、権利行使した部分に対応する新株予約権と社債簿価の合計を資本金および資本準備金に振り替えます。

したがって、権利行使の会計処理にあたり、権利行使した部分に対応する社債の償却原価の計算も必要となります。

・償却原価法による当期償却額

当期償却額：

180,000千円[02)]×$\frac{9カ月}{60カ月}$＝27,000千円

02)　5,000,000千円×60%×$\frac{@100円-@94円}{@100円}$=180,000千円

・代用払込を受けた社債の償却原価

発行価額：5,000,000千円×60％×$\frac{@94円}{@100円}$＝2,820,000千円

償却額：180,000千円×$\frac{33カ月^{03)}}{60カ月^{04)}}$＝99,000千円

03)　×4年1月1日～×6年9月30日
04)　×4年1月1日～×8年12月31日

2,820,000千円＋99,000千円＝2,919,000千円

・新株予約権：

＠60千円×5,000個×60％＝180,000千円

問題 5 新株予約権付社債(一括法)の会計処理

解答

(単位：千円)

	借方科目	金額	貸方科目	金額
(1)	**当座預金**	**3,000,000**	**社債**	**3,000,000**
(2)	**社債**	**1,800,000**	**資本金** **資本準備金**	**900,000** **900,000**

解説

(1) 発行時の処理

一括法のため、社債と新株予約権を分けずに社債勘定で一括して処理します。

社債：$3,000,000千円 \times \frac{@95円}{@100円} + 50千円 \times 3,000個 = 3,000,000千円$

(2) 新株予約権行使時

新株予約権の60％が行使されたため、対応する社債を減少させます。また、資本金とする金額は、2分の1です。

社債：

3,000,000千円×60％＝1,800,000千円

資本金：

$1,800,000千円 \times \frac{1}{2} = 900,000千円$

資本準備金：

1,800,000千円－900,000千円

＝900,000千円

Chapter

4 デリバティブ

Section

1 デリバティブとヘッジ会計

問題1 金利スワップ取引

|解答|

問1. ヘッジ会計を適用しない場合

（単位：円）

	借方科目	金額	貸方科目	金額
(1)	その他有価証券	200,000	現金	200,000
(2)	現金 現金	3,500 1,500	有価証券利息 有価証券利息	3,500[01)] 1,500[02)]
(3)	その他有価証券評価差額金 金利スワップ資産	9,200 9,204	その他有価証券 金利スワップ差損益	9,200[03)] 9,204
(4)	その他有価証券 金利スワップ差損益	9,200 9,204	その他有価証券評価差額金 金利スワップ資産	9,200 9,204
(5)	現金 投資有価証券売却損益[04)] 現金	191,000 9,000 9,208	その他有価証券 金利スワップ差損益	200,000 9,208

×2年度における投資有価証券売却損 **9,000** 円

×2年度における金利スワップ差益 **4**[05)] 円

01) 国債利札受取り（固定受取り）　200,000円（国債額面）×3.5%×$\frac{6カ月}{12カ月}$＝3,500円

02) 金利スワップによる差額決済（変動受取り・固定支払）

変動金利受取り：200,000円（想定元本）×5％×$\frac{6カ月}{12カ月}$＝5,000円

固定金利支払：200,000円（想定元本）×3.5%×$\frac{6カ月}{12カ月}$＝3,500円

差額決済：5,000円−3,500円=1,500円

03) 200,000円×$\frac{@100円－@95.4円}{@100円}$=9,200円

04) 投資有価証券売却損でも可。

05) 9,208円−9,204円=4円

問2. ヘッジ会計(繰延ヘッジ)を適用した場合

(単位：円)

	借方科目	金額	貸方科目	金額
(1)	その他有価証券	200,000	現金	200,000
(2)	現金 現金	3,500 1,500	有価証券利息 有価証券利息	3,500 1,500
(3)	その他有価証券評価差額金 金利スワップ資産	9,200 9,204	その他有価証券 繰延ヘッジ損益	9,200 9,204
(4)	その他有価証券 繰延ヘッジ損益	9,200 9,204	その他有価証券評価差額金 金利スワップ資産	9,200 9,204
(5)	現金 投資有価証券売却損益 現金	191,000 9,000 9,208	その他有価証券 投資有価証券売却損益	200,000 9,208

×2年度における投資有価証券売却益 208 06)円

06) 9,208円−9,000円=208円

解説

問1. ヘッジ会計を適用しない場合

デリバティブ（金融派生商品）である金利スワップを決算時に時価評価し、評価差額は当期の損益として計上します。

問2. ヘッジ会計(繰延ヘッジ)を適用した場合

ヘッジ対象である国債の損益が確定されるまで、つまり売却されるまで金利スワップに係る損益を繰り延べます。繰り延べた金利スワップの損益は、「繰延ヘッジ損益」として個別上貸借対照表の純資産の部、「評価・換算差額等」の区分に計上されます。

問題 2

先物取引1

解答

（単位：円）

	借方科目	金額	貸方科目	金額
(1)	**先物取引差入証拠金**	**40,000**	**現　金**	**40,000**
(2)	**先物取引差金**	**125,000**	**先物取引損益**	**125,000**
(3)	**先物取引損益**	**125,000**	**先物取引差金**	**125,000**
(4)	**現　金** **現　金**	**40,000** **150,000**	**先物取引差入証拠金** **先物取引損益**	**40,000** **150,000**

解説

(1)　先物取引開始時

証拠金の支払の処理を行います。

(2)　決算時

先物取引（デリバティブ）の時価評価を行います。

この時点で、本来は6,250円でしか買えないものを5,000円で買える契約を結んでいるので、@1,250円の利益が生じています。

(6,250円／個－5,000円／個)×100個
＝125,000円(利益)

(3)　翌期首

前期末の逆仕訳を行います。

(4)　決済時

先物取引の決済により、証拠金の返還を受けるとともに、反対売買により利益が確定します。

(6,500円／個－5,000円／個)×100個
＝150,000円(利益)

問題 3 **先物取引2**

解答

（単位：円）

	借方科目	金額	貸方科目	金額
(1)	先物取引差入証拠金	15,000	現金	15,000
(2)	先物取引損益	9,000	先物取引差金	9,000
(3)	先物取引差金	9,000	先物取引損益	9,000
(4)	現金 先物取引損益	15,000 12,000	先物取引差入証拠金 現金	15,000 12,000

解説

(1) 先物取引開始時

証拠金の支払の処理を行います。

(2) 決算時

先物取引（デリバティブ）の時価評価を行います。

この時点で、本来は@98円で売れるものを@95円で売る契約を結んでいるので、@3円の損失が生じています。

$$300,000円 \times \frac{@95円 - @98円}{@100円} = △9,000円（損失）$$

(3) 翌期首

前期末の逆仕訳を行います。

(4) 決済時

先物取引の決済により、証拠金の返還を受けるとともに、反対売買により損失が確定します。

$$300,000円 \times \frac{@95円 - @99円}{@100円} = △12,000円（損失）$$

問題 4 先物取引とヘッジ会計

解答

(単位：円)

	借方科目	金額	貸方科目	金額
(1)	その他有価証券 先物取引差入証拠金	490,000 25,000	現金 現金	490,000 25,000
(2)	繰延税金資産 その他有価証券評価差額金 先物取引差金	3,000 7,000 9,000	その他有価証券 繰延税金負債 繰延ヘッジ損益	10,000 2,700 6,300
(3)	その他有価証券 繰延税金負債 繰延ヘッジ損益	10,000 2,700 6,300	繰延税金資産 その他有価証券評価差額金 先物取引差金	3,000 7,000 9,000
(4)	現金 投資有価証券売却損益 現金 現金	465,000 25,000 25,000 20,000	その他有価証券 先物取引差入証拠金 投資有価証券売却損益	490,000 25,000 20,000

解説

(1) 国債取得時・先物取引開始時

その他有価証券の取得と証拠金の支払の処理を行います。

国債の取得原価：$500{,}000円 \times \frac{@98円}{@100円} = 490{,}000円$

(2) 決算時

その他有価証券と先物取引の時価評価を行います。なお、ヘッジ会計（繰延ヘッジ）を適用しているため、先物取引の損益は繰り延べます。

その他有価証券の評価差額

$500{,}000円 \times \frac{@96円 - @98円}{@100円} = \triangle 10{,}000円$(損失)

その他有価証券評価差額金

$10{,}000円 \times (1 - 30\%) = 7{,}000円$

先物取引の評価差額

$500{,}000円 \times \frac{@99円 - @97.2円}{@100円} = 9{,}000円$(利益)

繰延ヘッジ損益

$9{,}000円 \times (1 - 30\%) = 6{,}300円$

(3) 翌期首

前期末の逆仕訳を行います。

(4) 決済時

その他有価証券の売却とともに、証拠金の返還および先物取引の処理を行います。

その他有価証券の売却損益

$500{,}000円 \times \frac{@93円 - @98円}{@100円} = \triangle 25{,}000円$(損失)

先物取引の決済による損益

$500{,}000円 \times \frac{@99円 - @95円}{@100円} = 20{,}000円$(利益)

問題 5 **総合問題**

|解答|

決算整理後残高試算表　（単位：千円）

借方科目	金額	貸方科目	金額
現金預金	（**315,900**）	支払手形	（**200,000**）
売掛金	（**410,000**）	買掛金	（**300,990**）
繰越商品	（**70,300**）	未払費用	（**1,930**）
前払費用	（**1,820**）	未払法人税等	（**13,400**）
未収収益	（**1,225**）	貸倒引当金〔売上債権〕	（**8,200**）
先物取引差金	（**1,000**）	貸倒引当金〔長期貸付金〕	（**500**）
建物	（**269,450**）	退職給付引当金	（**935**）
土地	（**189,000**）	建物減価償却累計額	（**109,800**）
満期保有目的債券	（**58,860**）	資本金	（**600,000**）
その他有価証券	（**56,500**）	資本準備金	（**65,000**）
関連会社株式	（**17,500**）	その他資本剰余金	（**3,500**）
長期貸付金	（**12,500**）	利益準備金	（**30,000**）
〔自己株式〕	（**6,000**）	任意積立金	（**21,000**）
仕入	（**691,740**）	繰越利益余剰金	（**3,000**）
棚卸減耗損	（**3,843**）	その他有価証券評価差額金	（**500**）
商品評価損	（**2,717**）	**〔繰延ヘッジ損益〕**	（**1,000**）
販売費	（**35,230**）	売上	（**1,000,000**）
一般管理費	（**70,080**）	有価証券利息	（**2,535**）
減価償却費	（**13,050**）		
退職給付費用	（**2,675**）		
支払手数料	（**500**）		
貸倒引当金繰入	（**4,950**）		
関連会社株式評価損	（**22,500**）		
〔減損損失〕	（**56,550**）		
法人税等	（**48,400**）		
	（**2,362,290**）		（**2,362,290**）

解説

1. 期末整理事項の処理

(1) 商品売買

① 原価の算定

総平均単価：

(@37,500円×1,400個＋@38,500円×18,600個)÷20,000個＝@38,430円

売上原価：@38,430円×18,000個
＝691,740千円

期末商品帳簿棚卸数量：

1,400個＋18,600個－18,000個
＝2,000個

期末商品帳簿棚卸高：@38,430円×2,000個
＝76,860千円

商品ボックス

期首	1,400個 @37,500円	売上原価 18,000個 691,740千円
当期仕入	18,600個 @38,500円	期末 2,000個 76,860千円

② 期末商品の評価

(仕　　　入)	52,500	(繰越商品)	52,500
(繰越商品)	76,860	(仕　　　入)	76,860
(棚卸減耗損)	3,843 01)	(繰越商品)	6,560
(商品評価損)	2,717 02)		

01) 棚卸減耗損：@38,430円×(2,000個−1,900個)
=3,843千円
02) 商品評価損：(@38,430円−@37,000円)×1,900個
=2,717千円

仕入：

716,100千円＋52,500千円－76,860千円
＝691,740千円

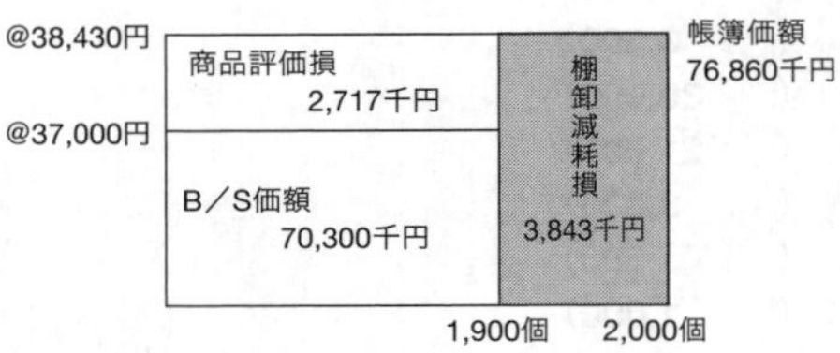

(2) 貸倒引当金の設定

① 一般債権

(貸倒引当金繰入)	4,700 03)	(貸倒引当金)	4,700

03) 売掛金 410,000千円×2％＝8,200千円
貸倒引当金残高 △3,500千円
貸倒引当金繰入 4,700千円

② 貸倒懸念債権

(貸倒引当金繰入)	250 04)	(貸倒引当金)	250

04) 長期貸付金(12,500千円−11,500千円)×50％＝500千円
貸倒引当金残高 △250千円
貸倒引当金繰入 250千円

貸倒引当金繰入：

4,700千円＋250千円＝4,950千円

(3) 有価証券の評価

① A社社債(満期保有目的債券)：

当期償却額：

$$60{,}000\text{千円}\times\frac{@100\text{円}-@98\text{円}}{@100\text{円}}\times\frac{3\text{カ月}}{60\text{カ月}}$$

＝60千円

$$\text{未収利息：}60{,}000\text{千円}\times4\%\times\frac{3\text{カ月}}{12\text{カ月}}$$

＝600千円

(満期保有目的債券)	60	(有価証券利息)	60
(未収収益)	600	(有価証券利息)	600

満期保有目的債券：

58,800千円＋60千円＝58,860千円

② B社株式(関連会社株式)：

関連会社株式評価損：

40,000千円－70,000千円×25％
＝22,500千円

(関連会社株式評価損)	22,500	(関連会社株式)	22,500

関連会社株式：

40,000千円－22,500千円
＝17,500千円

③ C社株式(その他有価証券)：

i)振戻仕訳

(その他有価証券)	1,500	(その他有価証券評価差額金)	1,500

取得原価：7,000千円＋1,500千円＝8,500千円

ii)期末の仕訳

評価差額：9,500千円－8,500千円＝1,000千円

(その他有価証券)	1,000	(その他有価証券評価差額金)	1,000

④ 国債(その他有価証券)：

i)国債(ヘッジ対象)

評価差額：47,000千円－47,500千円
＝△500千円

(その他有価証券評価差額金)	500	(その他有価証券)	500

その他有価証券：

54,500千円＋1,500千円＋1,000千円
－500千円＝56,500千円

その他有価証券評価差額金：

△1,500千円＋1,500千円
＋1,000千円－500千円＝500千円

ii)先物取引(ヘッジ手段)

国債先物を売り建てているため、仮に期末に決済した場合には、国債先物を決算日の時価＠96円で購入し、＠98円で売ることができるため、差益が生じています。

ただし、繰延ヘッジを適用しているため、先物取引差益を繰り延べます。

差益：$50,000千円 \times \dfrac{@98円 - @96円}{@100円}$

$= 1,000千円$

(先物取引差金) 1,000	(繰延ヘッジ損益) 1,000

iii)未収利息

未収利息：$50,000千円 \times 5\% \times \dfrac{3カ月}{12カ月}$

$= 625千円$

(未 収 収 益) 625	(有価証券利息) 625

有価証券利息：

1,250千円＋60千円＋600千円＋625千円
＝2,535千円

未収収益：

600千円＋625千円＝1,225千円

(4) 固定資産の減価償却と減損

減損損失は、当期の減価償却実施後の帳簿価額から回収可能価額を差し引いて計算します。

① 減価償却

A建物：

(40,000千円－40,000千円×0.1)÷20年
＝1,800千円

B建物：

(50,000千円－50,000千円×0.1)÷20年
＝2,250千円

その他建物：

290,000千円－(40,000千円＋50,000千円)
＝200,000千円

(200,000千円－200,000千円×0.1)÷20年
＝9,000千円

減価償却費：

1,800千円＋2,250千円＋9,000千円
＝13,050千円

(減 価 償 却 費) 13,050	(建物減価償却累計額) 13,050

建物減価償却累計額：

96,750千円＋13,050千円＝109,800千円

② 減損損失

	A建物	B建物	C土地
取得原価	40,000千円	50,000千円	60,000千円
前期末減価償却累計額	18,000千円	33,750千円	－
減価償却費	1,800千円	2,250千円	－
帳簿価額	20,200千円	14,000千円	60,000千円
割引前将来C/F	9,500千円	6,000千円	28,000千円
減損の認識	認識する	認識する	認識する
正味売却価額	8,750千円	4,700千円	24,000千円
使用価値	8,000千円	4,900千円	21,000千円
回収可能価額	8,750千円	4,900千円	24,000千円
減損損失	11,450千円	9,100千円	36,000千円

A建物：

20,200千円－8,750千円＝11,450千円

B建物：

14,000千円－4,900千円＝9,100千円

C土地：

60,000千円－24,000千円＝36,000千円

減損損失合計額：

11,450千円＋9,100千円＋36,000千円
＝56,550千円

(減 損 損 失) 56,550	(建 物) 20,550
	(土 地) 36,000

建物：

290,000千円－20,550千円＝269,450千円

土地：

225,000千円－36,000千円＝189,000千円

(5) 退職給付会計

① 厚生年金基金への拠出額

年金資産が増加することにより、退職給付引当金が減少します。

(退職給付引当金)	2,500	(仮　払　金)	2,500

② 退職給付費用の計算

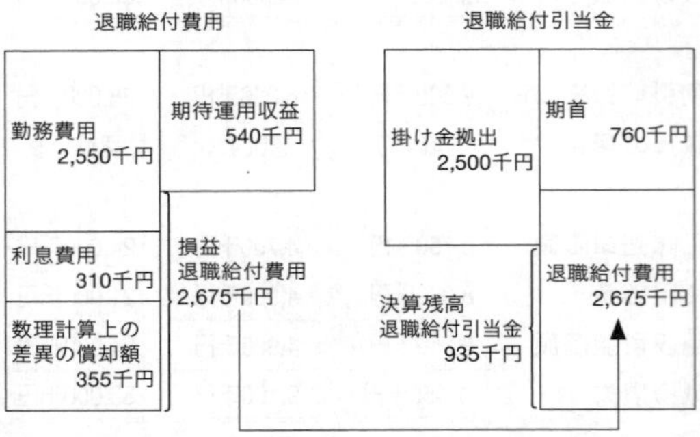

利息費用：15,500千円×2.0％＝310千円

数理計算上の差異の当期償却額：

2,485千円÷7年＝355千円

退職給付費用：

2,550千円＋310千円＋355千円－540千円
＝2,675千円

(退職給付費用)	2,675	(退職給付引当金)	2,675

退職給付引当金：

760千円－2,500千円＋2,675千円
＝935千円

(6) 自己株式

① 自己株式の取得

自己株式取得時の付随費用は、取得原価に算入せずに支払手数料勘定で処理します。

(支払手数料)	500	(自己株式)	500

② 自己株式の処分

自己株式処分差額は、その他資本剰余金で処理します。

自己株式処分差額：

(@3,500円－@3,000円)×3,000株
＝1,500千円(差益)

(仮　受　金)	10,500[05]	(自己株式)	9,000[06]
		(その他資本剰余金)	1,500

05) @3,500円×3,000株=10,500千円
06) @3,000円×3,000株=9,000千円

自己株式：

15,500千円－500千円－9,000千円
＝6,000千円

その他資本剰余金：

2,000千円＋1,500千円＝3,500千円

(7) 経過勘定

① 前払販売費・一般管理費

(前払費用)	1,820	(販　売　費)	700
		(一般管理費)	1,120

一般管理費：71,200千円－1,120千円
＝70,080千円

② 未払販売費

(販　売　費)	1,930	(未払費用)	1,930

販売費：

34,000千円－700千円＋1,930千円
＝35,230千円

(8) 法人税等の計上

未払法人税等：48,400千円－35,000千円
＝13,400千円

(法人税等)	48,400	(仮　払　金)	35,000
		(未払法人税等)	13,400

(9) 繰越利益剰余金

当期純利益を繰越利益剰余金に振り替える仕訳は、決算整理仕訳ではなく決算振替仕訳で行うため、決算整理後残高試算表は当期純利益振替え前の金額となります。

Chapter 5 会計上の変更および誤謬の訂正

Section 1 会計上の変更および誤謬の訂正

問題 1 会計方針の変更

解答

損益計算書 (単位：円)

	前会計年度 (自×3年4月1日 至×4年3月31日)		当会計年度 (自×4年4月1日 至×5年3月31日)	
売上高		4,400,000		3,800,000
売上原価				
期首商品棚卸高	(424,800)		(579,200)	
当期商品仕入高	(3,340,000)		(2,624,000)	
合計	(3,764,800)		(3,203,200)	
期末商品棚卸高	(579,200)	(3,185,600)	(436,800)	(2,766,400)
売上総利益		(1,214,400)		(1,033,600)

貸借対照表 (単位：円)

	前会計年度 (×4年3月31日)	当会計年度 (×5年3月31日)
商品	(579,200)	(436,800)

解説

1. 会計方針の変更の処理

棚卸資産の評価方法は会計方針に該当し、正当な理由により会計方針を変更した場合には、原則として新たな会計方針を過去の期間のすべてに遡及適用します。

2. 遡及適用による処理

商品の評価方法について、総平均法を過去の財務諸表にさかのぼって適用します。

(1) ×2期

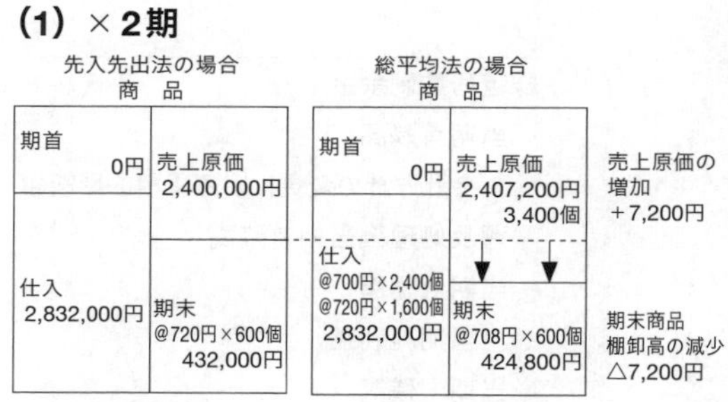

総平均単価：

2,832,000円÷(2,400個＋1,600個)

＝@708円

期末商品：@708円×600個＝424,800円

×2期売上原価：

2,832,000円－424,800円＝2,407,200円

(2) ×3期

先入先出法の場合

商　品

期首 432,000円	売上原価 3,188,000円
仕入 3,340,000円	期末 @730円×800個 584,000円

総平均法の場合

商　品

期首　600個 424,800円	売上原価 3,185,600円 4,400個
仕入 @725円×3,600個 @730円×1,000個 3,340,000円	期末 @724円×800個 579,200円

売上原価の減少
△7,200円

売上原価の増加
＋4,800円

期末商品棚卸高の減少
△4,800円

総平均単価：(424,800円＋3,340,000円）÷(600個＋3,600個＋1,000個）＝@724円

期末商品：

@724円×800個＝579,200円

×3期売上原価：

424,800円＋3,340,000円－579,200円＝3,185,600円

3. 当期(×4期)の処理

×4期　商　品

期首　800個 579,200円	売上原価 2,766,400円 3,800個
仕入 @730円×1,600個 @728円×2,000個 2,624,000円	期末 @728円×600個 436,800円

総平均単価：(579,200円＋2,624,000円）÷(800個＋1,600個＋2,000個）＝@728円

期末商品：@728円×600個＝436,800円

×4期売上原価：

579,200円＋2,624,000円－436,800円＝2,766,400円

参考

×3期の財務諸表への影響額

総平均法の適用による×2期の売上原価の7,200円の増加により、×2期の当期純利益および×2期の繰越利益剰余金の当期末残高が7,200円減少します。

この繰越利益剰余金の当期末残高7,200円の減少額を、×3期の繰越利益剰余金の期首残高に「会計方針の変更による累積的影響額」として反映します。

当期(×4期)の株主資本等変動計算書は、次のようになります。

株主資本等変動計算書　（単位：円）

	前会計年度 (自×3年4月1日 至×4年3月31日)	当会計年度 (自×4年4月1日 至×5年3月31日)
繰越利益剰余金		
当期首残高	1,200,000	1,995,200
会計方針の変更による累積的影響額	△7,200	－
遡及処理後当期首残高	1,192,800	1,995,200
当期変動額		
当期純利益	802,400	500,000
当期末残高	1,995,200	2,495,200

問題 2 貸倒引当金の計上不足

解答

（単位：円）

	借方科目	金額	貸方科目	金額
(1)	**貸倒引当金**	**400**	**貸付金**	**550**
	貸倒損失	**150**		
	貸倒引当金繰入	**978**	**貸倒引当金**	**978**
(2)	**貸倒引当金**	**500**	**売掛金**	**850**
	繰越利益剰余金	**350**		
	貸倒引当金繰入	**936**	**貸倒引当金**	**936**

解説

1. 会計上の見積りの変更（貸付金・未処理）

引当不足額については、設定時には合理的に見積もられ、当期中における状況の変化によるものであるため、会計上の見積りの変更に該当し、引当不足額は当期の損失として処理します。

当期の貸倒引当金設定額：

(25,000円－550円)×4%＝978円

2. 過去の誤謬の訂正（売掛金・誤処理）

(1) 前期における貸倒引当金設定額（参考）

第×1期末の貸倒実績率：

660円÷30,000円＝2.2%

第×2期末の貸倒実績率：

728円÷28,000円＝2.6%

第×3期末の貸倒実績率：

675円÷25,000円＝2.7%

(2.2%＋2.6%＋2.7%)÷3年＝2.5%

前期における正しい貸倒引当金設定額：

34,000円×2.5%＝850円

(2) 過去の誤謬の訂正

貸倒引当金金額350円[01]の引当不足額については、全額計上時の見積り誤りによるものであるため、過去の誤謬の訂正となり、過年度の修正として処理します。

01) 850円−500円=350円

(3) 当期の貸倒引当金設定額

第×2期末の貸倒実績率：

728円÷28,000円＝2.6%

第×3期末の貸倒実績率：

675円÷25,000円＝2.7%

第×4期末の貸倒実績率：

850円÷34,000円＝2.5%

(2.6%＋2.7%＋2.5%)÷3年＝2.6%

当期の貸倒引当金設定額：

(36,850円－850円)×2.6%

＝936円

問題 3 耐用年数の短縮 1

解答

(単位：円)

貸借対照表

固定資産
有形固定資産

建物	(**600,000**)
減価償却累計額	(**40,000**)
備品	(**300,000**)
減価償却累計額	(**90,000**)

損益計算書

販売費及び一般管理費

減価償却費	(**72,500**)

	株主資本			純資産合計
	資本金	利益準備金	繰越利益剰余金	
当期首残高	1,000,000	5,000	100,000	1,105,000
過去の誤謬の訂正による累積的影響額			**△5,000**	**△5,000**
遡及処理後当期首残高	1,000,000	5,000	95,000	1,100,000
当期変動額				
当期純利益			50,000	50,000
株主資本以外の項目の当期変動額				
当期変動額合計			50,000	50,000
当期末残高	1,000,000	5,000	**145,000**	**1,150,000**

解説

1. 建物

(1) 過去の誤謬の訂正

適正な減価償却費：600,000円÷30年＝20,000円

誤った減価償却費：600,000円÷40年＝15,000円

修正額：20,000円－15,000円＝5,000円

(借) 繰越利益剰余金 過去の誤謬の訂正による累積的影響額	5,000	(貸) 建物減価償却累計額	5,000

(2) 当期の減価償却

(借) 減価償却費	20,000	(貸) 建物減価償却累計額	20,000

B/S 建物減価償却累計額：15,000円＋5,000円＋20,000円＝40,000円

2. 備品（会計上の見積りの変更）

前期の減価償却費：300,000円÷8年＝37,500円

当期の減価償却費：（300,000円－37,500円）÷（6年－1年）＝52,500円

（借）減価償却費	52,500	（貸）備品減価償却累計額	52,500

B/S　備品減価償却累計額：37,500円＋52,500円＝90,000円

P/L　減価償却費：20,000円＋52,500円＝72,500円

問題4 耐用年数の短縮２

解答

（単位：円）

借方科目	金額	貸方科目	金額
減価償却費	**56,250**	**備品減価償却累計額**	**56,250**

解説

過去に定めた耐用年数が、これを定めた時点での合理的な見積りにもとづくものであり、変更後も合理的な見積りに該当する場合は、会計上の見積りの変更として処理します。

本問の場合は、短縮後の残存耐用年数２年間で償却します。

当期首減価償却累計額：

$$250{,}000\text{円} \times 0.9 \times \frac{3\text{年}}{6\text{年}} = 112{,}500\text{円}$$

残存価額：250,000円×10％＝25,000円

当期の減価償却費：

$$\frac{(250{,}000\text{円} - 112{,}500\text{円}) - 25{,}000\text{円}}{2\text{年}} = 56{,}250\text{円}$$

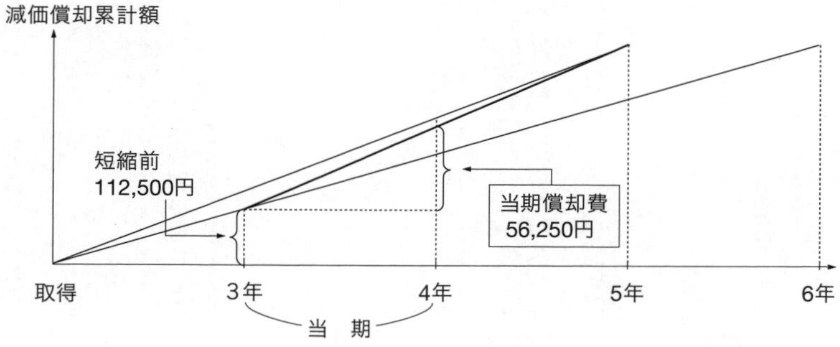

問題 5

減価償却方法の変更

|解答|

（単位：円）

借方科目	金額	貸方科目	金額
減価償却費	**60,000**	**備品減価償却累計額**	**60,000**

解説

変更年度の期首簿価（定率法）：

400,000円×（1 − 0.4）＝ 240,000円

当期の減価償却費：

240,000円（要償却額）÷（5年 − 1年）（残存耐用年数）

＝ 60,000円

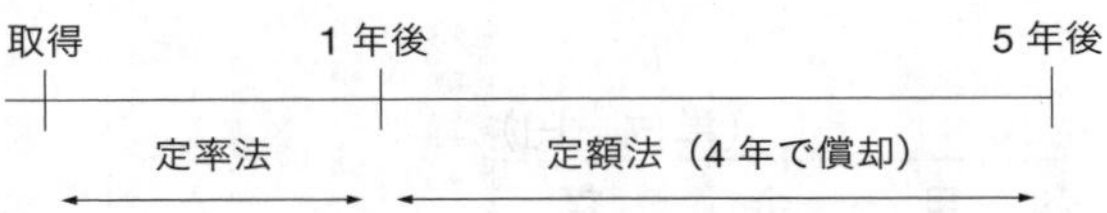

Chapter

6 研究開発費（ソフトウェア）

Section 1 研究開発費（ソフトウェア）

問題 1 研究開発費の会計処理

|解答|

(1)	○	(2)	×	(3)	×	(4)	○

解説

(2)　現製品を著しく改良する費用は研究開発費に含まれます。

(3)　資産は通常、取得形態別に会計基準が定められています。しかし、ソフトウェアは制作目的により収益との対応関係が異なるので、**制作目的別**に会計基準が定められています。

(4)　研究開発費を当期製造費用として処理し、期末に当該費用を配分した棚卸資産が売上原価に含まれず手許に残った場合、当該費用の一部はその年度の費用として計上されないこととなります。

問題 2 ソフトウェア制作費に係る会計処理

|解答|

①	研究開発費	②	資産	③	資産
④	将来の収益獲得	⑤	資産	⑥	将来の収益獲得
⑦	費用削減	⑧	資産		

問題 3 ソフトウェアの会計処理 1

解答

問1.

	償却額
×1年度	**385,714**円
×2年度	**257,143**円
×3年度	**257,143**円

問2.

	償却額
×1年度	**458,738**円
×2年度	**220,631**円
×3年度	**220,631**円

解説

ソフトウェア償却額 →(1) 見込販売数量(収益)にもとづく償却額 / →(2) 残存有効期間にもとづく均等配分額 のいずれか大きい額。

問1.

×1年度

(1)見込販売数量にもとづく償却額

$900{,}000円 \times \dfrac{3{,}000個}{7{,}000個} \fallingdotseq$ **385,714円**

(2)残存有効期間にもとづく均等配分額

900,000円÷3年＝300,000円

(1)＞(2)

∴見込販売数量にもとづく償却額を計上

×2年度

(1) $(900{,}000円 - 385{,}714円) \times \dfrac{1{,}500個}{4{,}000個}$

≒192,857円

(2)(900,000円－385,714円)÷2年

＝**257,143円**

(1)＜(2)

∴残存有効期間にもとづく均等配分額を計上

×3年度　残額を償却します。

900,000円－(385,714円＋257,143円)

＝**257,143円**

問2.

×1年度

(1)見込販売収益にもとづく償却額

$900{,}000円 \times \dfrac{840{,}000円}{1{,}648{,}000円}$

≒**458,738円**

(2)残存有効期間にもとづく均等配分額

900,000円÷3年＝300,000円

(1)＞(2)

∴見込販売収益にもとづく償却額を計上

×2年度

(1) $(900{,}000円 - 458{,}738円) \times \dfrac{390{,}000円}{808{,}000円}$

≒212,985円

(2)(900,000円－458,738円)÷2年

＝**220,631円**

(1)＜(2)

∴残存有効期間にもとづく均等配分額を計上

×3年度　残額を償却します。

900,000円－(458,738円＋220,631円)

＝**220,631円**

問題 4

ソフトウェアの会計処理 2

解答

問1.

（単位：円）

	借方科目	金額	貸方科目	金額
×1年度	**ソフトウェア償却**	**280,851**	**ソフトウェア**	**280,851**
×2年度	**ソフトウェア償却**	**208,919**	**ソフトウェア**	**208,919**
×3年度	**ソフトウェア償却**	**170,230**01)	**ソフトウェア**	**170,230**

01) 660,000円－(280,851円+208,919円)=170,230円

問2.

（単位：円）

	借方科目	金額	貸方科目	金額
×1年度	**ソフトウェア償却**	**328,290**	**ソフトウェア**	**328,290**
×2年度	**ソフトウェア償却**	**191,235**	**ソフトウェア**	**191,235**
×3年度	**ソフトウェア償却**	**140,475**02)	**ソフトウェア**	**140,475**

02) 660,000円－(328,290円+191,235円)=140,475円

解説

問1.

×1年度

(1) 660,000円 × $\frac{4,000個}{9,400個}$ ≒ **280,851円**

(2) 660,000円 ÷ 3年 = 220,000円

(1)＞(2)

∴見込販売数量にもとづく償却額を計上

×2年度

(1)(660,000円 − 280,851円) × $\frac{2,700個}{4,900個}$

≒ **208,919円**

(2)(660,000円 − 280,851円) ÷ 2年

≒ 189,575円

(1)＞(2)

∴見込販売数量にもとづく償却額を計上

問2.

×1年度

(1) 660,000円 × $\frac{960,000円}{1,930,000円}$ ≒ **328,290円**

(2) 660,000円 ÷ 3年 = 220,000円

(1)＞(2)

∴見込販売収益にもとづく償却額を計上

×2年度

(1)(660,000円 − 328,290円) × $\frac{486,000円}{843,000円}$

≒ **191,235円**

(2)(660,000円 − 328,290円) ÷ 2年

= 165,855円

(1)＞(2)

∴見込販売収益にもとづく償却額を計上

Chapter

7 商品売買の期中処理

Section

1 商品売買の期中処理

問題 1 勘定連絡

|解答|

(1) 期末現金預金	**92,000** 円
(2) 当期売上原価	**295,500** 円

解説

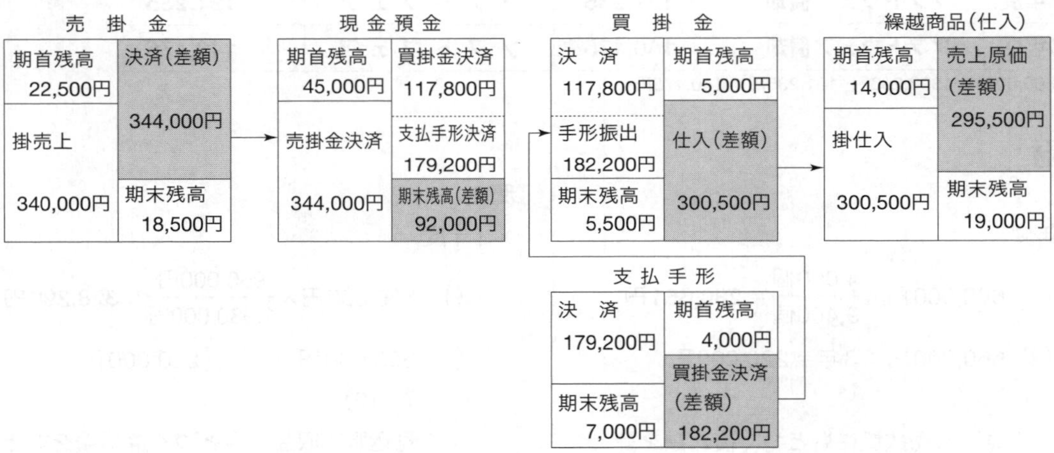

問題 2 総記法の処理 1

|解答|

問1.

決算整理前残高試算表　　　　(単位：円)

	商品 (**1,050**)[01]

問2.

決算整理後残高試算表　　　　(単位：円)

商品 (**2,900**)	商品売買益 (**4,050**)
棚卸減耗損 (**100**)	

01) 2,100円+12,000円−750円−900円−13,500円=△1,050円(貸方)

問3.

損益計算書　(単位：円)

Ⅰ 売上高			(13,500)
Ⅱ 売上原価			
1 期首商品棚卸高	(2,100)		
2 当期商品仕入高	(10,350)		
合計	(12,450)		
3 期末商品棚卸高	(3,000)		
差引	(9,450)		
4 棚卸減耗損	(100)		(9,550)
売上総利益			(3,950)

貸借対照表　(単位：円)

商品	(2,900)

解説

問1. 決算整理前残高試算表の作成

総記法とは、商品を仕入れたときは商品勘定の借方に原価で記入し、これを販売したときは商品勘定の貸方に売価で記入する方法をいいます。

1. 仕入

(商品)	12,000	(買掛金)	12,000

2. 仕入戻し

(買掛金)	750	(商品)	750

3. 仕入割戻

(買掛金)	900	(商品)	900

4. 売上

(売掛金)	13,500	(商品)	13,500

問2. 決算整理後残高試算表の作成

1. 商品売買益の計上

「(借)商品××(貸)商品売買益××」の決算整理仕訳を行います。

(1) 前T/B商品が借方残高の場合
商品売買益
＝期末商品棚卸高－商品(前T/B)

(2) 前T/B商品が貸方残高の場合
商品売買益
＝期末商品棚卸高＋商品(前T/B)

(商品)	4,050[02]	(商品売買益)	4,050

02) 3,000円+1,050円=4,050円

2. 棚卸減耗損の計上

(棚卸減耗損)	100[03]	(商品)	100

03) 3,000円−2,900円=100円

問3. 損益計算書および貸借対照表の作成

当期商品仕入高：
12,000円－750円－900円＝10,350円

商品(B/S)：3,000円－100円＝2,900円

問題 3

総記法の処理 2

|解答|

損益計算書　　　　(単位：円)

Ⅰ 売上高			(10,000)
Ⅱ 売上原価			
1 期首商品棚卸高	(2,000)		
2 当期商品仕入高	(13,000)		
合計	(15,000)		
3 期末商品棚卸高	(8,000)		
差引	(7,000)		
4 棚卸減耗損	(200)[01]		(7,200)
売上総利益			(2,800)

貸借対照表　　　　(単位：円)

商品 (7,800)	

01) 8,000円−7,800円=200円

解説

1. 決算整理仕訳

前T/B商品が借方残高なので、商品売買益は次のように計算します。

商品売買益＝期末商品棚卸高－商品(前T/B)

商品売買益：8,000円－5,000円＝3,000円

(商品)	3,000	(商品売買益)	3,000
(棚卸減耗損)	200	(商品)	200

2. 期首商品棚卸高の計算

商品売買益および売上高から売上原価を計算し、差額で期首商品棚卸高を計算します。

商品

期首 ?→2,000円	売上原価 7,000円
当期仕入 13,000円	期末 8,000円

売上原価 7,000円 ←(×0.7)― 売上高 10,000円 ←(÷0.3)― 商品売買益 3,000円

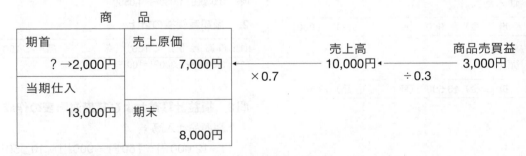

期首商品棚卸高：7,000円＋8,000円－13,000円＝2,000円

Chapter

8 収益認識

Section

1 収益認識の基本的処理

問題 1 収益認識　空欄補充

解答

①	履行義務	②	取引価格	③	履行義務
④	取引価格	⑤	変動対価	⑥	変動対価
⑦	返金負債	⑧	契約資産	⑨	契約負債

解説

1．収益認識の基本原則

収益認識の基本原則は、財またはサービスの顧客への移転と交換に、**企業が権利を得ると見込む対価の額で収益を認識**することです。

2．収益認識の5つのステップ

企業が権利を得ると見込む対価の額で収益を認識するために、収益を認識するまでの過程を5つのステップに分解し、このステップに従って収益を認識します。

ステップ1　**顧客との契約の識別**
↓
ステップ2　**履行義務の識別**

（ステップ1・2）収益の計上単位の決定（どの単位で収益を計上するか）

↓

ステップ3　**取引価格の算定**
↓
ステップ4　**取引価格を履行義務へ配分**

（ステップ3・4）収益の計上金額の決定（いくらで収益を計上するか）

↓

ステップ5　**履行義務の充足時に収益を認識**

（ステップ5）収益の計上時期の決定（いつ収益を計上するか）

3. 取引価格算定上の考慮事項

取引価格の算定にあたり考慮すべきもの[01)]

⑴ 変動対価

⑵ 重要な金融要素

⑶ 顧客に支払われる対価

取引価格から除くもの

⑴ 第三者のために回収する額

01) 上記の他に、考慮すべきものとして「現金以外の対価を受け取った場合」がありますが、本試験の重要性から本書では割愛しています。

4. 変動対価

変動対価のうち、収益の著しい減額が発生する可能性が高い部分については、ステップ３の取引価格に含めず、返金負債などとして計上します。変動対価の例としては、売上割戻、返品権付き販売などがあります。

5. 契約資産、債権、契約負債、返金負債の違い

種 類	内 容	
債 権 （売掛金など）	企業が顧客に移転した商品またはサービスと交換に受け取る対価に対する企業の権利のうち、	相手に支払義務が発生し、**法的な請求権があるもの。**
契約資産		相手にいまだ支払義務が発生せず、**法的な請求権がないもの。**
契約負債	商品またはサービスを顧客に移転する前に、企業が**顧客から対価を受け取った**もの。	
返金負債	顧客から対価を受け取っているものの、その**対価の一部または全部を顧客に返金する義務。**	

問題 2 収益認識 基本問題

|解答|

（単位：円）

貸 借 対 照 表

流動資産	
売 掛 金	（ 150,000）
貸倒引当金	（ 3,000）
⋮	⋮
流動負債	
契 約 負 債	（ 5,500）

損 益 計 算 書

売 上 高	（ 824,500）
⋮	⋮
販売費及び一般管理費	
貸倒引当金繰入	（ 2,000）

解説

1. 商品販売

(1) 取引価格の配分

取引価格を、独立販売価格にもとづいて各履行義務に配分します。

商品の販売：$\underset{\text{取引価格}}{30{,}000\text{円}} \times \frac{28{,}000\text{円}}{28{,}000\text{円}+7{,}000\text{円}} = 24{,}000\text{円}$

サービスの提供：$\underset{\text{取引価格}}{30{,}000\text{円}} \times \frac{7{,}000\text{円}}{28{,}000\text{円}+7{,}000\text{円}} = 6{,}000\text{円}$

(2) 履行義務の充足

① 商品の販売

商品を引渡し顧客の検収が完了した時点(一時点)で収益を計上します。

② サービスの提供

当期に2カ月分500円[01]を計上します。

01) $6{,}000\text{円} \times \frac{2\text{カ月}}{24\text{カ月}} = 500\text{円}$

(3) 仕訳

① 取引時(×3年2月1日)

顧客から受け取った対価のうち、**いまだ果たしていない履行義務**(サービスの提供義務)は**契約負債**[02]として処理します。なお、商品引渡し時にA社の支払義務が確定しているため、借方は売掛金とします。

(借)売掛金	30,000	(貸)売上	24,000
		契約負債 または(前受金)	6,000

02) 前受金とすることもあります。

② 決算時(×3年3月31日)

(借)契約負債	500	(貸)売上[03]	500

03) 金額的に重要な場合には「役務収益」として処理することも考えられます。

2. 貸倒引当金の計上

(借)貸倒引当金繰入	2,000[04]	(貸)貸倒引当金	2,000

04) (120,000円+30,000円)×2%=3,000円
3,000円−1,000円=2,000円

問題 3

変動対価(リベート)

解答

(単位：円)

貸借対照表	
流動資産	
売掛金	(150,000)
貸倒引当金	(3,000)
⋮	⋮
流動負債	
返金負債	(1,000)

損益計算書	
売上高	(819,000)
⋮	⋮
販売費及び一般管理費	
貸倒引当金繰入	(2,000)

解説

変動対価とは、**顧客と約束した対価のうち変動する可能性のある部分**をいいます。

契約において約束された対価に変動性のある金額を含んでいる場合には、その金額を見積もる必要があります。変動対価のうち、収益の著しい減額が発生する可能性が高い部分については、ステップ3の取引価格に含めず、返金負債などとして計上します。変動対価の例としては、売上割戻、返品権付き販売などがあります。

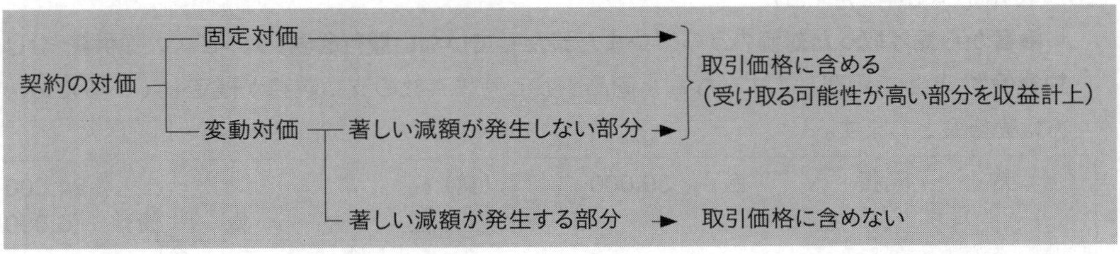

1. リベート(売上割戻)

リベートとは、一定期間に多額または多量の販売をした顧客に対して行う商品代金の免除や金銭の払戻しをいいます。リベート(売上割戻)のうち収益の著しい減額が発生する可能性が高い部分については、売上計上せずに**返金負債**として計上します。

返金負債とは、顧客に返金する義務を負債として計上したものです。

(売掛金)	20,000	(売上)	19,000
		(返金負債)	1,000

なお、実際には商品販売時に販売金額で売上計上し、期末などリベート見積り時に返金負債を計上する処理も考えられます。

① 販売時

(売掛金)	20,000	(売上)	20,000

② リベート見積り時

(売上)	1,000	(返金負債)	1,000

2. 貸倒引当金の計上

(貸倒引当金繰入)	2,000 [01)]	(貸倒引当金)	2,000

01) (130,000円+20,000円)×2%=3,000円
3,000円−1,000円=2,000円

問題4 返品権付き販売

|解答|

(単位：円)

貸借対照表	
流動資産	
売掛金	(**150,000**)
貸倒引当金	(**3,000**)
⋮	⋮
商品	(**108,000**)
返品資産	(**2,400**)
流動負債	
返金負債	(**4,000**)

損益計算書	
売上高	(**816,000**)
売上原価	(**489,600**)
⋮	⋮
販売費及び一般管理費	
貸倒引当金繰入	(**2,000**)

解説

返品権付き販売とは、顧客に、商品を返品し支払った代金の返金を受ける権利が付与されている販売契約をいいます。返品権付き販売をしたときは、**返品による返金が見込まれる分**について売上計上せず、**返金負債**として認識します。また、**顧客から商品を回収する権利を返品資産**として認識します。

1. 商品の販売

(1) 収益計上

(売掛金)	20,000	(売上)	16,000
		(返金負債)	4,000

(2) 売上原価計上

(売上原価)	9,600 [01)]	(商品)	12,000
(返品資産)	2,400 [02)]		

01) (20,000円−4,000円)×60%=9,600円
02) 4,000円×60%=2,400円

2. 貸倒引当金の計上

(貸倒引当金繰入)	2,000 [03)]	(貸倒引当金)	2,000

03) (130,000円+20,000円)×2%=3,000円
3,000円−1,000円=2,000円

問題 5 重要な金融要素

|解答|

(単位：円)

貸借対照表

流動資産	
売掛金	(1,520,000)
貸倒引当金	(77,020)

損益計算書

売上高	(6,000,000)
⋮	⋮
販売費及び一般管理費	
貸倒引当金繰入	(7,020)
⋮	⋮
営業外収益	
受取利息	(20,000)

解説

顧客との契約に重要な金融要素(金利部分)が含まれる場合、取引価格の算定にあたっては、約束した対価の額に含まれる金利相当分の影響を調整します。具体的には、収益を現金販売価格で計上し、金利部分については受取利息として決済期日まで配分します。

1. 機械装置の販売

(売掛金) 1,000,000　(売上) 1,000,000

2. 利息の計上

(売掛金) 20,000 01)　(受取利息) 20,000

01) 1,000,000円×2%=20,000円

3. 貸倒引当金の計上

(貸倒引当金繰入) 7,020 02)　(貸倒引当金) 7,020

02) (500,000円+1,040,400円)×5%=77,020円
77,020円−70,000円=7,020円

問題 6

代理人取引

解答

（単位：円）

貸借対照表		損益計算書	
流動資産		売上高	
現金預金	（150,000）	商品売上高	（500,000）
売掛金	（500,000）	手数料収入	（15,000）
貸倒引当金	（10,000）	売上原価	（350,000）
⋮	⋮	売上総利益	（165,000）
商品	（250,000）	販売費及び一般管理費	
流動負債		貸倒引当金繰入	（3,000）
買掛金	（255,000）		

解説

他社[01]が顧客に対して行う商品やサービスの提供を、当社が他社から請け負っているにすぎない場合には、当社は取引の代理人に該当します。当社が取引の代理人にすぎないときは、顧客から受け取る額から他社に支払う額を引いた金額を収益として計上します。

01) 厳密には会社からだけでなく個人から請け負うこともありますが、便宜上、他社としています。

1．商品販売時

当社が取引の代理人にすぎない場合、商品の仕入・販売を行っても売上と売上原価を計上せずに、純額の手数料部分を収益に計上します。

（現金）	50,000	（手数料収入）	15,000[02]
		（買掛金）	35,000

02) 50,000円−35,000円=15,000円

2．売上原価の算定

（仕入）	220,000	（繰越商品）	220,000
（繰越商品）	250,000	（仕入）	250,000

3．貸倒引当金の計上

（貸倒引当金繰入）	3,000[03]	（貸倒引当金）	3,000

03) 500,000円×2%=10,000円
10,000円−7,000円=3,000円

Section

2 収益認識に係る個別論点

問題7 商品券

解答

(単位：円)

貸借対照表

流動資産	
現金預金	(155,000)
商品	(239,500)
⋮	⋮
流動負債	
契約負債	(38,500)

損益計算書

売上高	(515,000)
売上原価	(360,500)
売上総利益	(154,500)
⋮	⋮
営業外収益	
雑収入	(1,500)

解説

当社が商品券を発行し顧客から代金を受け取り、後日、顧客が商品券を提示し当社が商品を引き渡すことがあります。商品またはサービスを提供する**履行義務を充足する前に顧客から支払を受けたときは、契約負債を計上します。**そして、履行義務を充足したときに契約負債を減少させ、収益を計上します。

1．商品券の処理

(1) 商品券の発行

(現金)	55,000	(発行商品券)	55,000

(2) 商品の引渡し

引き渡した分について契約負債から収益に振り替えます。

(発行商品券)	15,000	(売上)	15,000

(3) 非行使部分の収益計上

商品券の中には有効期限が設定されていて、その有効期限を過ぎたら失効するものがあります。

また、有効期限が設定されていなくても、発行した商品券がいつまでたっても使用されないこともあります。対価を得たにもかかわらず**使用されないと見込まれる部分(権利非行使部分)について過去の実績から企業が権利を得ると見込む場合**は、一括して収益計上をせずに、**権利行使のパターンと比例的に収益を計上**します。

具体的には、権利非行使部分の金額に権利行使割合を掛けた金額を収益として認識します。

$$収益認識額＝権利非行使部分×\frac{権利行使額}{権利行使見込み総額}$$

(発行商品券)	1,500 [01]	(雑収入)	1,500

01) $5,000円×\frac{15,000円}{50,000円}=1,500円$

問題文より発行商品券勘定残高38,500円を、貸借対照表上、契約負債として表示します。

2. 売上原価の算定

（仕　　　　　入）	220,000	（繰　越　商　品）	220,000
（繰　越　商　品）	239,500 [02]	（仕　　　　　入）	239,500

02）250,000円−10,500円=239,500円

イメージ図を示すと、次のようになります。

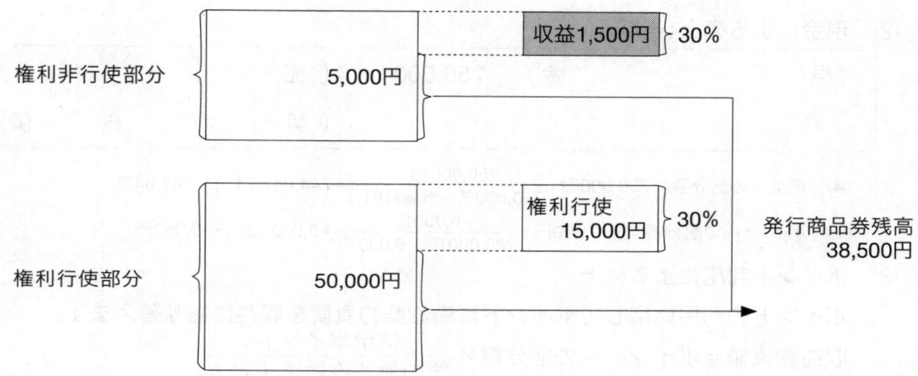

問題 8 ポイント制度

（単位：円）

|解答|

貸　借　対　照　表

流動資産		
現　金　預　金	(	**850,000**)
商　　　　品	(	**316,800**)
⋮		⋮
流動負債		
契　約　負　債	(	**6,944**)

損　益　計　算　書

売　　上　　高	(	**748,016**)
売　上　原　価	(	**603,200**)
売　上　総　利　益	(	**144,816**)

解説

小売業やサービス業において、販売促進などを目的として顧客にポイントを付与し、顧客はポイントと交換に商品を受け取ったり、次回、商品を購入するときの購入代金にあてることがあります。これをポイント制度といいます。

ポイント制度において、顧客に付与したポイントが重要な権利の提供と判断される場合には、ポイントによる顧客の権利を当社の履行義務として認識します。

具体的には、ポイント付与時に**ポイント分について、商品等の引渡し義務を契約負債として計上**します。

1．ポイントの処理

⑴ 現金による売上(前期)

顧客から得た対価625,000円を、独立販売価格の比率で商品販売分とポイント付与分に配分します[01)]。商品販売分を収益計上し、ポイント付与分を契約負債として計上します。

(現　　金)	625,000	(売　　上)	620,040 [02)]
		(契約負債)	4,960 [03)]

01) 取引価格625,000円は商品の価値とポイントの価値を合わせた価格と考え、収益認識にあたっては分けて把握します。

02) 商品への配分額：$625,000円 \times \frac{625,000円}{625,000円 + 5,000円} = 620,039.68\cdots \rightarrow 620,040円$

03) ポイントへの配分額：$625,000円 \times \frac{5,000円}{625,000円 + 5,000円} = 4,960.31\cdots \rightarrow 4,960円$

⑵ 現金による売上(当期)

(現　　金)	750,000	(売　　上)	744,048 [04)]
		(契約負債)	5,952 [05)]

04) 商品への配分額：$750,000円 \times \frac{750,000円}{750,000円 + 6,000円} == 744,047.61\cdots \rightarrow 744,048円$

05) ポイントへの配分額：$750,000円 \times \frac{6,000円}{750,000円 + 6,000円} = 5,952.38\cdots \rightarrow 5,952円$

⑶ ポイント利用による売上

ポイントの利用に応じてポイントに係る契約負債を収益に振り替えます。

$収益認識額 = ポイントへの配分額 \times \frac{使用ポイント}{使用見込み総ポイント}$

(契約負債)	3,968 [06)]	(売　　上)	3,968

06) $4,960円 \times \frac{4,000ポイント}{5,000ポイント} = 3,968円$

2．商品の仕入

(仕　　入)	700,000	(現　　金)	700,000

3．売上原価の算定

(仕　　入)	220,000	(繰越商品)	220,000
(繰越商品)	316,800	(仕　　入)	316,800

問題 9

契約資産が計上される場合

解答

（単位：円）

貸借対照表		損益計算書	
流動資産		売上高	（508,000）
売掛金	（100,000）	：	：
契約資産	（8,000）	販売費及び一般管理費	
貸倒引当金	（2,160）	貸倒引当金繰入	（160）

解説

1つの契約の中に1つの履行義務がある場合、企業が顧客に対して履行義務を充足したときに、顧客の支払義務（企業の顧客に対する法的な債権）が発生し、売掛金を計上します。

一方、1つの契約の中に2つの履行義務があり、2つの履行義務を充足してはじめて顧客に支払義務が発生する場合があります。

その場合、最初の履行義務を充足したときは、顧客の支払義務（法的な債権）が発生していないため、当社では**契約資産を計上します**[01)]。

01）顧客に支払義務が発生していなくても、移転した商品と交換に企業が受け取る対価に対する権利は生じるため、契約資産として計上します。

1. 商品の販売

(1) 商品Aの引渡し時（×3年3月1日）

（借）契約資産	8,000[02)]	（貸）売上	8,000

02）商品Aへの配分額：20,000円×$\frac{8,400円}{8,400円+12,600円}$＝8,000円

(2) 商品Bの引渡し時（×3年5月1日）参考

商品Aと商品Bの両方の引渡しにより顧客に支払義務が発生するため、商品Aに係る契約資産を売掛金に振り替えます。

また、商品Bについて収益と売掛金の計上を行います。

（借）売掛金	20,000	（貸）契約資産	8,000
		売上	12,000[03)]

03）商品Bへの配分額：20,000円×$\frac{12,600円}{8,400円+12,600円}$＝12,000円

2. 貸倒引当金の計上

（借）貸倒引当金繰入	160[04)]	（貸）貸倒引当金	160

04）（100,000円＋8,000円）×2%＝2,160円
2,160円－2,000円＝160円

【解】 Chapter 8 収益認識

Chapter

9 建設業会計（工事契約）

Section

1 工事契約の収益の認識

問題 1 工事収益の認識 1

|解答|

(1) 進捗度にもとづき収益を認識する場合 （単位：万円）

	第１期	第２期	第３期
工事収益	**3,900**	**1,560**	**1,040**
工事原価	**3,000**	**1,200**	**800**
工事利益	**900**	**360**	**240**

(2) 原価回収基準により収益を認識する場合 （単位：万円）

	第１期	第２期	第３期
工事収益	**3,000**	**1,200**	**2,300**
工事原価	**3,000**	**1,200**	**800**
工事利益	**0**	**0**	**1,500**

解説

1. 進捗度にもとづき収益を認識する場合

工事の進行状況に応じて収益を工事期間の各期に計上します。

×１年度の工事収益：

$$6{,}500\text{万円}\times\frac{3{,}000\text{万円}}{5{,}000\text{万円}}=\mathbf{3{,}900}\text{万円}$$

×２年度の工事収益：

$$6{,}500\text{万円}\times\frac{3{,}000\text{万円}+1{,}200\text{万円}}{5{,}000\text{万円}}$$

$-3{,}900$万円＝**1,560**万円[01)]

×３年度の工事収益：

6,500万円－(3,900万円＋1,560万円)

＝**1,040**万円[02)]

01） $6{,}500\text{万円}\times\frac{1{,}200\text{万円}}{5{,}000\text{万円}}$＝1,560万円としても正解ですが、見積工事原価総額の修正があった場合には正しく計算されないので、この形で覚えましょう。

02） 最終年度は差額で計算します。

2. 原価回収基準により収益を認識する場合

原価回収基準とは、履行義務を充足するさいに発生する費用のうち、回収することが見込まれる費用の金額で収益を認識する方法をいいます。

×１年度・×２年度

工事原価と同額の工事収益を計上します。

×3年度

工事を完成・引き渡した期に残りの工事収益を計上します。

6,500万円－3,000万円－1,200万円
＝2,300万円

原価回収基準では工事収益の金額は各期に配分されますが、工事利益は工事を完成・引き渡した期に全額計上されます。

問題 2 工事収益の認識 2

|解答|

	×1年度	×2年度	×3年度
(1)	**29,100** 千円	**33,000** 千円	**18,900** 千円
(2)	**0** 千円	**62,100** 千円	**18,900** 千円

解説

1.　進捗度にもとづき収益を認識する場合

(1)　×1年度

工事収益：270,000千円×0.33[01)]
＝89,100千円

工事利益：89,100千円－60,000千円
＝**29,100**千円

(2)　×2年度

工事収益：270,000千円×0.73[02)]
－89,100千円＝108,000千円

工事利益：108,000千円－75,000千円
＝**33,000**千円

(3)　×3年度

工事収益：270,000千円
－(89,100千円＋108,000千円)
＝72,900千円

工事利益：72,900千円－54,000千円
＝**18,900**千円

01)　工事進捗度
＝実際工事原価の累計額／見積工事原価総額
60,000千円／180,000千円≒0.33（小数点第3位四捨五入）

02)　(60,000千円+75,000千円)／186,000千円≒0.73

2.　原価回収基準により収益を認識する場合

×1年度

工事原価と同額の工事収益を計上します。よって工事利益はゼロとなります。

×2年度

進捗度を見積もることができるようになった時点より、進捗度にもとづき工事収益を計上します。

工事収益：270,000千円×0.73
－60,000千円＝137,100千円

工事利益：137,100千円－75,000千円
＝62,100千円

×3年度

残りの工事収益を計上します。

工事収益：270,000千円－60,000千円
－137,100千円＝72,900千円

工事利益：72,900千円－54,000千円
＝18,900千円

問題 3 建設業会計の処理

解答

問１　（単位：千円）

	第１期	第２期	第３期
完成工事高	**252,000**	**450,000**	**198,000**
完成工事原価	**189,000**	**360,900**	**158,700**
完成工事総利益	**63,000**	**89,100**	**39,300**

問２　（単位：千円）

	第１期	第２期	第３期
契約資産	**0**	**102,000**	**0**
契約負債	**48,000**	**0**	**0**
完成工事未収入金	**0**	**0**	**100,000**

解説

1.　工事進行基準

(1)　工事利益の算定

工事の進行に応じて収益を計上します。

①　×１年度

実際発生原価

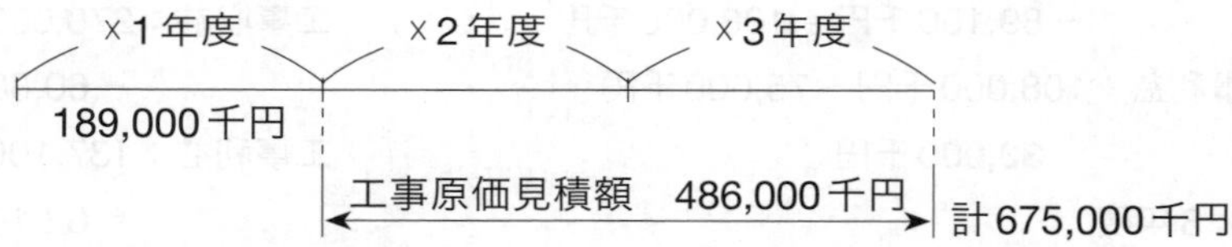

完成工事高：900,000千円×$\frac{189,000千円}{675,000千円}$＝252,000千円

完成工事総利益：252,000千円－189,000千円＝63,000千円

イ　入金時

（当　座　預　金）	300,000	（契　約　負　債）	300,000

ロ　決算時

（契　約　負　債）	252,000	（完　成　工　事　高）	252,000

契約負債残高：300,000千円－252,000千円＝48,000千円

② ×2年度

実際原価発生額

×1年度	×2年度	×3年度	
189,000千円	360,900千円	工事原価見積額 155,100千円	計705,000千円[01]

完成工事高：$900{,}000千円 \times \dfrac{189{,}000千円 + 360{,}900千円}{705{,}000千円} - 252{,}000千円 = 450{,}000千円$

完成工事総利益：450,000千円－360,900千円＝89,100千円

01) 見積工事原価総額が変わっている点に注意してください。

イ 入金時

（当座預金）	300,000	（契約負債）	300,000

ロ 決算時

契約負債減少額：48,000千円＋300,000千円＝348,000千円

（契約負債）	348,000	（完成工事高）	450,000
（契約資産）	102,000		

③ ×3年度[02]

完成工事高：900,000千円－(252,000千円＋450,000千円)＝198,000千円

完成工事総利益：198,000千円－158,700千円＝39,300千円

02) 残りの収益を計上します。

イ 入金時

（当座預金）	200,000	（契約負債）	200,000

ロ 決算時

完成工事未収入金：900,000千円－300,000千円－300,000千円－200,000千円＝100,000千円

（契約負債）	200,000	（完成工事高）	198,000
（完成工事未収入金）	100,000	（契約資産）	102,000

なお、以下の仕訳も考えられます。

イ 入金時

（当座預金）	200,000	（契約資産）	102,000
		（契約負債）	98,000

ロ 決算時

（契約負債）	98,000	（完成工事高）	198,000
（完成工事未収入金）	100,000		

Section
3 工事損失引当金の処理

問題 4 工事損失引当金

解答

①	**50,600** 千円	②	**0** 千円	③	**2,200** 千円	④	**170,600** 千円
⑤	**156,600** 千円						

解説

(ⅰ)完成工事高：156,600千円	過年度完成工事高 $270,000千円 \times \dfrac{50,000千円}{250,000千円} = 54,000千円$ 当期完成工事高 $270,000千円 \times \dfrac{(50,000千円 + 168,400千円)}{280,000千円^{01)}}$ $- 54,000千円 = 156,600千円$
(ⅱ)完成工事原価：170,600千円	168,400千円＋2,200千円＝170,600千円
(ⅲ)未成工事支出金：0	
(ⅳ)契約資産：50,600千円	完成工事高累計額210,600千円－代金受領額160,000千円＝50,600千円
(ⅴ)契約負債：0	当期までの工事代金受領額(前受金)はすべて契約資産と相殺されているので計上額はありません。
(ⅵ)工事損失引当金繰入額：2,200千円(完成工事原価)	過年度利益(54,000千円－50,000千円)＋当期損失(156,600千円－168,400千円)＝△7,800千円 (280,000千円－270,000千円)－7,800千円＝2,200千円

01) 50,000千円+168,400千円+61,600千円=280,000千円

Chapter

10 試用販売

Section

2 手許商品区分法の処理

問題 1 試用販売 1

|解答|

損益計算書　　　　　　　　（単位：千円）

Ⅰ 売上高			
1 一般売上高		(40,000)	
2 試用品売上高		(11,000)	(51,000)
Ⅱ 売上原価			
1 期首商品棚卸高			
(1) 手許商品	(5,000)		
(2) 試用品	(2,000)	(7,000)	
2 当期商品仕入高		(42,000)	
合計		(49,000)	
3 期末商品棚卸高			
(1) 手許商品	(10,000)		
(2) 試用品	(1,500)	(11,500)	(37,500)
売上総利益			(13,500)

解説

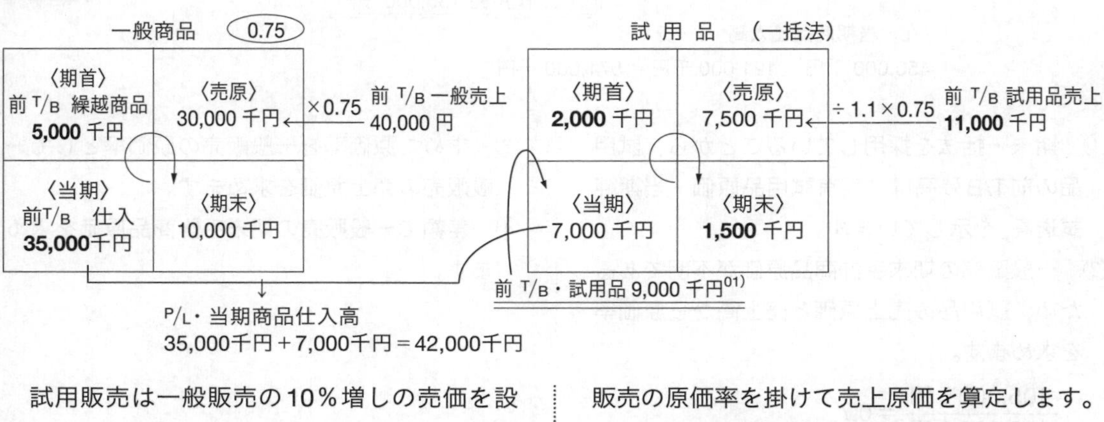

試用販売は一般販売の10％増しの売価を設定しているので、1.1で割ることにより、試用品売価をいったん一般売価に戻し、さらに一般販売の原価率を掛けて売上原価を算定します。

それぞれ差額で期末有高を求めます。

01)　期末一括法を採用しているので前T/B残高は、「期首試用品原価+当期純試送高」を示しています。

問題2 試用販売 2

|解答|

損益計算書　　(単位：千円)

Ⅰ 売上高			
1 一般売上高		(600,000)	
2 試用品売上高		(150,000)	(750,000)
Ⅱ 売上原価			
1 期首商品棚卸高			
(1) 手許商品	(150,000)		
(2) 試用品	(14,000)	(164,000)	
2 当期商品仕入高		(571,000)	
合計		(735,000)	
3 期末商品棚卸高			
(1) 手許商品	(180,000)		
(2) 試用品	(30,000)	(210,000)	(525,000)
売上総利益			(225,000)

解説

決算整理前残高試算表(前T/B)の金額をもとに、ボックスで数値を分析すると次のようになります。

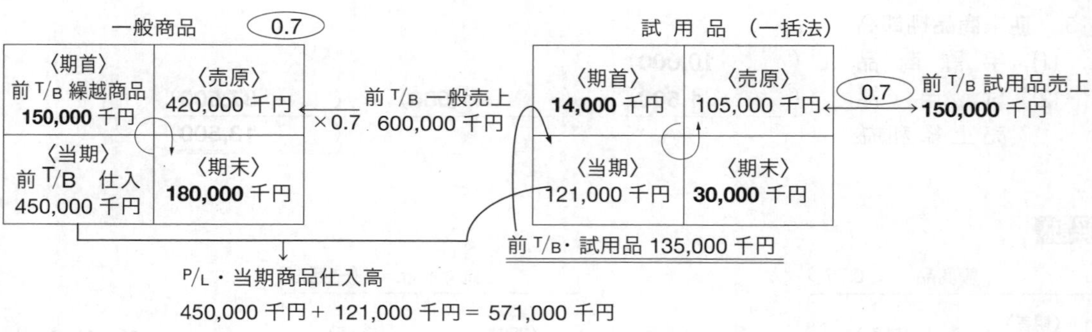

① 期末一括法を採用していることから、試用品の前T/B残高は「期首試用品原価＋当期純試送高」を示しています。

② 一般販売の期末手許商品原価が不明であるため、試用品の売上原価と売上高から原価率を求めます。

$$\frac{105{,}000千円}{150{,}000千円}=0.7$$

③ 求めた原価率を一般販売の原価率として一般販売の売上原価を求めます。

④ 差額で一般販売の期末手許商品原価を求めます。

問題 3 試用販売 3

|解答|

損益計算書　　　　(単位：千円)

Ⅰ 売上高			
1 一般売上高		(500,000)	
2 試用品売上高		(75,000)	(575,000)
Ⅱ 売上原価			
1 期首商品棚卸高			
(1) 手許商品	(26,000)		
(2) 試用品	(2,000)	(28,000)	
2 当期商品仕入高		(453,000)	
合計		(481,000)	
3 期末商品棚卸高			
(1) 手許商品	(23,000)		
(2) 試用品	(8,000)	(31,000)	(450,000)
売上総利益			(125,000)

解説

決算整理前残高試算表(前T/B)の金額をもとに、ボックスで数値を分析すると次のようになります。

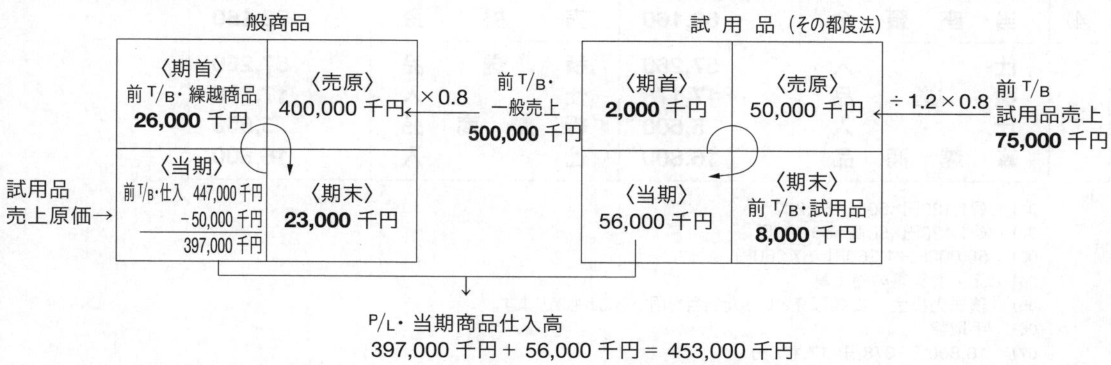

① 資料2(2)に一般販売の原価率は80％とあるので、前T/B・一般売上に原価率を掛けて売上原価を求めます。

② 試用販売は一般販売の20％増しの売価を設定しているので1.2で割って一般売価に戻し、原価率を掛けて売上原価を求めます。

③ 試用品の処理はその都度法によっているので、前T/Bの仕入勘定は以下のようになっています。

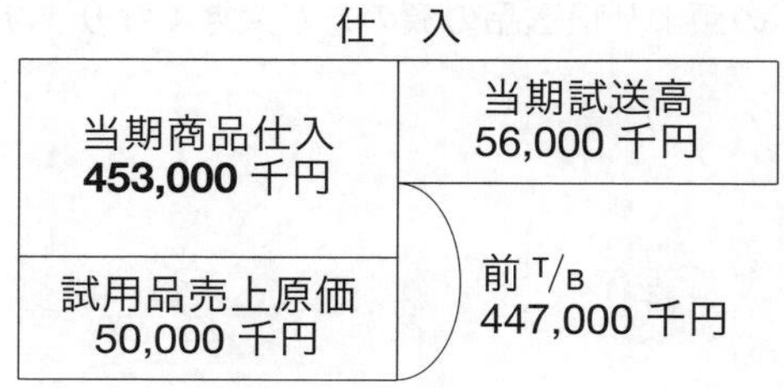

【解】 Chapter 10 試用販売

Chapter

11 委託販売

Section

1 委託販売

問題1 積送諸掛の処理

解答

問1. 期末一括法

（単位：円）

	借方科目	金額	貸方科目	金額
(1)	仕入	67,200[01]	買掛金	67,200
(2)	積送品	57,260[03]	仕入 当座預金	56,000[02] 1,260
(3)	売掛金[05] 積送諸掛	62,160[06] 5,740	積送品売上	67,900[04]
(4)	当座預金	62,160	売掛金	62,160
(5)	仕入 積送品 仕入 繰越商品	57,260 17,178[07] 5,600[08] 16,800[09]	積送品 仕入 繰越商品 仕入	57,260 17,178 5,600 16,800

01) @1,120円×60個=67,200円
02) @1,120円×50個=56,000円
03) 56,000円+1,260円=57,260円
04) 売上計算書の売上高
05) 積送売掛金、委託販売といった科目を用いることもあります。
06) 手取額
07) 16,800円+378円=17,178円
08) @1,120円×5個=5,600円
09) @1,120円×15個=16,800円

解説

問1.

(2) 発送費を積送品原価に算入するので、仕入の額より積送品の額の方が大きくなります。

(5) 当期積送分のうち期末未販売分に対応する発送費378円は期末積送品原価に含めます。

問2. その都度法

（単位：円）

	借方科目	金額	貸方科目	金額
(1)	仕入	67,200	買掛金	67,200
(2)	積送品 積送諸掛	56,000 1,260	仕入 当座預金	56,000 1,260
(3)	売掛金 積送諸掛 仕入	62,160 5,740 39,200[10]	積送品売上 積送品	67,900 39,200
(4)	当座預金	62,160	売掛金	62,160
(5)	繰延積送諸掛 仕入 積送品 仕入 繰越商品	378 16,800 16,800 5,600 16,800	積送諸掛 積送品 仕入 繰越商品 仕入	378 16,800 16,800 5,600 16,800

（(5)の積送品16,800／仕入16,800の2行について）「仕訳なし」でも可。

10) @1,120円×35個=39,200円

問2.

(2) 発送費を積送諸掛勘定で処理するので、仕入の額＝積送品の額となります。

(3) その都度法を採用しているので売上時に、売上原価を仕入勘定に振り替えます。

(5) 当期積送分のうち期末未販売分について積送諸掛を繰り延べます。

発送費を積送諸掛勘定で処理しているので、問1に比べて期末の積送品勘定の金額が小さくなっています。

問題 2 委託販売（期末一括法）

損益計算書　（単位：円）

Ⅰ 売上高			
1 一般売上高	（825,000）		
2 積送品売上高	（230,000）	（1,055,000）	
Ⅱ 売上原価			
1 期首商品棚卸高	（180,000）		
2 当期商品仕入高	（800,000）01)		
合計	（980,000）		
3 期末商品棚卸高	（160,000）02)	（820,000）	
売上総利益		（235,000）	

01) 600,000円+200,000円=800,000円
02) 120,000円+40,000円=160,000円

解説

決算整理前残高試算表（前T/B）の金額をもとに、ボックスで数値を分析すると次のようになります。

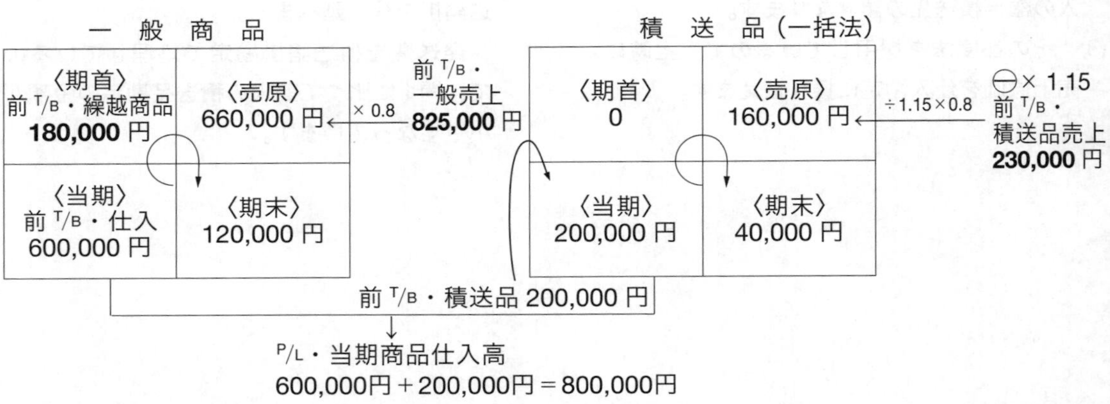

① 期末一括法を採用しているため、前T/Bの積送品勘定残高は、期首積送品原価＋当期積送高の合計金額を示しています。

本問では委託販売は当期より始めているため、全額当期積送高を示しています。

② 積送品は一般販売の15％増しで販売しているとあるので、積送品売上を1.15で割って一般販売換算額に修正し、一般販売の原価率80％を掛けて売上原価を求めます。

③ 前T/Bの仕入勘定は以下のようになっています。

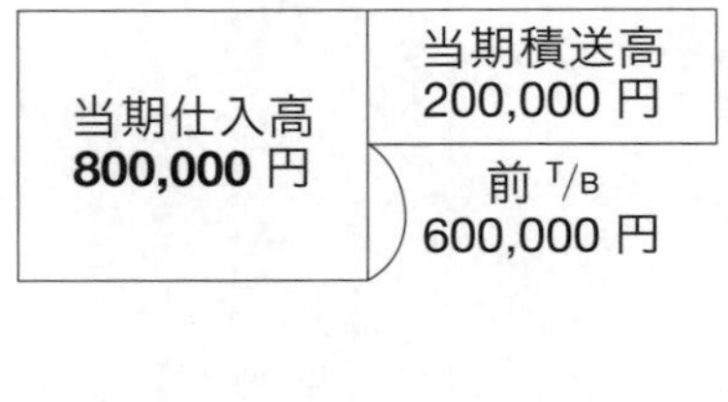

速解法｜委託販売−期末一括法

Ⅰ　ボックスを2つ用意する

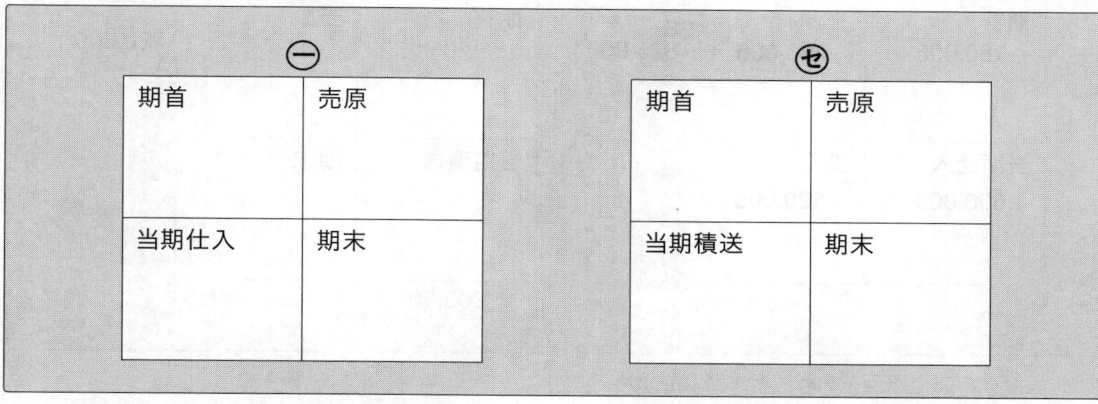

Ⅰ　一般販売のボックスには㊀、積送品のボックスには㋝と記入し、別々に分析します。

Ⅱ　データの転記

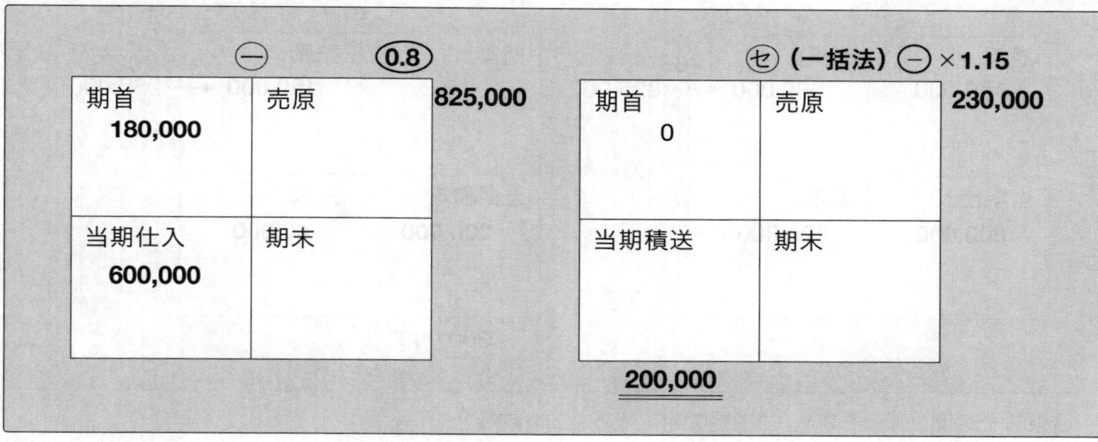

Ⅱ　資料から判明するデータをボックスに転記します。
前T/B上の積送品は、期末一括法なので期首と当期積送高の合計を示しています。

Ⅲ　一般販売の計算

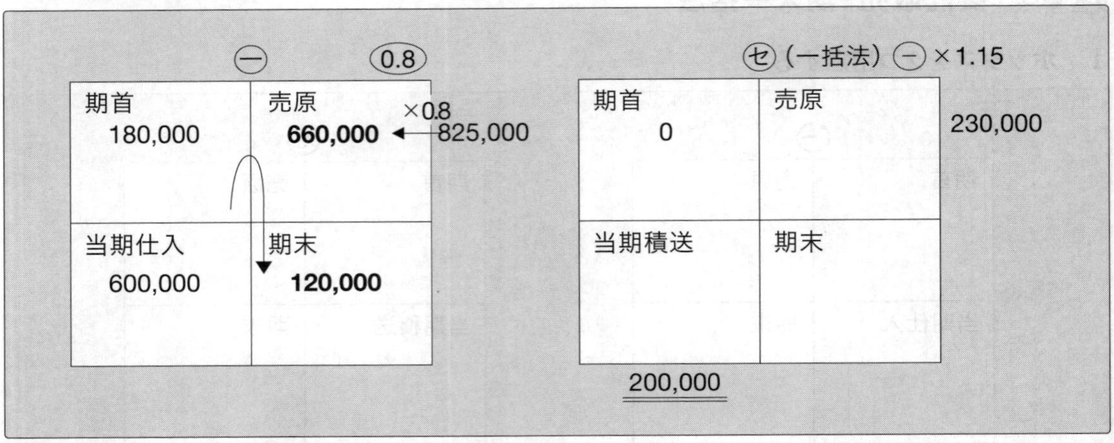

Ⅲ　一般販売の売上原価を求め、期末残高を求めます。

Ⅳ　委託販売の計算

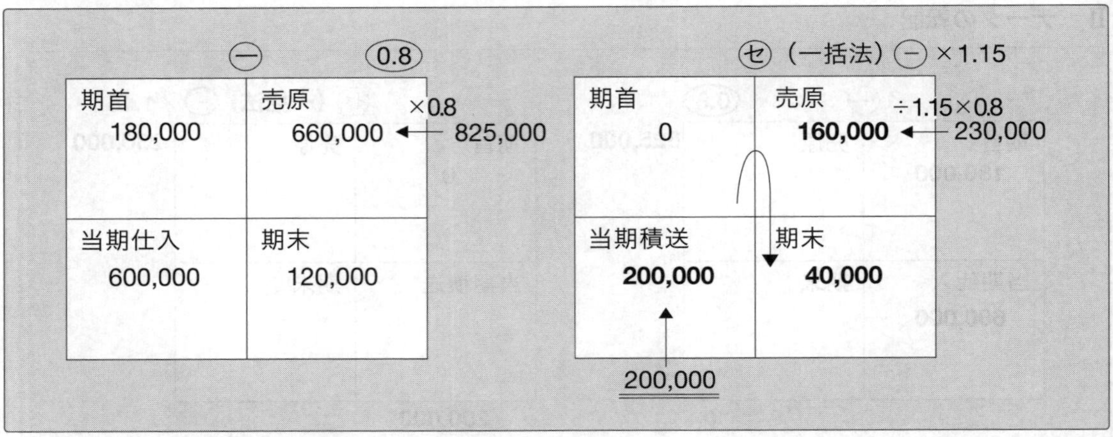

Ⅳ　委託販売の売上原価を求め、差引きで期末残高を求めます。

問題 3 委託販売(その都度法)

|解答|

損益計算書 (単位：円)

Ⅰ 売上高			
1 一般売上高		(808,500)	
2 積送品売上高		(225,400)	(1,033,900)
Ⅱ 売上原価			
1 期首商品棚卸高		(176,400)	
2 当期商品仕入高		(784,000) 01)	
合計		(960,400)	
3 期末商品棚卸高		(156,800) 02)	(803,600)
売上総利益			(230,300)
Ⅲ 販売費及び一般管理費			
積送諸掛			(24,892) 03)
営業利益			(205,408)

貸借対照表 (単位：円)

商品	(156,800)
繰延積送諸掛	(588) 04)

01) 744,800円−156,800円+196,000円=784,000円

02) 117,600円+39,200円=156,800円

03) $2,940円\times\frac{156,800円}{196,000円}+22,540円=24,892円$

04) $2,940円\times\frac{39,200円}{196,000円}=588円$

解説

決算整理前残高試算表(前T/B)の金額をもとに、ボックスで数値を分析すると次のようになります。

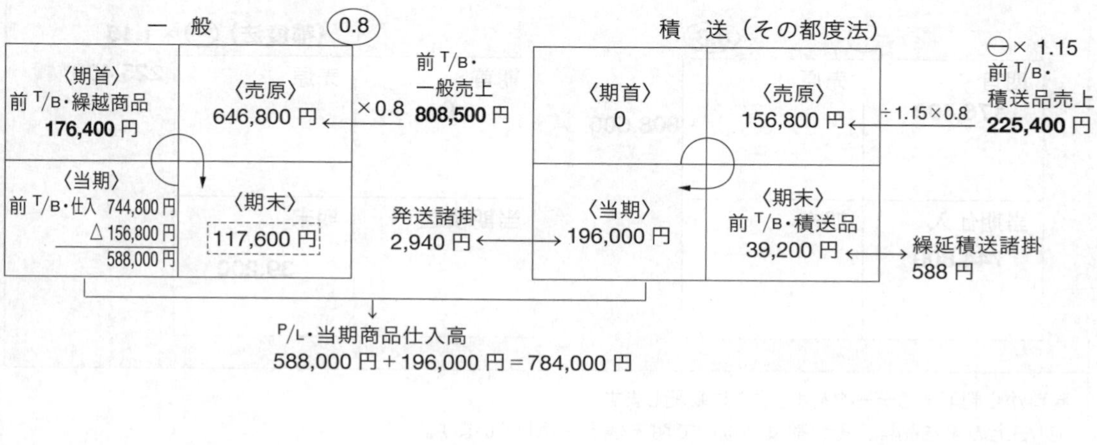

① 本問ではその都度法を採用しているので前T/B上の積送品勘定は期末積送品原価を表しています。

② 前T/Bの仕入勘定はこのようになっています。

仕　入

当期仕入高 **784,000**円	当期積送高 196,000円
積送品売上原価 156,800円	前T/B 744,800円

発送諸掛

＜期首＞ 0	＜積送諸掛＞ 2,352円
＜当期＞ 2,940円	＜繰延＞ **588**円

③ 発送諸掛は当期積送分全部について発生しているため、当期払出高と期末在高に応じて繰延処理を行います。

速解法｜委託販売−その都度法

Ⅰ　ボックスを2つ用意する

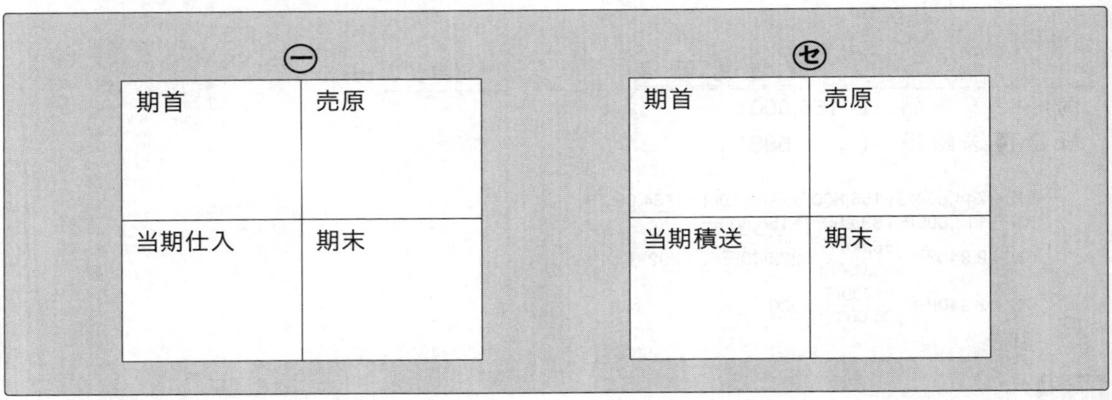

Ⅰ　一般販売のボックスには㊀、積送品のボックスには㋝と記入し、別々に分析します。

Ⅱ　データの転記

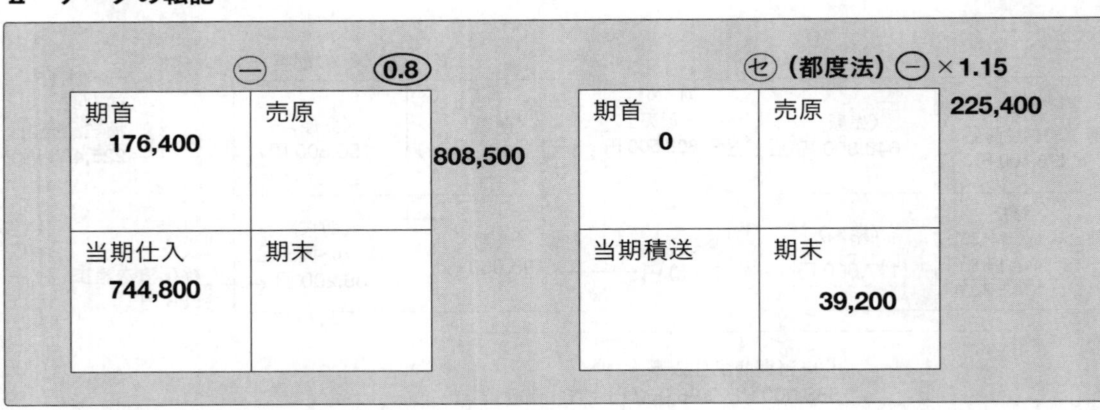

Ⅱ　資料から判明するデータをボックスに転記します。
前T/B上の積送品は、その都度法なので期末残高を示しています。

Ⅲ　委託販売の計算

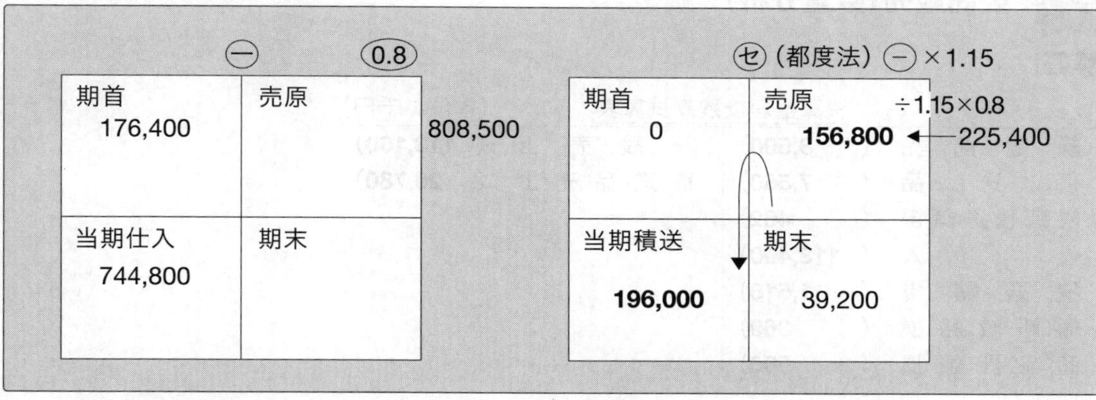

Ⅲ　まず、委託販売の売上原価を求め、差引きで当期積送高を求めます。

Ⅳ　一般販売の計算

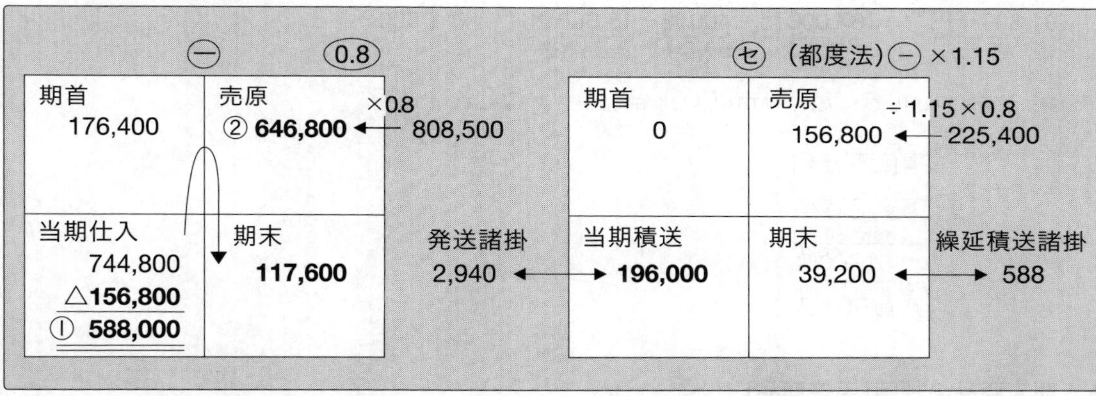

Ⅳ　①一般販売の当期仕入高を求めるために、前T/B上の仕入から積送品の売上原価を引きます。
　②一般販売の売上原価を求め、差引きで期末残高を求めます。

問題 4 委託販売(数量分析)

解答

決算整理後残高試算表　　　　(単位：千円)

繰越商品	(8,500)	一般売上	(113,160)
積送品	(7,560)	積送品売上	(26,780)
繰延積送諸掛	(462)		
仕入	(113,400)		
積送諸掛	(1,518)		
棚卸減耗損	(360)		
商品評価損	(500)		

解説

1. 仕入単価の算定

91,800千円[01] ÷ (67,000個 − 400個 − 15,600個)[02] = @1,800円
前T/B・仕入　総仕入　仕入戻し　当期積送

01)　期末一括法を採用しているため、前T/B仕入は手許商品仕入高を表しています。

02)

2. 期末商品の評価(手許商品)

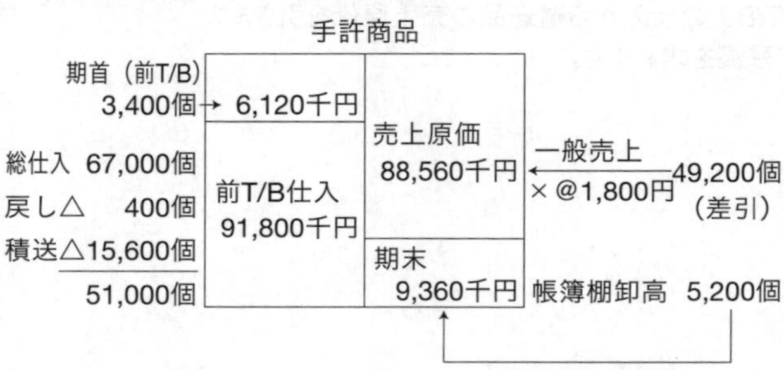

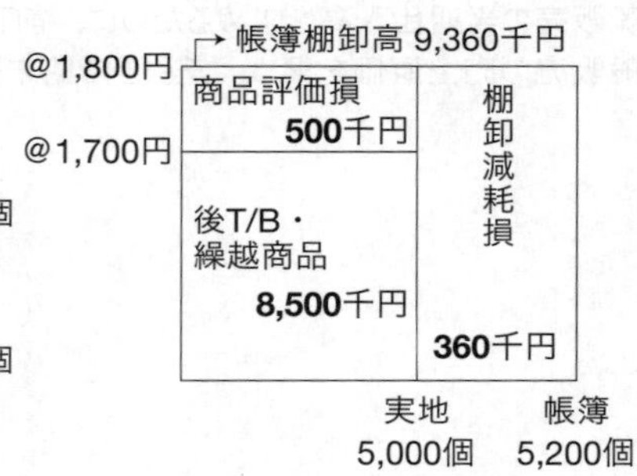

(1)　期首・期末商品の振替え

(仕入)	6,120	(繰越商品)	6,120
(繰越商品)	9,360	(仕入)	9,360

(2)　棚卸減耗損

(棚卸減耗損)	360[03]	(繰越商品)	360

03)　@1,800円×(5,200個−5,000個)=360千円

(3)　商品評価損

(商品評価損)	500[04]	(繰越商品)	500

04)　(@1,800円−@1,700円)×5,000個=500千円

3. 委託販売の分析

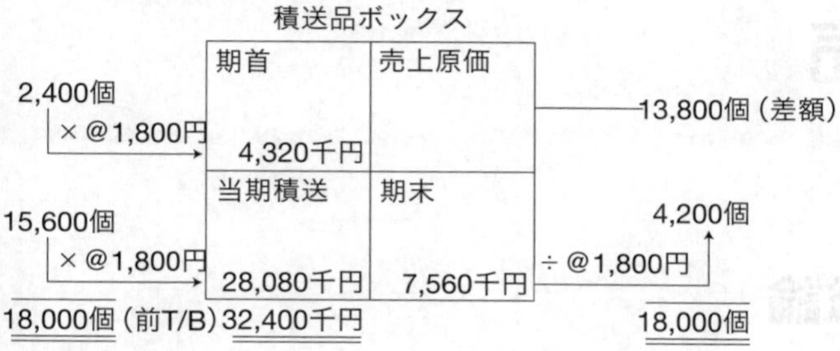

積送品売上原価の処理（期末一括法）

（仕　　　入）	32,400	（積　送　品）	32,400
（積　送　品）	7,560	（仕　　　入）	7,560

4. 売上単価の算定

積送品の当期販売個数にもとづいて売上単価を算定します。なお、諸掛控除前の売上計算書売上高を用いることに注意します。

31,740千円（売上計算書売上高）÷（18,000個－4,200個）（販売数量）

＝@2,300円

5. 積送諸掛の処理

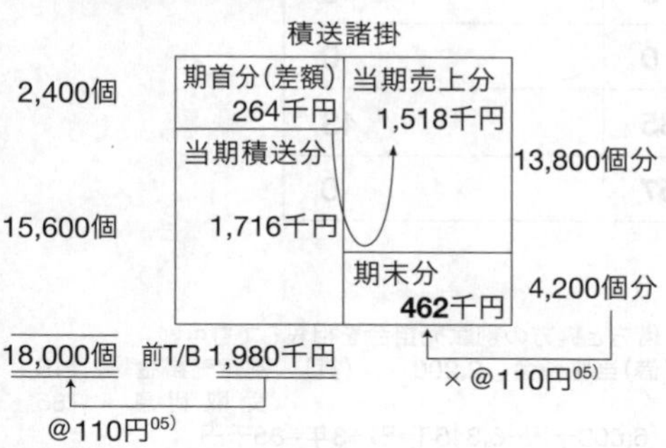

（繰延積送諸掛）	462	（積　送　諸　掛）	462

05)　積送諸掛単価：1,980千円÷18,000個=@110円

6. 決算整理後残高試算表の各数値の算定

仕　　入：91,800千円（前T/B）＋6,120千円（手許期首）

－9,360千円（手許期末）＋32,400千円（期首積送品＋当期積送）

－7,560千円（期末積送品）＝113,400千円

商品評価損：500千円（手許商品）

一般売上：@2,300円×49,200個

＝**113,160**千円

積送品売上：31,740千円－4,960千円

＝**26,780**千円

積送諸掛：1,980千円（前T/B）－462千円

＝**1,518**千円

Chapter

12 割賦販売

Section 1 割賦販売総論

問題 1 割賦販売 1

解答

(1) 定額法によった場合 (単位：千円)

	×２年３月期	×３年３月期	×４年３月期
割賦売上	**6,345**	**0**	**0**
売上原価	**5,076**	**0**	**0**
受取利息	**85**	**85**	**85**
割賦売掛金	**4,230**	**2,115**	0

(2) 利息法によった場合 (単位：千円)

	×２年３月期	×３年３月期	×４年３月期
割賦売上	**6,345**	**0**	**0**
売上原価	**5,076**	**0**	**0**
受取利息	**127**	**85**	**43**
割賦売掛金	**4,272**	**2,157**	0

解説

1. 定額法による場合

定額法では、利息の総額を支払期間にわたって均等に配分し、支払利息を計算します。

(1) ×1年4月1日

商品引渡し時に、現金正価で割賦売上を計上します。

(割賦売掛金)	6,345	(割賦売上)	6,345

(2) ×2年3月31日

利息総額のうち当期分を受取利息として計上します。

(当座預金)	2,200	(割賦売掛金)[01]	2,200
(割賦売掛金)[01]	85	(受取利息)	85[02]

01) 借方と貸方の割賦売掛金を相殺しても可。
(借)当座預金 2,200 (貸) 割賦売掛金 2,115
受取利息 85

02) (6,600千円−6,345千円)÷3年=85千円

(3) ×3年3月31日

(当座預金)	2,200	(割賦売掛金)	2,200
(割賦売掛金)	85	(受取利息)	85

(4) ×4年3月31日

(当座預金)	2,200	(割賦売掛金)	2,200
(割賦売掛金)	85	(受取利息)	85

2. 利息法による場合

利息法では、割賦代金の未回収元本残高に利子率を掛けて、支払利息を計算します。

(1) ×1年4月1日

(割賦売掛金)	6,345	(割賦売上)	6,345

(2) ×2年3月31日

(当座預金)	2,200	(割賦売掛金)[03]	2,200
(割賦売掛金)[03]	127	(受取利息)	127[04]

03) 借方と貸方の割賦売掛金を相殺しても可。

(借)当座預金	2,200	(貸) 割賦売掛金	2,073
		受取利息	127

04) 6,345千円×2%=126.9→127千円

(3) ×3年3月31日

(当座預金)	2,200	(割賦売掛金)	2,200
(割賦売掛金)	85	(受取利息)	85[05]

05) 前期元本返済額：2,200千円−127千円=2,073千円
(6,345千円−2,073千円)×2%=85.44→85千円

(4) ×4年3月31日

(当座預金)	2,200	(割賦売掛金)	2,200
(割賦売掛金)	43	(受取利息)	43[06]

06) 前期元本返済額：2,200千円−85千円=2,115千円
最終年度は元本返済額から先に計算し、利息を差額で計算します。
当期元本返済額：6,345千円−2,073千円−2,115千円
=2,157千円
受取利息：2,200千円−2,157千円=43千円

問題 2

割賦販売２

解答

(1) 定額法によった場合　(単位：千円)

	×２年３月期	×３年３月期	×４年３月期
割賦売上	**6,345**	**0**	**0**
売上原価	**5,076**	**0**	**0**
受取利息	**85**	**85**	**85**
割賦売掛金	**4,400**	**2,200**	0
利息調整勘定	**170**	**85**	0

(2) 利息法によった場合　(単位：千円)

	×２年３月期	×３年３月期	×４年３月期
割賦売上	**6,345**	**0**	**0**
売上原価	**5,076**	**0**	**0**
受取利息	**127**	**85**	**43**
割賦売掛金	**4,400**	**2,200**	0
利息調整勘定	**128**	**43**	0

解説

1. 定額法による場合

(1) ×1年4月1日

商品引渡し時に、現金正価で割賦売上を計上し、割賦売価との差額を利息調整勘定で処理します。

(割賦売掛金)	6,600	(割賦売上)	6,345
		(利息調整勘定)	255

(2) ×2年3月31日

利息総額のうち当期分を利息調整勘定から受取利息に振り替えます。

(当座預金)	2,200	(割賦売掛金)	2,200
(利息調整勘定)	85	(受取利息)	85[01]

01) 255千円÷3年=85千円

(3) ×3年3月31日

(当座預金)	2,200	(割賦売掛金)	2,200
(利息調整勘定)	85	(受取利息)	85

(4) ×4年3月31日

(当座預金)	2,200	(割賦売掛金)	2,200
(利息調整勘定)	85	(受取利息)	85

2. 利息法による場合

(1) ×1年4月1日

(割賦売掛金)	6,600	(割賦売上)	6,345
		(利息調整勘定)	255

(2) ×2年3月31日

(当座預金)	2,200	(割賦売掛金)	2,200
(利息調整勘定)	127	(受取利息)	127[02]

02) 6,345千円×2%=126.9→127千円

(3) ×3年3月31日

(当座預金)	2,200	(割賦売掛金)	2,200
(利息調整勘定)	85	(受取利息)	85[03]

03) 前期元本返済額：2,200千円−127千円=2,073千円
(6,345千円−2,073千円)×2%=85.44→85千円

(4) ×4年3月31日

(当座預金)	2,200	(割賦売掛金)	2,200
(利息調整勘定)	43	(受取利息)	43[04]

04) 前期元本返済額：2,200千円−85千円=2,115千円
最終年度は元本返済額から先に計算し、利息を差額で計算します。
当期元本返済額：6,345千円−2,073円−2,115円
=2,157千円
受取利息：2,200千円−2,157千円=43千円

Section **2** 戻り商品の処理

問題 3 戻り商品の処理

解答

損益計算書　(単位：円)

Ⅰ 売上高		
1 一般売上高	(537,500)	
2 割賦売上高	(500,000)	(1,037,500)
Ⅱ 売上原価		
1 期首商品棚卸高	(150,000)	
2 当期商品仕入高	(825,000)	
合計	(975,000)	
3 期末商品棚卸高	(145,000)	(830,000)
売上総利益		(207,500)
Ⅲ 販売費及び一般管理費		
1 戻り商品損失	(85,000)	
2 貸倒引当金繰入	(4,180)	(89,180)
営業利益		(118,320)
Ⅳ 営業外収益		
1 受取利息		(19,000)
経常利益		(137,320)

解説

1. 戻り商品の処理

(1) 当期分

① 割賦売掛金の回収

(現金預金)	11,000	(割賦売掛金)	11,000
(利息調整勘定)	1,000[01]	(受取利息)	1,000

01) (55,000円−50,000円)÷5回=1,000円

② 貸倒れ

割賦売掛金を消去し利息調整勘定を減らすとともに、取り戻した商品の評価額を戻り商品勘定に計上し、差額を戻り商品損失とします。

(利息調整勘定)	4,000[02]	(割賦売掛金)	44,000
(戻り商品)	10,000		
(戻り商品損失)	30,000[03]		

02) (55,000円−50,000円)−1,000円=4,000円
03) 差額で計算

(2) 前期分

割賦売掛金を消去し利息調整勘定および貸倒引当金を減らすとともに、取り戻した商品の評価額を戻り商品勘定に計上し、差額を戻り商品損失とします。

(利息調整勘定)	8,000[04]	(割賦売掛金)	88,000
(戻り商品)	15,000		
(貸倒引当金)	10,000		
(戻り商品損失)	55,000[05]		

04) (110,000円−100,000円)−2,000円=8,000円
05) 差額で計算

2. 売上原価の算定

戻り商品が期末に未販売のため、期末商品に含めます。

(仕　　　入)	25,000	(戻 り 商 品)	25,000
(仕　　　入)	150,000	(繰 越 商 品)	150,000
(繰 越 商 品)	145,000[06]	(仕　　　入)	145,000

06) 120,000円+10,000円+15,000円=145,000円

3. 貸倒引当金の計上

(貸倒引当金繰入)	4,180[07]	(貸 倒 引 当 金)	4,180

07) (352,000円−11,000円−44,000円−88,000円)×2%=4,180円

Column 心のふるさと

昔の人達はみんな『ふるさと』をもっていた。しかし、最近はこんなに素敵なものをもっている人は決して多くない。

私自身「ふるさとはどこですか」と聞かれると、確かに生まれ落ちたのは大阪の西成ではあるが、とてもそこをふるさととは呼べない。したがって、ふるさとのない人の一人になってしまう。

しかし、それは肉体の話である。そして、誰しも、心にもふるさとがある。

それは、その人の心の中に目盛がつき、自分なりの物差し（価値観）が出来た時代であり、またそのときを過ごした場所であり、一つ一つの風景や人や、言葉が心に焼きつけられている。

そしてその頃の自分は、何ものかに没頭して、夢中になって、必死になっていたはずである。そうでないと、自分なりの物差しなどできるはずはないのだから。

良いことがあったり、悪いことがあったり、人生の節目を迎えたりしたときに、ふと、心のふるさとに立ちかえり、そこに今でも住んでいる心の中の自分自身に話しかけたりする。

私の場合は、明らかに大学時代を過ごした京都の伏見・深草界隈である。吉野家でバイトをし、学費を作り、未来は見えず、それでも必死になって資格をとり、彼女と一緒に暮らし始めた、あの頃である。

この季節、京都の山々が紅く燃え立ち、人々の声がこだまする。

そして、やがて、やわらかな風花が舞い降りる。

私の心のふるさとにも…。

Chapter

13 リース会計（リースバック）

Section

1 セール・アンド・リースバック

問題 1 セール・アンド・リースバック取引

解答

決算整理後残高試算表
×9年3月31日 （単位：円）

現金預金	（ 284,000[01)] ）	リース債務	（ 59,457[03)] ）
リース資産	（ 73,260 ）	長期前受収益	（ 4,208[04)] ）
減価償却費	（ 12,000[02)] ）	リース資産減価償却累計額	（ 13,052 ）
支払利息	（ 2,197 ）		

01) 300,000円－16,000円＝284,000円
02) 13,052円－1,052円＝12,000円
03) 73,260円－13,803円＝59,457円
04) 5,260円－1,052円＝4,208円

解説

1. 備品売却時（処理済み）

残高試算表にリース債務と長期前受収益が計上されていることから売却およびリースバックの仕訳は処理済みです。

（備品減価償却累計額）	12,000	（備品）	80,000
（現金預金）	73,260	（長期前受収益）	5,260

2. リースバック時（処理済み）

備品の売却価額をリース資産の計上額とします。

（リース資産）	73,260	（リース債務）	73,260

3. リース料支払時（未処理）

リース債務に利子率を掛けて、支払利息を計算します。

（リース債務）	13,803[05)]	（現金預金）	16,000
（支払利息）	2,197[06)]		

05) 16,000円－2,197円＝13,803円
06) 73,260円×3％＝2,197.8→2,197円

4. 決算時（減価償却）

リース期間終了後、所有権が当社に移転するため、リース資産計上額から当初の残存価額を差し引いた額を残存耐用年数で割り、減価償却費を計算します。

（減価償却費）	13,052[07)]	（リース資産減価償却累計額）	13,052

07) （73,260円－80,000円×0.1）÷5年＝13,052円

5. 決算時（長期前受収益と減価償却費の相殺）

長期前受収益（5,260円）のうち、当期対応分（1,052円）を減価償却費と相殺します。

（長期前受収益）	1,052[08)]	（減価償却費）	1,052

08) 5,260円÷5年＝1,052円

問題 2 中途解約

解答

(1) リース債務解約損 **195** 円

(2) リース資産除却損 **886** 円

解説

1. リース資産の取得価額(参考)

見積現金購入価額とリース料総額の割引現在価値のうち、低い額がリース資産の取得原価となります。

2,000円 ÷ 1.05 ＝ 1,904.7…→1,905円
2,000円 ÷ 1.05^2 ＝ 1,814.0…→1,814円
2,000円 ÷ 1.05^3 ＝ 1,727.6…→1,728円
2,000円 ÷ 1.05^4 ＝ 1,645.4…→1,645円
1,905円＋1,814円＋1,728円＋1,645円
＝7,092円＜7,500円 ∴ 7,092円

2. リース債務解約損

(1) リース債務残高(参考) (単位：円)

支払日	期首 リース債務	リース料	支払利息	リース債務 返済額	期末 リース債務
×4年3月31日	7,092	2,000	355	1,645	5,447
×5年3月31日	5,447	2,000	272	1,728	3,719
×6年3月31日	3,719	2,000	186 01)	1,814 02)	1,905 03)

01) 3,719円×0.05＝185.95→186円
02) 2,000円−186円＝1,814円
03) 3,719円−1,814円＝1,905円

(2) リース料の支払

(リース債務)	1,814	(当座預金)	2,000
(支払利息)	186		

(3) リース債務解約損

リース債務残高と違約金との差額をリース債務解約損とします。

(リース債務)	1,905	(当座預金)	2,100
(リース債務解約損)	195		

3. リース資産除却損

(1) リース資産の帳簿価額(参考) (単位：円)

決算日	期首帳簿価額	簿価×償却率	原価×保証率	減価償却費	期末帳簿価額
×4年3月31日	7,092	3,546	886	3,546	3,546
×5年3月31日	3,546	1,773	886	1,773	1,773
×6年3月31日	1,773	887 04)	886 05)	887 05)	886 06)

04) 1÷4年×200%＝0.5 1,773円×0.5＝886.5→887円
05) 7,092円×0.12499＝886.4…→886円
887円＞886円 ∴ 887円
06) 1,773円−887円＝886円

(2) リース資産除却損

中途解約時のリース資産の帳簿価額をリース資産除却損とします。

(減価償却費)	887	(リース資産減価償却累計額)	887
(リース資産減価償却累計額)	6,206 07)	(リース資産)	7,092
(リース資産除却損)	886		

07) 5,319円＋887円＝6,206円

Chapter

14 企業結合・事業分離(応用編)

Section

1 株式交換・株式移転

問題 1 株式交換

|解答|

(単位：円)

借方科目	金額	貸方科目	金額
関係会社株式	**48,000**	**資本金**	**32,000**
		資本準備金	**16,000**

解説

1. 関係会社株式

@150円×320株＝**48,000**円

2. 資本金

@100円×320株＝**32,000**円

3. 資本準備金

(@150円－@100円)×320株＝**16,000**円

問題 2 株式移転

|解答|

(単位：円)

借方科目	金額	貸方科目	金額
関係会社株式	**1,320,000**	**資本金**	**660,000**
		資本準備金	**660,000**

解説

1. 関係会社株式

(680,000円＋80,000円＋160,000円)
A社分

＋@400円×1,000株＝**1,320,000**円
B社分

2. 資本金(資本準備金)

1,320,000円×50％＝**660,000**円

Section

2 事業分離(会社分割)

問題 3 分割会社の会計処理

解答

問1.

（単位：円）

借方科目	金額	貸方科目	金額
R事業負債	**140,000**	**R事業資産**	**350,000**
関係会社株式	**210,000**		

問2.

（単位：円）

借方科目	金額	貸方科目	金額
R事業負債	**140,000**	**R事業資産**	**350,000**
投資有価証券	**255,000**	**事業移転損益**	**45,000**

解説

問1. 乙社が子会社になる場合

関係会社株式：

350,000円－140,000円＝210,000円（移転事業株主資本（簿価））

問2. 乙社が子会社にも関連会社にもならない場合

投資有価証券：

@300円×850株＝255,000円

事業移転損益：

255,000円（対価（時価））－210,000円（移転事業株主資本（簿価））＝45,000円（利益）

問題 4 承継会社の会計処理

|解答|

（単位：円）

借方科目	金額	貸方科目	金額
R事業資産	390,000	R事業負債	160,000
のれん	25,000	資本金	127,500
		資本準備金	127,500

解説

(1) 取得原価の算定

取得原価（払込資本）：

＠300円×850株＝255,000円

資本金・資本準備金：

255,000円×50％＝127,500円

(2) 受入資産・負債の評価

R事業資産：390,000円（時価）

R事業負債：160,000円（時価）

(3) のれんの算定

のれん：

255,000円－（390,000円－160,000円）

取得原価　　時価による純資産額

＝25,000円

Chapter

15 連結会計3（持分の変動、税効果）

Section

1 追加取得と一部売却の処理

問題 1 追加取得 1（時価評価）

解答

（単位：円）

借方科目	金額	貸方科目	金額
非支配株主持分当期変動額	**8,050**	**S　社　株　式**	**9,000**
資本剰余金当期変動額	**950**		

解説

1.　タイムテーブル

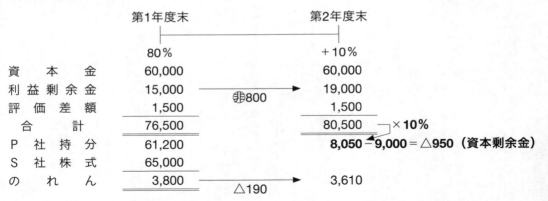

	第1年度末		第2年度末
	80％		＋10％
資本金	60,000		60,000
利益剰余金	15,000	→ 非800	19,000
評価差額	1,500		1,500
合計	76,500		80,500　×**10％**
P社持分	61,200		**8,050－9,000＝△950（資本剰余金）**
S社株式	65,000		
のれん	3,800	→ △190	3,610

2.　子会社資産の評価替え

（諸資産）	1,500	（評価差額）	1,500

3.　開始仕訳

（資本金当期首残高）	60,000	（S社株式）	65,000
（利益剰余金当期首残高）	15,000	（非支配株主持分当期首残高）	15,300
（評価差額）	1,500		
（のれん）	3,800		

4.　当期純利益の振替え

（非支配株主に帰属する当期純利益）	800	（非支配株主持分当期変動額）	800[01]

01）　4,000円×20％＝800円

5.　のれんの償却

（のれん償却額）	190	（のれん）	190[02]

02）　3,800円÷20年＝190円

6.　子会社株式の追加取得

（非支配株主持分当期変動額）	**8,050**[03]	（S社株式）	**9,000**
（資本剰余金当期変動額）	**950**		

03）　80,500円×10％＝8,050円
第2年度末純資産

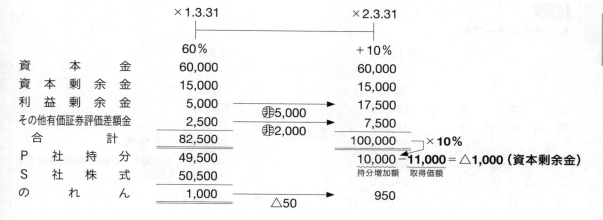

問題 2 追加取得2（その他有価証券評価差額金）

解答

（単位：円）

借方科目	金額	貸方科目	金額
非支配株主持分当期変動額	**10,000**	**S 社 株 式**	**11,000**
資本剰余金当期変動額	**1,000**		

解説

1. タイムテーブル

	×1.3.31		×2.3.31
	60％		＋10％
資本金	60,000		60,000
資本剰余金	15,000		15,000
利益剰余金	5,000	→ ㊢5,000 →	17,500
その他有価証券評価差額金	2,500	→ ㊢2,000 →	7,500
合計	82,500		100,000 ×10％
P社持分	49,500		10,000（持分増加額）－ **11,000**（取得価額）＝ △**1,000**（資本剰余金）
S社株式	50,500		
のれん	1,000	→ △50 →	950

2. 開始仕訳

（資本金当期首残高）60,000　（S 社 株 式）50,500
（資本剰余金当期首残高）15,000　（非支配株主持分当期首残高）33,000
（利益剰余金当期首残高）5,000
（その他有価証券評価差額金当期首残高）2,500
（の れ ん）1,000

3. 当期純利益の振替え

（非支配株主に帰属する当期純利益）5,000[01]　（非支配株主持分当期変動額）5,000

01）（17,500円－5,000円）×40％＝5,000円

4. その他有価証券評価差額金増加額の振替え

（その他有価証券評価差額金当期変動額）2,000[02]　（非支配株主持分当期変動額）2,000

02）（7,500円－2,500円）×40％＝2,000円

5. のれんの償却

（のれん償却額）50[03]　（の れ ん）50

03）1,000円÷20年＝50円

6. 子会社株式の追加取得

上記4．の仕訳で、その他有価証券評価差額金増加分のうち追加取得分10％（500円）は非支配株主持分10,000円に含まれています。そのため、連結修正仕訳でその他有価証券評価差額金を増減させません。

（非支配株主持分当期変動額）**10,000**[04]　（S 社 株 式）**11,000**
（資本剰余金当期変動額）**1,000**[05]

04）（60,000円＋15,000円＋17,500円＋7,500円）×10％
＝10,000円
05）10,000円－11,000円＝△1,000円

問題 3

追加取得 3（取得関連費用）

解答

（単位：円）

借方科目	金額	貸方科目	金額
支払手数料	**250**	**S 社 株 式**	**250**
非支配株主持分当期変動額	**4,750**	**S 社 株 式**	**5,500**
資本剰余金当期変動額	**750**		

解説

1. タイムテーブル

	×1.3.31		×2.3.31	
	60％		＋10％	
資本金	25,000		25,000	
利益剰余金	12,500	→ 非4,000	22,500	
合計	37,500		47,500	×10％
P社持分	22,500		4,750（持分増加額）－ **5,500**（取得価額）＝△**750（資本剰余金）**	
S社株式	24,000			
のれん	1,500	→ △75	1,425	

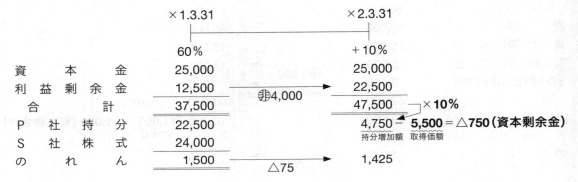

2. 支配獲得時の取得関連費用

子会社株式の取得関連費用は、個別上は取得のための付随費用として子会社株式の取得原価に含めます。一方、連結上は、支払手数料などを用いて費用処理します。そのため、連結修正仕訳が必要となります。

(利益剰余金当期首残高) 支払手数料	300	(S 社 株 式)	300

3. 開始仕訳

(資本金当期首残高)	25,000	(S 社 株 式)	24,000
(利益剰余金当期首残高)	12,500	(非支配株主持分当期首残高)	15,000
(の れ ん)	1,500		

4. 当期純利益の振替え

(非支配株主に帰属する当期純利益)	4,000[01]	(非支配株主持分当期変動額)	4,000

01) (22,500円−12,500円)×40％=4,000円

5. のれんの償却

(のれん償却額)	75[02]	(の れ ん)	75

02) 1,500円÷20年=75円

6. 子会社株式の追加取得

⑴取得関連費用

支配獲得時と同様に、取得関連費用を費用処理します。

(支 払 手 数 料)	250	(S 社 株 式)	250

⑵追加取得

取得関連費用を除いた子会社株式の取得原価と非支配株主持分減少額との差額を資本剰余金とします。

(非支配株主持分当期変動額)	4,750[03]	(S 社 株 式)	5,500
(資本剰余金当期変動額)	750[04]		

03) (25,000円+22,500円)×10％=4,750円

04) 4,750円−5,500円=△750円

問題 4 一部売却1（時価評価）

解答

（単位：円）

借方科目	金額	貸方科目	金額
S社株式	**13,000**	**非支配株主持分当期変動額**	**12,880**
資本剰余金当期変動額	**180**	**子会社株式売却損**	**300**

解説

1. タイムテーブル

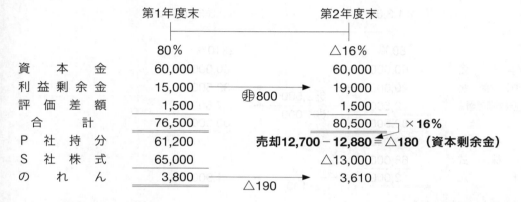

	第1年度末		第2年度末	
	80％		△16％	
資本金	60,000		60,000	
利益剰余金	15,000	非800	19,000	
評価差額	1,500		1,500	
合計	76,500		80,500	×16％
P社持分	61,200		**売却12,700－12,880＝△180（資本剰余金）**	
S社株式	65,000		△13,000	
のれん	3,800	△190	3,610	

2. 子会社資産の評価替え

（諸資産）1,500　（評価差額）1,500

3. 開始仕訳

（資本金当期首残高）60,000　（S社株式）65,000
（利益剰余金当期首残高）15,000　（非支配株主持分当期首残高）15,300
（評価差額）1,500
（のれん）3,800

4. 当期純利益の振替え

（非支配株主に帰属する当期純利益）800　（非支配株主持分当期変動額）800[01]

01）4,000円×20％＝800円

5. のれんの償却

（のれん償却額）190　（のれん）190[02]

02）3,800円÷20年＝190円

6. 子会社株式の一部売却

S社の資産の時価と簿価の差額を全額時価評価するので、持分が変動しても評価差額の金額は変わりません。

個別上の仕訳

（現金預金）12,700　（S社株式）13,000
（子会社株式売却損）300

連結上あるべき仕訳

（現金預金）12,700　（非支配株主持分当期変動額）12,880
（資本剰余金当期変動額）180

〈連結修正仕訳〉

（S社株式）**13,000**　（非支配株主持分当期変動額）**12,880**
（資本剰余金当期変動額）**180**　（子会社株式売却損）**300**

S社株式の売却分：$65,000円\times\frac{16\%}{80\%}$＝**13,000**円

非支配株主持分増加額：
（60,000円＋19,000円＋1,500円）×16％
（第2年度末純資産合計）
＝**12,880**円

資本剰余金：12,700円（売却価額）－12,880円（非支配株主持分変動額）＝△**180**円

問題5 一部売却2(その他有価証券評価差額金)

|解答|

(単位：円)

借方科目	金額	貸方科目	金額
S社株式	**8,500**	**非支配株主持分当期変動額**	**10,000**
その他有価証券評価差額金当期変動額	**500**	**資本剰余金当期変動額**	**1,000**
子会社株式売却益	**2,000**		

解説

1. タイムテーブル

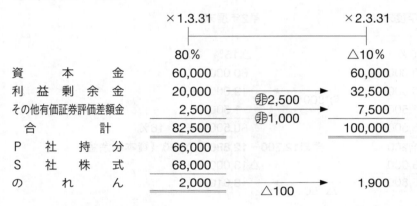

	×1.3.31		×2.3.31
	80%		△10%
資本金	60,000		60,000
利益剰余金	20,000	→ 非2,500 →	32,500
その他有価証券評価差額金	2,500	→ 非1,000 →	7,500
合計	82,500		100,000
P社持分	66,000		
S社株式	68,000		
のれん	2,000	→ △100 →	1,900

2. 開始仕訳

(資本金当期首残高)	60,000	(S社株式)	68,000
(利益剰余金当期首残高)	20,000	(非支配株主持分当期首残高)	16,500
(その他有価証券評価差額金当期首残高)	2,500		
(のれん)	2,000		

3. 当期純利益の振替え

(非支配株主に帰属する当期純利益)	2,500[01]	(非支配株主持分当期変動額)	2,500

01) (32,500円－20,000円)×20%＝2,500円

4. その他有価証券評価差額金増加額の振替え

(その他有価証券評価差額金当期変動額)	1,000[02]	(非支配株主持分当期変動額)	1,000

02) (7,500円－2,500円)×20%＝1,000円

5. のれんの償却

(のれん償却額)	100[03]	(のれん)	100

03) 2,000円÷20年＝100円

6. 子会社株式の一部売却

支配獲得時から売却時までのその他有価証券評価差額金の増加額(減少額)のうち売却分を非支配株主持分に振り替えます。

個別上の仕訳

(現金預金)	10,500	(S社株式)	8,500[04]
		(子会社株式売却益)	2,000[05]

04) $68{,}000\text{円}\times\frac{10\%}{80\%}=8{,}500\text{円}$

05) 10,500円－8,500円＝2,000円

連結上あるべき仕訳

(現金預金)	10,500	(非支配株主持分当期変動額)	10,000[07]
(その他有価証券評価差額金当期変動額)	500[06]	(資本剰余金当期変動額)	1,000[08]

06) (7,500円－2,500円)×10%＝500円
　　支配獲得後評価差額金

07) (60,000円＋32,500円＋7,500円)×10%＝10,000円

08) 貸借差額

連結修正仕訳

(S社株式)	8,500	(非支配株主持分当期変動額)	10,000
(その他有価証券評価差額金当期変動額)	500	(資本剰余金当期変動額)	1,000
(子会社株式売却益)	2,000		

問題 6

一部売却3（取得関連費用）

解答

（単位：円）

借方科目	金額	貸方科目	金額
S社株式	4,050	非支配株主持分当期変動額	4,750
子会社株式売却益	950	資本剰余金当期変動額	250

解説

1. タイムテーブル

	×1.3.31		×2.3.31	
	60％		＋10％	
資本金	25,000		25,000	
利益剰余金	12,500	→ 非4,000 →	22,500	
合計	37,500		47,500	×10％
P社持分	22,500		5,000（売却価額）－4,750（持分減少額）＝250（資本剰余金）	
S社株式	24,000			
のれん	1,500	→ △75 →	1,425	

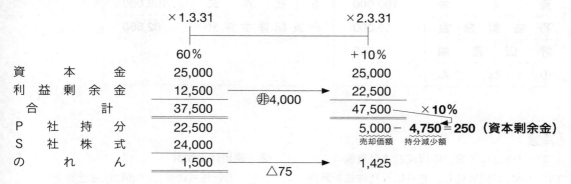

2. 支配獲得時の取得関連費用

（利益剰余金当期首残高）300（S社株式）300
支払手数料

3. 開始仕訳

（資本金当期首残高）25,000（S社株式）24,000
（利益剰余金当期首残高）12,500（非支配株主持分当期首残高）15,000
（のれん）1,500

4. 当期純利益の振替え

（非支配株主に帰属する当期純利益）4,000[01]（非支配株主持分当期変動額）4,000

01）(22,500円－12,500円)×40％＝4,000円

5. のれんの償却

（のれん償却額）75[02]（のれん）75

03）1,500円÷20年＝75円

6. 子会社株式の一部売却

個別上は、取得関連費用を含めて子会社株式売却益を計上しています。

個別上の仕訳

（現金預金）5,000（S社株式）4,050[03]
（子会社株式売却益）950[04]

03）$24,300円\times\frac{10\%}{60\%}=4,050円$

04）5,000円－4,050円＝950円

連結上あるべき仕訳

（現金預金）5,000（非支配株主持分当期変動額）4,750[05]
（資本剰余金当期変動額）250[06]

05）(25,000円＋22,500円)×10％＝4,750円

06）貸借差額

連結修正仕訳

（S社株式）4,050（非支配株主持分当期変動額）4,750
（子会社株式売却益）950（資本剰余金当期変動額）250

Section **2**

段階取得の処理

問題7 段階取得の処理

解答

（単位：円）

借方科目	金額	貸方科目	金額
S社株式	1,000	段階取得に係る差益	1,000
資本金	100,000	S社株式	108,000
利益剰余金	55,000	非支配株主持分	62,600
評価差額	1,500		
のれん	14,100		

解説

支配獲得日に子会社の資産および負債のすべてについて時価評価し、さらにS社株式を時価評価し、それにもとづいて資本連結を行います。

(1) 子会社の評価替え

(土地)	1,500[01]	(評価差額)	1,500

01) 81,500円（時価）－80,000円（簿価）＝1,500円

(2) 連結修正仕訳

① S社株式の時価評価に係る仕訳

(S社株式)	1,000[02]	(段階取得に係る差益（利益剰余金）)	1,000

02) (@1,800円×10)－17,000円＝1,000円

② 投資と資本の相殺消去

(資本金)	100,000	(S社株式)	108,000
(利益剰余金)	55,000	(非支配株主持分)	62,600[04]
(評価差額)	1,500		
(のれん)	14,100[03]		

03) 108,000円－156,500円×60%＝14,100円

04) 156,500円×40%（非支配持分）＝62,600円

Section
3 持分法から連結への移行

問題 8 持分法から連結への移行

解答

（単位：円）

	借方科目	金額	貸方科目	金額
(1)	**S社株式**	**3,936**	**利益剰余金当期首残高**	**3,936**
(2)	**土地**	**12,000**	**評価差額**	**12,000**
(3)	**S社株式**	**2,064**	**利益剰余金当期首残高**	**2,064**
(4)	**資本金当期首残高**	**200,000**	**S社株式**	**176,000**
	利益剰余金当期首残高	**100,000**	**非支配株主持分当期首残高**	**140,400**
	評価差額	**12,000**		
	のれん	**4,400**		

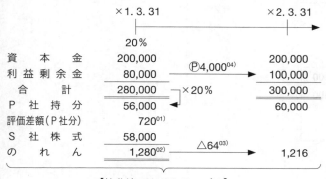

解説

1. タイムテーブル

【持分法のタイムテーブル】

	×1.3.31（20%）		×2.3.31
資本金	200,000		200,000
利益剰余金	80,000	Ⓟ4,000[04] →	100,000
合計	280,000	×20%	300,000
P社持分	56,000		60,000
評価差額（P社分）	720[01]		
S社株式	58,000		
のれん	1,280[02]	△64[03] →	1,216

【連結のタイムテーブル】

	×2.3.31（55%）
資本金	200,000
利益剰余金	100,000
評価差額	**12,000**
合計	312,000 ×55%
P社持分	**171,600**
S社株式	176,000[05]
のれん	**4,400**[06]

01) 3,600円×20%＝720円
02) 58,000円－(56,000円＋720円)＝1,280円
03) 1,280円÷20年＝64円
04) (100,000円－80,000円)×20%＝4,000円
05) 112,000円÷35%×(20%+35%)＝176,000円
06) 176,000円－171,600円＝4,400円

2. 持分法適用の開始仕訳

(1) 資産・負債の評価替え

(土　　地)	720	(評 価 差 額)	720[07]

07) 実際にはこの仕訳は行いません。

(2) のれんの償却

(利益剰余金当期首残高)	64	(S 社 株 式)	64[03]

(3) 当期純利益の振替え

(S 社 株 式)	4,000	(利益剰余金当期首残高)	4,000[04]

↓ (2)+(3)

(4) 開始仕訳

(S 社 株 式)	3,936	(利益剰余金当期首残高)	3,936

3. 支配獲得の開始仕訳

(1) 資産・負債の評価替え

(土　　地)	12,000	(評 価 差 額)	12,000

(2) 連結修正仕訳

① 子会社株式の評価替え

(S 社 株 式)	2,064[08]	(利益剰余金当期首残高)	2,064

08) 176,000円－(58,000円＋3,936円＋112,000円)
＝2,064円

② 支配獲得日の資本連結

(資本金当期首残高)	**200,000**	(S 社 株 式)	**176,000**
(利益剰余金当期首残高)	**100,000**	(非支配株主持分当期首残高)	**140,400**
(評 価 差 額)	**12,000**		
(の れ ん)	**4,400**		

持分法から連結への移行のポイント

- 評価差額は持分法と連結で記入する箇所が異なる
- S社株式は支配獲得時の時価で計上
- 持分法ののれんは引き継がない
- のれんは支配獲得時に新たに計算する

Section

4 連結上の税効果会計

問題 9

未実現利益の消去に係る税効果 1

|解答|

問1.

（単位：円）

借方科目	金額	貸方科目	金額
備品売却益	20,000	備品	20,000[01]
減価償却累計額	2,000	減価償却費	2,000[02]
繰延税金資産	5,400	法人税等調整額	5,400[03]

01)　120,000円－100,000円＝20,000円

02)　20,000円×$\frac{1年}{10年}$＝2,000円

03)　(20,000円－2,000円)×30％＝5,400円

問2.

（単位：円）

借方科目	金額	貸方科目	金額
備品売却益	20,000	備品	20,000
減価償却累計額	2,000	減価償却費	2,000
繰延税金資産	5,400	法人税等調整額	5,400
非支配株主持分当期変動額	2,520	非支配株主に帰属する当期純利益	2,520[04]

04)　(20,000円－2,000円－5,400円)×20％＝2,520円

問題 10
未実現利益の消去に係る税効果２

解答

問1.

（単位：円）

借方科目	金額	貸方科目	金額
利益剰余金当期首残高	**1,000**	**売上原価**	**1,000**
法人税等調整額	**300**	**利益剰余金当期首残高**	**300**[01)]
売上原価	**1,300**	**商品**	**1,300**
繰延税金資産	**390**	**法人税等調整額**	**390**[02)]

01)　6,000円×$\frac{0.2}{1.2}$＝1,000円　1,000円×30％＝300円

02)　7.800円×$\frac{0.2}{1.2}$＝1,300円　1,300円×30％＝390円

問2.

（単位：円）

借方科目	金額	貸方科目	金額
利益剰余金当期首残高	**1,000**	**売上原価**	**1,000**
法人税等調整額	**300**	**利益剰余金当期首残高**	**300**
非支配株主持分当期首残高	**140**	**利益剰余金当期首残高**	**140**[03)]
非支配株主に帰属する当期純利益	**140**	**非支配株主持分当期変動額**	**140**
売上原価	**1,300**	**商品**	**1,300**
繰延税金資産	**390**	**法人税等調整額**	**390**
非支配株主持分当期変動額	**182**	**非支配株主に帰属する当期純利益**	**182**[04)]

03)　(1,000円－300円)×20％＝140円
04)　(1,300円－390円)×20％＝182円

解説

問1.　ダウン・ストリームのケースです。連結会社間の内部取引による未実現利益等に、法人税等の税率を乗じた金額を調整します。

費用		利益		税金
減少	→	増加	→	増加
増加	→	減少	→	減少

問2.　アップ・ストリームのケースです。アップ・ストリーム取引によって未実現利益が生じている場合、①まず、税効果会計の適用、次に②税効果会計適用後の未実現利益を非支配株主持分に負担させる、という順で処理します。

問題 11

貸倒引当金の修正に係る税効果

解答

(1) 債権・債務の相殺

（単位：円）

借方科目	金額	貸方科目	金額
買掛金	**75,000**	**売掛金**	**75,000**

(2) 貸倒引当金の修正

（単位：円）

借方科目	金額	貸方科目	金額
貸倒引当金	**1,500**	**利益剰余金当期首残高**	**1,000**
		貸倒引当金繰入	**500**
利益剰余金当期首残高	**300**	**繰延税金負債**	**450**
法人税等調整額	**150**		

解説

1. 債権・債務の相殺

当期末の連結貸借対照表には親子会社間の債権・債務を除いた金額を記載するため、当期末の個別貸借対照表に含まれている親子会社間の債権・債務を相殺します。

2. 貸倒引当金の修正

以下のように分けて考えることもできます。

(1) 前期分の引継ぎ

(貸倒引当金)	1,000 01)	(利益剰余金当期首残高)	1,000
(利益剰余金当期首残高)	300 02)	(繰延税金負債)	300

01) 50,000円×2%＝1,000円
02) 1,000円×30%＝300円

(2) 当期分の修正

(貸倒引当金)	500 03)	(貸倒引当金繰入)	500
(法人税等調整額)	150 04)	(繰延税金負債)	150

03) (75,000円−50,000円)×2%＝500円
04) 500円×30%＝150円

または以下のように仕訳しても、結果は同じです。

(1) 前期分の引継ぎと実現

(貸倒引当金)	1,000	(利益剰余金当期首残高)	1,000
(利益剰余金当期首残高)	300	(繰延税金負債)	300
(貸倒引当金繰入)	1,000	(貸倒引当金)	1,000
(繰延税金負債)	300	(法人税等調整額)	300

(2) 当期分の修正

(貸倒引当金)	1,500 05)	(貸倒引当金繰入)	1,500
(法人税等調整額)	450 06)	(繰延税金負債)	450

05) 75,000円×2%＝1,500円
06) 1,500円×30%＝450円

Section

5 持分法上の税効果会計

問題12 評価差額に係る税効果（持分法）

解答

持分法による投資損益	**25,300** 円
C 社 株 式 勘 定	**205,800** 円

解説

(1) 投資と資本の相殺消去のイメージ

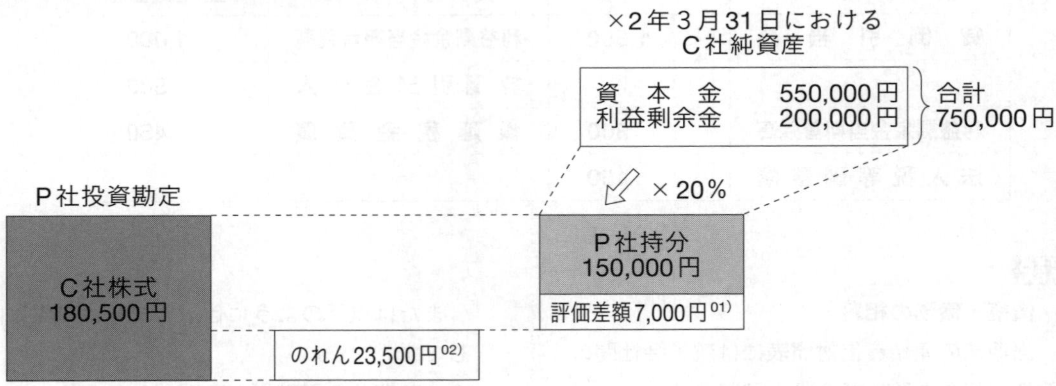

01) (370,000円－320,000円)×20%＝10,000円
10,000円×(1－30%)＝7,000円
02) 180,500円－(150,000円＋7,000円)＝23,500円

(2) タイムテーブル

	×2.3.31		×3.3.31
取得割合	20%		
資本金	550,000		550,000
利益剰余金	200,000	Ⓟ 30,000 →	350,000
合計	750,000		900,000
P社持分	150,000		
評価差額(P社持分)	7,000 01)		7,000
取得原価	180,500		
のれん	23,500 02)	△4,700 03) →	18,800

03) 23,500円÷5年＝4,700円

(3) 仕訳

(i) 資産・負債の評価替え

(土　　地)	10,000	(繰延税金負債)	3,000 04)
		(評価差額)	7,000 01)

04) 10,000円×30%＝3,000円

(ii) のれんの償却

(持分法による投資損益)	4,700	(C社株式)	4,700

(iii) 当期純利益の振替え

(C社株式)	30,000	(持分法による投資損益)	30,000

(4) 解答数値

(i) 持分法による投資損益：

－4,700円＋30,000円＝25,300円

(ii) C社株式勘定：

180,500円－4,700円＋30,000円

＝205,800円

問題 13 未実現利益の消去に係る税効果(持分法)

解答

問1.

（単位：円）

借方科目	金額	貸方科目	金額
持分法による投資損益	**10,000**	**A社株式**	**10,000**
A社株式	**3,000**	**持分法による投資損益**	**3,000**

問2.

（単位：円）

借方科目	金額	貸方科目	金額
売上高	**4,000**	**A社株式**	**4,000**
繰延税金資産	**1,200**	**法人税等調整額**	**1,200**

解説

1. 固定資産に係る未実現利益の消去（アップ・ストリーム）

未実現利益の消去については、問題文に「投資勘定を減額する」とあるため、容認処理であることがわかります。

なお、繰延税金資産は販売側に帰属し関連会社の財務諸表は合算しないため、税効果は投資勘定で処理します。参考までに、原則処理は次のとおりです。

(持分法による投資損益)	10,000 01)	(土　　地)	10,000
(A社株式)	3,000 02)	(持分法による投資損益)	3,000

01) (250,000円－200,000円)×20%＝10,000円
02) 10,000円×30%＝3,000円

2. 商品に係る未実現利益の消去（ダウン・ストリーム）

未実現利益の消去については、問題文に特に指示がないため、原則的な処理を行います。

参考までに、容認処理は次のとおりです。

(持分法による投資損益)	4,000 03)	(A社株式)	4,000
(繰延税金資産)	1,200 04)	(法人税等調整額)	1,200

03) 50,000円×40%×20%＝4,000円
04) 4,000円×30%＝1,200円

Chapter

16 連結会計 4（退職給付、在外子会社等）

Section

1 連結上の退職給付会計

問題 1

連結上の退職給付会計 1

解答

連結包括利益計算書 （単位：円）

当期純利益	20,000
その他の包括利益	
退職給付に係る調整額	△（ **1,250** ）
包括利益	（ **18,750** ）

連結株主資本等変動計算書 （単位：円）

	退職給付に係る調整累計額
当期首残高	0
当期変動額	△（ **1,250** ）
当期末残高	△（ **1,250** ）

連結貸借対照表 （単位：円）

	退職給付に係る負債	（ **65,000**）
	退職給付に係る調整累計額	△（ **1,250**）

解説

連結修正仕訳

（借）退職給付引当金	63,750	（貸）退職給付に係る負債	63,750
（借）退職給付に係る調整額	1,250	（貸）退職給付に係る負債	1,250

退職給付に係る負債：

63,750円＋1,250円＝65,000円

退職給付に係る調整額：△1,250円

問題 2
連結上の退職給付会計 2

|解答|

退職給付費用 3,200 円

退職給付引当金 15,700 円

連結包括利益計算書 (単位:円)

当期純利益	15,000
その他の包括利益	
退職給付に係る調整額	△(**245**)
包括利益	(**14,755**)

連結株主資本等変動計算書 (単位:円)

	退職給付に係る調整累計額
当期首残高	0
当期変動額	△(**245**)
当期末残高	△(**245**)

連結貸借対照表 (単位:円)

	退職給付に係る負債	(**16,050**)
	退職給付に係る調整累計額	△(**245**)

解説

退職給付費用:

2,750円(勤務費用)+850円(利息費用)−450円(期待運用収益)+50円(当期発生過去勤務費用償却額)
=3,200円

退職給付引当金:

28,500円(期首退職給付債務)−15,500円(期首年金資産)+3,200円(退職給付費用)−500円(掛金拠出)
=15,700円

個別財務諸表の項目が算定できたので、連結修正仕訳を行って、連結財務諸表上の退職給付会計の各金額を算定します。

(1) 科目の振替え

(借) 退職給付引当金	15,700	(貸) 退職給付に係る負債	15,700

(2) 未認識差異を退職給付に係る負債に計上

未認識過去勤務費用:

400円−400円÷8年=350円

(借) 退職給付に係る調整額	350	(貸) 退職給付に係る負債	350
(借) 繰延税金資産	105※	(貸) 退職給付に係る調整額	105

※350円×30%=105円

退職給付に係る負債:

15,700円+350円=16,050円

退職給付に係る調整額:

350円−105円=245円

Section

2 在外子会社の財務諸表項目の換算

問題 3 在外子会社の円建財務諸表の作成手順 2

解答

損益計算書 (単位：円)

売上原価	(1,530,000)	売上高	(2,570,000)
減価償却費	(85,000)		
諸費用	(680,000)		
為替差損	(20,000)		
当期純利益	(255,000)		
	(2,570,000)		(2,570,000)

貸借対照表 (単位：円)

流動資産	(480,000)	諸負債	(152,000)
固定資産	(320,000)	資本金	(475,000)
		利益剰余金	(263,400)
		為替換算調整勘定	(△90,400)
	(800,000)		(800,000)

解説

1. 損益計算書の換算

在外子会社の外国通貨で表示されている財務諸表項目のうち、収益・費用については原則として期中平均レートで換算します。当期純利益についても、期中平均レートで換算します。

なお、親会社との取引により生じた収益・費用は、親会社が用いている為替レートで換算することに注意します。これにより生じた差額は当期の為替差損益として処理します。

損益計算書 (単位：円)

	換算レート	(単位：ドル)	円換算後		換算レート	(単位：ドル)	円換算後
売上原価	85	18,000	1,530,000	売上高	−	30,000	2,570,000 01)
減価償却費	85	1,000	85,000				
諸費用	85	8,000	680,000				
当期純利益	85	3,000	255,000				
為替差損益			20,000 02)				
			2,570,000				2,570,000

01) 85円×(30,000ドル−8,000ドル)+700,000円(親会社売上分)=2,570,000円

02) 為替差損益の金額 △20,000円(貸借差額)

2. 貸借対照表の換算

(1) 剰余金の配当の換算

剰余金の配当については、配当確定時の為替レートにより換算します。

剰余金の配当の金額：

88円×100ドル＝8,800円

(2) 利益剰余金当期末残高の算定

剰余金の配当は配当確定時の為替レートにより換算し、当期純利益は各期の期中平均レートで換算するため、円換算後の利益剰余金当期末残高の金額を算定するためには、利益剰余金について×1年度から計算する必要があります。

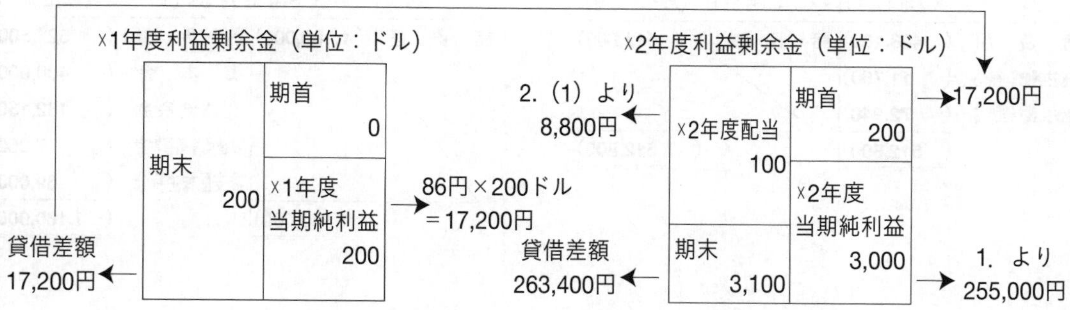

上記ボックス図より、×2年度利益剰余金当期末残高は、263,400円となります。

(3) 貸借対照表の各項目の換算

貸借対照表の各項目を適用される為替レートで換算します。そのさい、資産・負債は原則、決算日の為替レートを用いますが、純資産項目のうち、資本金は設立時レート、利益剰余金は(2)の計算結果を用いることに注意します。これにより生じた差額を為替換算調整勘定として処理します。

貸借対照表 （単位：円）

	換算レート	（単位：ドル）	円換算後		換算レート	（単位：ドル）	円換算後
流動資産	80	6,000	480,000	諸負債	80	1,900	152,000
固定資産	80	4,000	320,000	資本金	95	5,000	475,000
				利益剰余金	−	3,100	263,400
				為替換算調整勘定	−	−	△90,400
			800,000				800,000

貸借対照表の貸借差額より、為替換算調整勘定の金額 △90,400円となります。

Section

3 在外子会社の連結

問題 4 在外子会社の連結

解答

連結損益計算書

×2年4月1日～×3年3月31日 （単位：円）

借方	金額	貸方	金額
諸費用	（428,100）	諸収益	（512,800）
非支配株主に帰属する当期純利益	（11,760）		
親会社株主に帰属する当期純利益	（72,940）		
	（512,800）		（512,800）

連結貸借対照表

×3年3月31日 （単位：円）

借方	金額	貸方	金額
諸資産	（1,180,000）	諸負債	（521,500）
		資本金	（400,000）
		利益剰余金	（182,150）
		為替換算調整勘定	（7,350）
		非支配株主持分	（69,000）
	（1,180,000）		（1,180,000）

連結株主資本等変動計算書

×2年4月1日～×3年3月31日 （単位：円）

	資本金	利益剰余金	為替換算調整勘定	非支配株主持分
当期首残高	（400,000）	（139,210）	0	（57,000）
当期変動額				
剰余金の配当		（△30,000）		
親会社株主に帰属する当期純利益		（72,940）		
株主資本以外の項目の当期変動額（純額）			（7,350）	（12,000）
当期変動額合計		（42,940）	（7,350）	（12,000）
当期末残高	（400,000）	（182,150）	（7,350）	（69,000）

解説

①　在外子会社の財務諸表の換算（当期）

S社損益計算書

科　　目	外貨	レート	円　貨	科　　目	外　貨	レート	円　貨
諸　費　用	1,200	98[01)]	117,600	諸　収　益	1,600	98[01)]	156,800
当期純利益	400	98[01)]	39,200				
	1,600		156,800		1,600		156,800

01)　期中平均レート

S社貸借対照表

科　　目	外貨	レート	円　貨	科　　目	外　貨	レート	円　貨
諸　資　産	3,800	100[02)]	380,000	諸　負　債	1,500	100[02)]	150,000
				資　本　金	1,500	95[03)]	142,500
				利益剰余金	800	ー	77,000
				為替換算調整勘定	ー		10,500[04)]
	3,800		380,000		3,800		380,000

02)　決算時レート
03)　取得時レート
04)　貸借差額

利益剰余金

	借方	貸方	
9,700円＝97円×	剰余金の配当　100ドル	期首　500ドル	×95円＝47,500円
貸借差額：77,000円	期末　800ドル	当期純利益　400ドル	×98円＝39,200円

② 開始仕訳

(借)	資本金当期首残高	142,500[05]	(貸)	S 社 株 式	133,000
	利益剰余金当期首残高	47,500[06]		非支配株主持分当期首残高	57,000[07]

05) 1,500ドル×95円=142,500円
06) 500ドル×95円=47,500円
07) (142,500円+47,500円)×30%=57,000円

③ 当期の連結修正仕訳

i 子会社当期純利益の振替え

(借)	非支配株主に帰属する当期純利益	11,760[08]	(貸)	非支配株主持分当期変動額	11,760

08) 39,200円×30%=11,760円

ii 為替換算調整勘定の振替え

(借)	為替換算調整勘定当期変動額	3,150[09]	(貸)	非支配株主持分当期変動額	3,150

09) 10,500円×30%=3,150円

iii 剰余金の配当

(借)	受 取 配 当 金	6,790[10]	(貸)	剰余金の配当	9,700
	非支配株主持分当期変動額	2,910[11]			

10) 9,700円×70%=6,790円
11) 9,700円×30%=2,910円

④ 連結財務諸表の作成

i 連結損益計算書

諸収益：356,000円＋156,800円
＝512,800円

諸費用：310,500円＋117,600円
＝428,100円

当期純利益：貸借差額

ii 連結株主資本等変動計算書

資本金当期首残高：

400,000円(P社)＋142,500円(S社)－142,500円(資本連結)
＝400,000円

利益剰余金当期首残高：

139,210円(P社)＋47,500円(S社)－47,500円(資本連結)
＝139,210円

剰余金の配当：

30,000円(P社)＋9,700円(S社)－9,700円(剰余金の配当)
＝30,000円

為替換算調整勘定当期変動額：

10,500円－3,150円＝7,350円

非支配株主持分当期変動額：

11,760円(当期純利益の振替え)＋3,150円(為替換算調整勘定)－2,910円(剰余金の配当)
＝12,000円

iii 連結貸借対照表

諸資産：800,000円＋380,000円
＝1,180,000円

諸負債：371,500円＋150,000円
＝521,500円

問題 5 外貨建てのれん

解答

①	連結貸借対照表 の れ ん	918	円
②	連結貸借対照表 為替換算調整勘定	187	円
③	連結包括利益計算書 為替換算調整勘定	229	円
④	連結貸借対照表 非支配株主持分	2,244	円

解説

1. 子会社の貸借対照表の換算

資産・負債は、原則として決算時レート（ＣＲ）で換算します。純資産は、支配獲得時のレートで換算します。

純資産	外　貨	レート	円　貨
資　本　金	80	100	8,000
利益剰余金	20	100	2,000
	100	－	10,000

2. 連結修正仕訳

資本連結時にのれんを認識します。

（資　本　金）	8,000	（Ｓ　社　株　式）	9,000
（利　益　剰　余　金）	2,000	（非支配株主持分）	2,000 [02)]
（の　れ　ん）	1,000 [01)]		

01）90ドル－(80ドル+20ドル)×80%=10ドル　10ドル×100円=1,000円
または9,000円－(8,000円+2,000円)×80%=1,000円
02）(8,000円+2,000円)×20%=2,000円

3. ×２年３月31日における子会社貸借対照表の換算と連結修正仕訳を行う。

利益剰余金(Ｓ社)

借方	貸方	
期末	期首　20ドル	×100円/ドル=2,000円 (HR)
2,000円+1,010円=3,010円　30ドル	当期純利益　10ドル	×101円/ドル=1,010円 (AR)

純資産	外　貨	レート	円　貨
資　本　金	80	100	8,000
利益剰余金	30	－	3,010
為替換算調整勘定	－	－	210 [03)]
	110	－	11,220

03）資産・負債は決算日レートで換算し資本は複数のレートを用いているため、資産と負債の差額である資本合計を決算日レートで換算した額と、資本の換算額との差額は為替換算調整勘定となります。
(80ドル+30ドル)×102円－(8,000円+3,010円)=210円

4. 連結修正仕訳

(1) 連結開始仕訳

(資本金当期首残高)	8,000	(S社株式)	9,000
(利益剰余金当期首残高)	2,000	(非支配株主持分当期首残高)	2,000
(のれん)	1,000		

(2) 子会社当期純利益の非支配株主持分への振替え

(非支配株主に帰属する当期純利益)	202	(非支配株主持分当期変動額)	202 [04)]

04) 10ドル×101円=1,010円　1,010円×20%=202円

(3) 資本に係る為替換算調整勘定の非支配株主持分への振替え

子会社の貸借対照表の換算により生じた資本に係る為替換算調整勘定のうち非支配株主持分に相当する額を、非支配株主持分に振り替えます。

(為替換算調整勘定(当期変動額))	42	(非支配株主持分当期変動額)	42 [05)]

05) 210円×20%=42円

(4) のれんの償却

外貨建てのれんの償却額(1ドル)を期中平均レートで換算します。

(のれん償却額)	101	(のれん)	101 [06)]

06) 10ドル÷10年=1ドル　1ドル×101円=101円

(5) のれんに係る為替換算調整勘定

外貨建てのれんの期末残高(9ドル)を決算時レートで換算します。そのため、のれんからも為替換算調整勘定を認識します。なお、のれんに係る為替換算調整勘定は、全額親会社の投資に係るものであるため、非支配株主持分への振替えは不要です。

(のれん)	19	(為替換算調整勘定(当期変動額))	19 [07)]

07) 1,000円−101円=899円(換算前期末残高)　9ドル×102円=918円(換算後期末残高)
918円−899円=19円　　　　　　　　　　　　　　　決算時レート

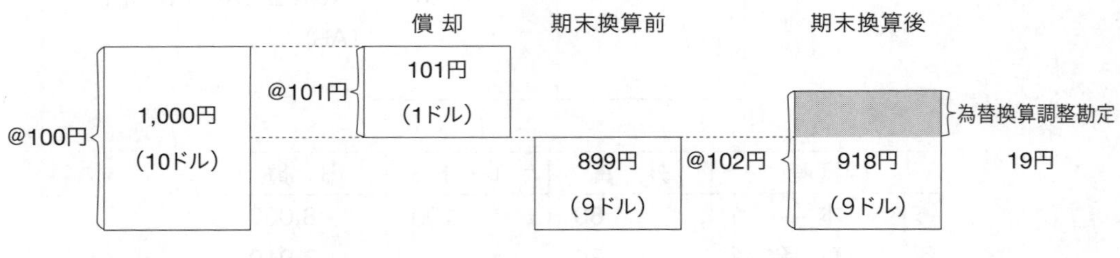

連結B/S　のれん：1,000円−101円+19円=918円

連結B/S　為替換算調整勘定：210円−42円+19円=187円

連結B/S　非支配株主持分：2,000円+202円+42円=2,244円

または(80ドル+30ドル)×102円×20%=2,244円

連結包括利益計算書の為替換算調整勘定

為替換算調整勘定はその他の包括利益であり、非支配株主持分も含めます。

210円+19円=229円

Section 4 組織再編にともなう連結上の処理

問題 6 株式交換の連結上の処理

解答

（単位：円）

借方科目	金額	貸方科目	金額
諸資産	12,000	評価差額	12,000
資本金	100,000	S社株式	210,000
資本剰余金	20,000		
利益剰余金	50,000		
評価差額	12,000		
のれん	28,000		

連結貸借対照表

×１年３月31日　（単位：円）

諸資産	（1,312,000[01]）	諸負債	（590,000[02]）
〔のれん〕	（28,000）	資本金	（560,000[03]）
		資本剰余金	（50,000）
		利益剰余金	（140,000）
	（1,340,000）		（1,340,000）

01）　1,000,000円+300,000円+12,000円=1,312,000円
02）　460,000円+130,000円=590,000円
03）　560,000円+100,000円−100,000円=560,000円

解説

（Ⅰ）個別財務諸表上の処理

（S社株式）210,000　（資本金）210,000[04]

04）　@70円×3,000株=210,000円

株式交換後の個別財務諸表

P社貸借対照表

×１年３月31日　（単位：円）

諸資産	1,000,000	諸負債	460,000
S社株式	210,000	資本金	560,000
		資本剰余金	50,000
		利益剰余金	140,000
	1,210,000		1,210,000

S社貸借対照表

×１年３月31日　（単位：円）

諸資産	300,000	諸負債	130,000
		資本金	100,000
		資本剰余金	20,000
		利益剰余金	50,000
	300,000		300,000

(2) **連結財務諸表上の処理**

① 子会社の資産および負債の時価評価

評価差額：

312,000円－300,000円＝12,000円

② 親会社の投資と子会社の資本の相殺

のれん：

210,000円－(100,000円＋20,000円＋50,000円＋12,000円)＝28,000円

問題 7 株式移転の連結上の処理

|解答|

設問1

	A 社 株 主	B 社 株 主
P社に対する議決権比率	**75** %	**25** %

設問2

取得企業	A 社

設問3

A社株式の取得原価	**54,000** 千円
B社株式の取得原価	**18,000** 千円

設問4

P社連結財務諸表における金額

資本金	**36,000** 千円
資本剰余金	**27,000** 千円
のれん	**2,000** 千円

解説

設問1　議決権比率の算定

(1)　A社株主に交付されるP社株式

18,000株×1.0＝18,000株

(2)　B社株主に交付されるP社株式

10,000株×0.6＝6,000株

(3)　P社に対するA社株主の議決権比率

$$\frac{18{,}000\text{株}}{6{,}000\text{株}+18{,}000\text{株}}=75\%$$

(4)　P社に対するB社株主の議決権比率

$$\frac{6{,}000\text{株}}{6{,}000\text{株}+18{,}000\text{株}}=25\%$$

設問2　取得企業の判定

株式移転によって完全親会社が新設された場合、いずれかの完全子会社による他の完全子会社の取得と考えます。設問1より、A社株主は議決権比率が過半数を超えており、支配を獲得していると考えられるため、A社が取得企業と判定されます。

設問3　取得原価の算定

1.　A社株式の取得原価

A社は取得企業にあたるため、適正な帳簿価額による株主資本の額にもとづいて算定します。

90,000千円－36,000千円＝54,000千円

2.　B社株式の取得原価

B社は被取得企業にあたるため、B社株式の取得原価はパーチェス法により処理します。ただし、これから設立するP社株式には時価がないため、交付するP社株式の時価を取得原価とすることはできません。そこで、取得原価はB社株主がP社に対して25％の議決権比率を保有するのに必要なA社株式の時価とします。

10,000株×0.6×@3,000円＝18,000千円

設問4　P社連結財務諸表における資本金、資本剰余金、のれんの金額

1.　P社の個別財務諸表上の仕訳

(A　社　株　式)	54,000	(資　　本　　金)	36,000
(B　社　株　式)	18,000	(資 本 剰 余 金)	36,000

資本金：(54,000千円＋18,000千円)÷2
＝36,000千円

株式移転後のP社の個別貸借対照表

貸借対照表
×2年3月31日　　　　(単位：千円)

A　社　株　式	54,000	資　　本　　金	36,000
B　社　株　式	18,000	資 本 剰 余 金	36,000
	72,000		72,000

2. P社の連結財務諸表上の仕訳

(1) A社(取得企業)に係る仕訳

① 資産・負債の時価評価

取得企業の資産・負債については、時価評価を行いません。

② 投資と資本の相殺消去

投資と資本のいずれも適正な帳簿価額を基礎とした金額であるため、のれんは発生しません。

(資本金)	35,000	(A社株式)	54,000
(資本剰余金)	10,000		
(利益剰余金)	9,000		

③ 取得企業の利益剰余金の引継ぎ

連結財務諸表上、完全親会社は取得企業(A社)の利益剰余金を引き継ぎます。ここで、投資と資本の相殺で取得企業の利益剰余金を減らしているため、貸方を利益剰余金とし、資本剰余金から振り替えます。

(資本剰余金)	9,000	(利益剰余金)	9,000

(2) B社(被取得企業)に係る仕訳

① 資産・負債の時価評価

(諸資産)	5,500	(評価差額)	5,500

評価差額：

37,000千円－31,500千円＝5,500千円

② 投資と資本の相殺消去

(資本金)	7,500	(B社株式)	18,000
(資本剰余金)	1,800		
(利益剰余金)	1,200		
(評価差額)	5,500		
(のれん)	2,000		

のれん：

18,000千円－(7,500千円＋1,800千円＋1,200千円＋5,500千円)＝2,000千円

株式移転後のP社の連結貸借対照表

連結貸借対照表

×2年3月31日　(単位：千円)

諸資産	127,000[01]	諸負債	57,000[02]
のれん	2,000	資本金	36,000[03]
		資本剰余金	27,000[04]
		利益剰余金	9,000[05]
	129,000		129,000

01) 90,000千円+31,500千円+5,500千円=127,000千円
02) 36,000千円+21,000千円=57,000千円
03) 35,000千円+7,500千円+36,000千円−35,000千円−7,500千円=36,000千円
04) 10,000千円+1,800千円+36,000千円−10,000千円−9,000千円−1,800千円=27,000千円
05) 9,000千円+1,200千円−9,000千円+9,000千円−1,200千円=9,000千円

Chapter

17 本支店会計

Section

1 本店支店の期中取引

問題 1 本支店間取引

|解答|

(単位：円)

		借方科目	金額	貸方科目	金額
(1)	本店	現金	250,000	支店	250,000
	支店	本店	250,000	売掛金	250,000
(2)	本店	支店	168,000 01)	支店売上	168,000
	支店	本店仕入	168,000	本店	168,000
(3)	本店	仕訳なし			
	支店	売掛金	157,500 02)	売上	157,500
(4)	本店	仕入	110,000 03)	買掛金	110,000
		支店	115,500 04)	支店売上	115,500
	支店	本店仕入	115,500	本店	115,500

01)　原価160,000円×1.05＝168,000円

02)　振替価格126,000円×$\frac{1}{0.8}$＝157,500円

03)　本店がいったん仕入先から商品を仕入れ、これを支店に発送したものとみなして処理します。

04)　110,000円×1.05＝115,500円

問題 2 支店間取引

|解答|

(単位：円)

		借方科目	金額	貸方科目	金額
(1)	本店	仕訳なし			
	上野支店	新宿支店	132,300	新宿支店売上	132,300
	新宿支店	上野支店仕入	132,300	上野支店	132,300
(2)	本店	新宿支店	150,000	上野支店	150,000
	上野支店	本店	150,000	売掛金	150,000
	新宿支店	現金	150,000	本店	150,000

Section **2** 本支店合併財務諸表の作成

問題 3 本支店合併財務諸表

解答

問1.

支店勘定	45,000 円	支店売上勘定	53,550 円
本店勘定	45,000 円	本店仕入勘定	53,550 円

問2.

①現金預金	107,060 円	②商品	103,250 円
③借入金	85,000 円	④資本金	500,000 円
⑤土地	540,000 円		

問3.

本支店合併損益計算書

自×2年4月1日　至×3年3月31日　(単位：円)

Ⅰ 売上高		(1,147,700)
Ⅱ 売上原価		
1. 期首商品棚卸高	(99,500)	
2. 当期商品仕入高	(945,250)	
計	(1,044,750)	
3. 期末商品棚卸高	(104,250)	(940,500)
売上総利益		(207,200)
Ⅲ 販売費及び一般管理費		
1. 販売費	(20,100)	
2. 棚卸減耗損	(1,000)	
3. 貸倒引当金繰入	(600)	
4. 建物減価償却費	(4,200)	(25,900)
営業利益		(181,300)
Ⅳ 営業外費用		
1. 支払利息		(3,200)
税引前当期純利益		(178,100)
法人税等		(89,050)
当期純利益		(89,050)

解説

問1. 未処理事項の仕訳

① 支　店

(本 店 仕 入)	9,450	(本　　　店)	9,450

② 本　店

(販　売　費)	500	(支　　　店)	500

③ 支　店

(現 金 預 金)	1,200	(本　　　店)	1,200

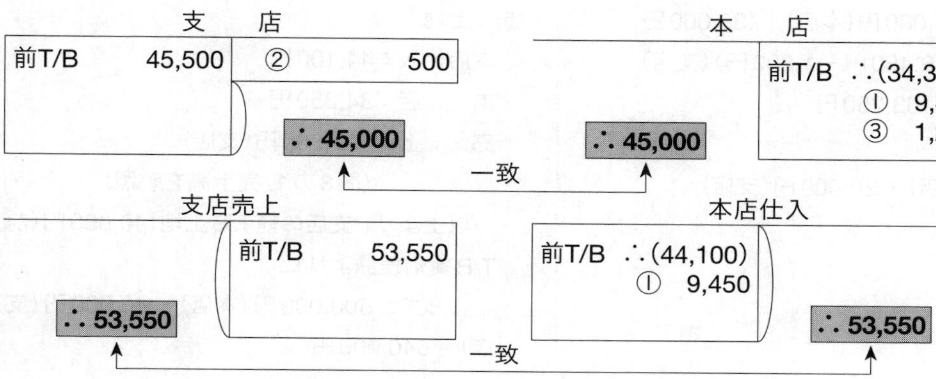

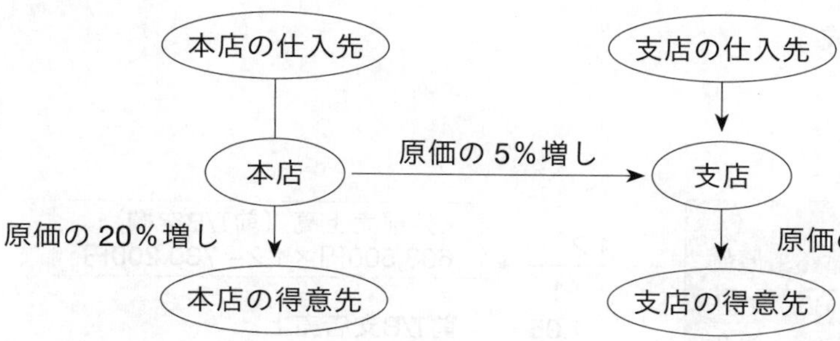

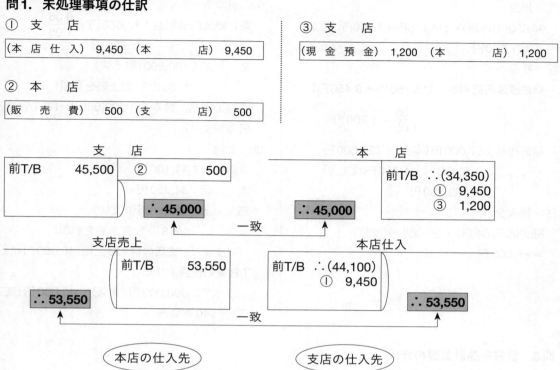

問2. 合併貸借対照表上の各金額

① 現金

94,050円(本店)+(11,810円+1,200円)(支店)
=107,060円

② 商品

期末繰延内部利益：(15,750円+9,450円)

$\times\frac{0.05}{1.05}$=1,200円

期末商品：57,000円(本店)+(38,000円
+9,450円－1,200円)(支店)
=103,250円

③ 借入金

65,000円(本店)+20,000円(支店)
=85,000円

④ 資本金

期首繰延内部利益：13,650円$\times\frac{0.05}{1.05}$
=650円

売　　上：730,200円(本店)
(問3の1. 売上高を参照)

以上より、資本金：500,000円 (前T/B貸借差額より)

⑤ 土地

本店仕入：44,100円

本　　店：34,350円

売　　上：417,500円(支店)
(問3の1. 売上高を参照)

以上より、支店の前T/B土地：40,000円(前T/B貸借差額より)

よって、500,000円(本店)+40,000円(支店)=540,000円

問3. 合併損益計算書の作成

1. 売上高

① 本店：

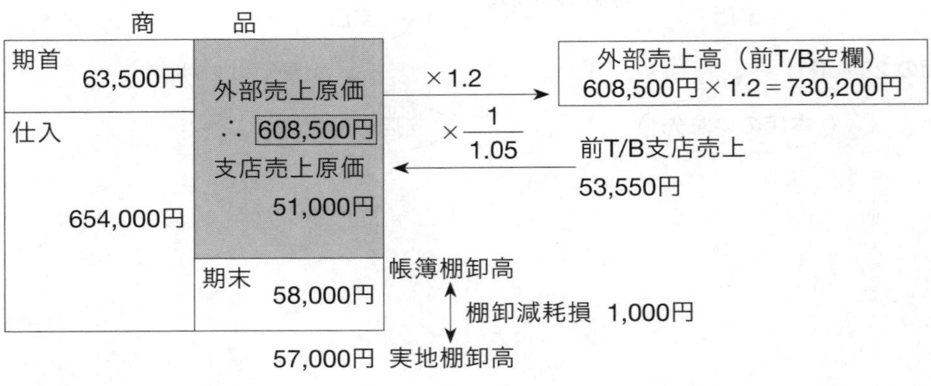

② 支店：

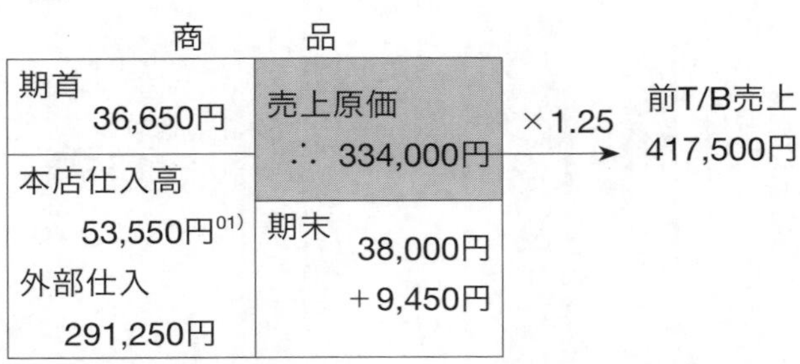

01) 支店は振替価格を原価としているので、53,550円を仕入原価と考えます。

2.　販売費

本　店：13,400円＋500円＝13,900円
（500円：未処理分）

支　店：　　　　　　　　6,200円

20,100円

3.　棚卸減耗損

本　店：58,000円－57,000円＝**1,000**円

4.　貸倒引当金繰入

本　店：72,000円×2%－1,050円＝390円

支　店：21,000円×2%－210円＝210円

合　計：390円＋210円＝**600**円

5.　建物減価償却費

本　店：$(120,000円－120,000円×0.1)×\frac{1年}{40年}＝2,700円$

支　店：$(50,000円－50,000円×0.1)×\frac{1年}{30年}＝1,500円$

合　計：2,700円＋1,500円＝**4,200**円

6.　支払利息

本　店：65,000円×4%＝2,600円

支　店：20,000円×3%＝　600円

3,200円

〈決算整理仕訳〉

本　店

(支払利息)	100	(未払金)	100[02]

02）2,600円－2,500円（前T/B）＝100円。決算日と利払日が一致しているため未払金となります。

支　店

(支払利息)	300	(未払利息)	300[03]

03）$600円×\frac{6カ月}{12カ月}＝300円$

7.　法人税等

178,100円×50%＝**89,050**円
（178,100円：税引前当期純利益）

Section

3 決算手続と帳簿の締切り

問題 4 決算手続と帳簿の締切り

|解答|

問1.

支店損益 (単位：円)

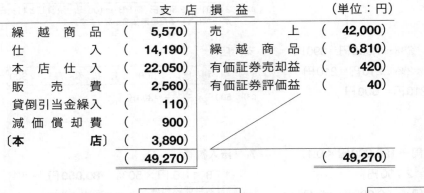

繰越商品	(5,570)	売上	(42,000)
仕入	(14,190)	繰越商品	(6,810)
本店仕入	(22,050)	有価証券売却益	(420)
販売費	(2,560)	有価証券評価益	(40)
貸倒引当金繰入	(110)		
減価償却費	(900)		
〔本店〕	(3,890)		
	(49,270)		(49,270)

問2.　本店勘定 **35,950** 円　　支店勘定 **35,950** 円

問3.

総合損益 (単位：円)

〔繰延内部利益控除〕	(110)	本店損益	(10,310)
法人税等	(7,130)	支店	(3,890)
繰越利益剰余金	(7,130)	**〔繰延内部利益戻入〕**	(170)
	(14,370)		(14,370)

解説

帳簿を締め切るまでの流れは以下のとおりです。本問では、(1)純損益の振替えがポイントとなっています。

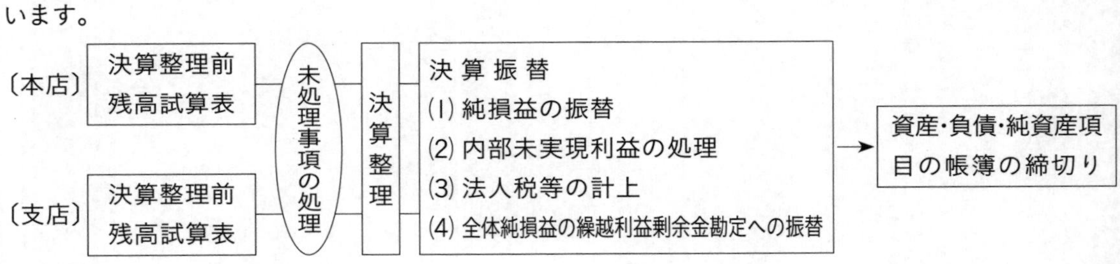

1. 本店純利益

本店損益　（単位：円）

繰越商品	11,000 01)	売上	52,000
仕入	46,600	支店売上	22,050 08)
販売費	13,200	繰越商品	9,000 09)
棚卸減耗損	100 02)	受取配当金	7,200
貸倒引当金繰入	40 03)		
減価償却費	4,200 04)		
有価証券評価損	3,800 05)		
投資有価証券評価損	1,000 06)		
総合損益	10,310 07)		
	90,250		90,250

01)　期首商品棚卸高
02)　9,000円－8,900円＝100円
03)　21,000円×2%－380円＝40円
04)　(70,000円－70,000円×0.1)×$\frac{1年}{15年}$＝4,200円
05)　A社株式　20,000円－24,000円＝△4,000円(評価損)
　　B社株式　18,200円－18,000円＝200円(評価益)
　　合計△4,000円＋200円＝△3,800円(評価損)
06)　C社株式　16,000円－17,000円＝△1,000円(評価損)
07)　本店純利益　貸借差額により算定し、総合損益勘定に振り替えます。
08)　未処理の取引がないため、本店仕入と一致します。
09)　期末商品棚卸高(帳簿)

2. 支店純利益

支店損益　（単位：円）

繰越商品	5,570 10)	売上	42,000
仕入	14,190	繰越商品	6,810 14)
本店仕入	22,050	有価証券売却益	420
販売費	2,560	有価証券評価益	40 15)
貸倒引当金繰入	110 11)		
減価償却費	900 12)		
〔本店〕	3,890 13)		
	49,270		（49,270）

10)　期首商品棚卸高
11)　14,000円×2%－170円＝110円
12)　(20,000円－20,000円×0.1)×$\frac{1年}{20年}$＝900円
13)　支店純利益　貸借差額により算定し、本店勘定を経由して、総合損益勘定に振り替えます。
14)　期末商品棚卸高
15)　(@63円－@62.5円)×80株＝40円

3. 純損益の振替え

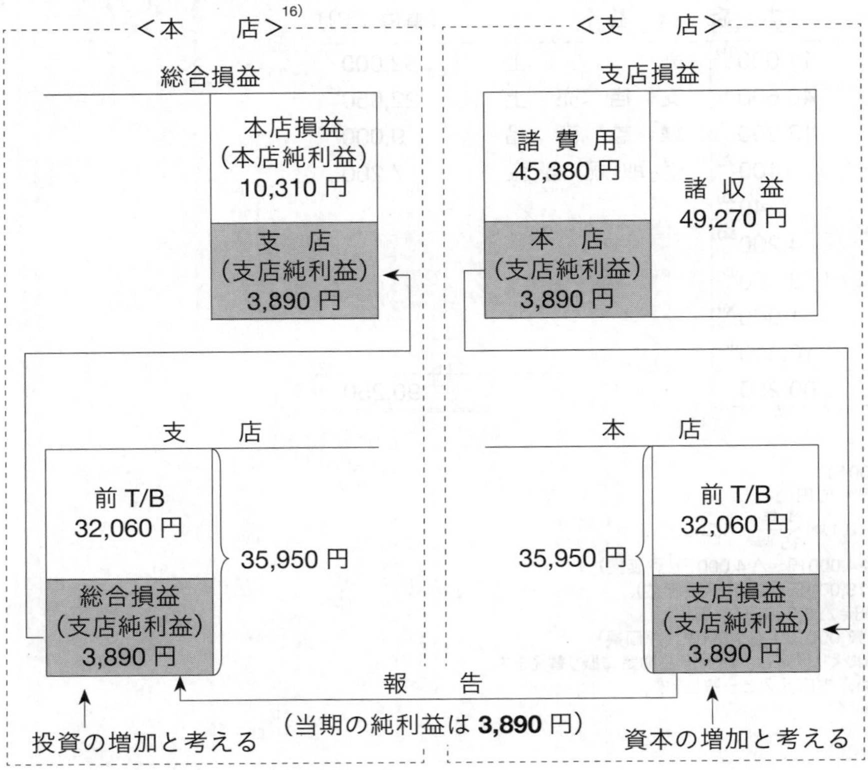

16) 本店、支店では次のような仕訳を行います。
支店：(支店損益) 3,890 (本　　店) 3,890
本店：(支　　店) 3,890 (総合損益) 3,890

総 合 損 益　(単位：円)

〔繰延内部利益控除〕	(110)[18]	本 店 損 益	(10,310)
法 人 税 等	(7,130)[19]	支 店	(3,890)
繰越利益剰余金	(7,130)[19]	〔繰延内部利益戻入〕	(170)[17]
	(14,370)		(14,370)

17) $3,570円 \times \frac{0.05}{1.05} = 170円$

18) $2,310円 \times \frac{0.05}{1.05} = 110円$

19) (14,370円 −110円)×0.5＝7,130円

仕訳を示すと以下のようになります。

＜決算の仕訳＞

1.　本店

(本店損益)	11,000	(繰越商品)	11,000[20]
(本店損益)	46,600	(仕入)	46,600
(繰越商品)	9,000	(本店損益)	9,000
(棚卸減耗損)	100	(繰越商品)	100

20)　本支店の損益勘定に繰越商品があることから、本問では売上原価の算定は仕入勘定ではなく、損益勘定で行います。

支店

(支店損益)	5,570	(繰越商品)	5,570
(支店損益)	14,190	(仕入)	14,190
(繰越商品)	6,810	(支店損益)	6,810

2.　本店

(貸倒引当金繰入)	40	(貸倒引当金)	40

支店

(貸倒引当金繰入)	110	(貸倒引当金)	110

3.　本店

(有価証券評価損)	3,800	(有価証券)	3,800
(投資有価証券評価損)	1,000	(投資有価証券)	1,000

4.　支店

(有価証券)	40	(有価証券評価益)	40

5.　本店

(減価償却費)	4,200	(減価償却累計額)	4,200

支店

(減価償却費)	900	(減価償却累計額)	900

＜本店の純損益の振替え＞

本店

(本店損益)	10,310	(総合損益)	10,310

＜支店の純損益の振替え＞

支店

(支店損益)	3,890	(本店)	3,890

本店

(支店)	3,890	(総合損益)	3,890

＜内部利益の処理＞

(繰延内部利益)	170	(繰延内部利益戻入)	170
(繰延内部利益控除)	110	(繰延内部利益)	110
(繰延内部利益戻入)	170	(総合損益)	170
(総合損益)	110	(繰延内部利益控除)	110

＜法人税等の計上＞

(法人税等)	7,130	(未払法人税等)	7,130
(総合損益)	7,130	(法人税等)	7,130

＜全体純損益の繰越利益剰余金への振替え＞

(総合損益)	7,130	(繰越利益剰余金)	7,130

参考

本支店合併損益計算書

本支店合併損益計算書
自×2年4月1日　至×3年3月31日　（単位：円）

Ⅰ 売上高		94,000
Ⅱ 売上原価		
1. 期首商品棚卸高	16,400	
2. 当期商品仕入高	60,790	
計	77,190	
3. 期末商品棚卸高	15,700	61,490
売上総利益		32,510
Ⅲ 販売費及び一般管理費		
1. 販売費	15,760	
2. 棚卸減耗損	100	
3. 貸倒引当金繰入	150	
4. 減価償却費	5,100	21,110
営業利益		11,400
Ⅳ 営業外収益		
1. 受取配当金	7,200	
2. 有価証券売却益	420	7,620
Ⅴ 営業外費用		
1. 有価証券評価損	3,760	
2. 投資有価証券評価損	1,000	4,760
税引前当期純利益		14,260
法人税等		7,130
当期純利益		7,130

Section

4 在外支店の財務諸表項目の換算

問題5 在外支店の財務諸表の換算手順

解答

(1)

支店貸借対照表 (単位：円)

現金預金	(184,500)	買掛金	(578,100)
売掛金	(307,500)	長期借入金	(547,350)
商品	(366,000)	減価償却累計額	(60,750)
備品	(607,500)	本店	(72,000)
		当期純利益	(207,300)
	(1,465,500)		(1,465,500)

(2)

支店損益計算書 (単位：円)

期首商品棚卸高	(496,000)	売上高	(2,074,000)
当期商品仕入高	(1,586,000)	本店へ売上	(120,000)
減価償却費	(60,750)	期末商品棚卸高	(366,000)
その他の費用	(274,500)	為替差益	(64,550)
当期純利益	(207,300)		
	(2,624,550)		(2,624,550)

解説

問題文には決算整理後残高試算表が記載されています。そのため、繰越商品は期末商品を表し、仕入は売上原価を表します。

1. 貸借対照表項目の換算

資産、負債をそれぞれ適用される為替レートで換算します(本店勘定を除く)。

(単位:円)

資　　産	為替レート		負　　債	為替レート	
現金預金	CR @ 123	(**184,500**)	買掛金	123	(**578,100**)
売掛金	CR @ 123	(**307,500**)	長期借入金	123	(**547,350**)
繰越商品	AR @ 122	(**366,000**)	減価償却累計額	135	(**60,750**)
備品	HR @ 135	(**607,500**)	本店	—	(**72,000**) 01)
			当期純利益	—	(**207,300**) 02)

01) 本店における支店勘定の金額と一致します。
02) 当期純利益はB/S上で貸借差額により計算します。

2. 損益計算書項目の換算

費用、収益をそれぞれ適用される為替レートで換算します(為替差益を除く)。

(単位:円)

費　　用	為替レート		収　　益	為替レート	
期首商品棚卸高	前AR @ 124	(**496,000**)	売上	122	(**2,074,000**)
当期商品仕入高	AR @ 122	(**1,586,000**)	本店へ売上	120	(**120,000**) 04)
減価償却費	HR @ 135	(**60,750**)	期末商品棚卸高	122	(**366,000**)
その他の費用	AR @ 122	(**274,500**)	為替差益	—	(**64,550**) 05)
当期純利益	—	(**207,300**) 03)			

03) 貸借対照表で算定した当期純利益を移記します。
04) 本店における支店より仕入勘定の金額と一致します。
05) 為替差益はP/L上で貸借差額により計算します。

問題 6 **総合問題(在外支店)**

|解答|

(1) 合併貸借対照表

合併貸借対照表 (単位：円)

現金預金		(219,100)	買掛金	(141,950)
売掛金	(323,000)		長期借入金	(176,100)
貸倒引当金	(6,460)	(316,540)	資本金	(950,000)
有価証券		(22,000)	利益剰余金	(894,670)
商品		(129,080)		
備品	(740,000)			
減価償却累計額	(144,000)	(596,000)		
土地		(880,000)		
合計		(2,162,720)	合計	(2,162,720)

(2) 合併損益計算書

合併損益計算書 (単位：円)

Ⅰ 売上高		(1,982,828)
Ⅱ 売上原価		
1. 期首商品棚卸高	(48,970)	
2. 当期商品仕入高	(1,028,400)	
計	(1,077,370)	
3. 期末商品棚卸高	(129,080)	(948,290)
売上総利益		(1,034,538)
Ⅲ 販売費及び一般管理費		
1. 営業費	(205,000)	
2. 減価償却費	(72,000)	(277,000)
営業利益		(757,538)
Ⅳ 営業外収益		
1. 有価証券評価益		(940)
Ⅴ 営業外費用		
1. 支払利息	(4,700)	
2. 為替差損	(159,108)	(163,808)
当期純利益		(594,670)

解説

本問は、決算整理後残高試算表が前提になっていることに注意してください。

1. 本店決算整理後残高試算表

支店売上：111円×3,100ドル＝344,100円

土　地：700,000円(貸借差額より)

2. 支店(円換算後)

(1) 支店貸借対照表

支店貸借対照表　(単位：円)

CR110円	現金預金		66,000	買掛金	53,350	CR110円
CR110円	売掛金	88,000		長期借入金	56,100	CR110円
CR110円	貸倒引当金	△1,760	86,240	本店	350,000	本店の支店勘定より
CR110円	有価証券		22,000	当期純利益	115,870	貸借差額
(2)商品ボックスより	商品		35,080			
HR120円	備品	240,000				
HR120円	減価償却累計額	△54,000	186,000			
HR120円	土地		180,000			
	合計		575,320		575,320	

(2) 支店損益計算書

支店損益計算書　(単位：円)

商品ボックスより	期首商品棚卸高	48,970	売上	878,528	AR112円
商品ボックスより	当期商品仕入高	422,500	期末商品棚卸高	35,080	商品ボックスより
AR112円	営業費	140,000	有価証券評価益	940 01)	
HR120円	減価償却費	27,000			
CR110円	支払利息	1,100			
貸借差額	為替差損	159,108			
B/Sより	当期純利益	115,870			
	合計	914,548	合計	914,548	

01)　有価証券評価益：110円×200ドル−117円×180ドル=940円

商品ボックス(外部仕入＋本店仕入)

期首 外118円×415ドル＝48,970円 前AR	売上原価 3,900ドル	436,390円 (貸借差額)
当期仕入 外112円×700ドル＝78,400円 AR 本111円×3,100ドル＝344,100円 HR	期末 外112円×115ドル＝12,880円 AR 本111円×200ドル＝22,200円 HR	35,080円

3.　本店

本店損益計算書　　　　（単位：円）

当期商品仕入高	950,000	売　　　上	1,104,300
営　業　費	65,000	支店売上	344,100
減価償却費	45,000	期末商品棚卸高	100,000
支払利息	3,600		
当期純利益	484,800		
合　計	1,548,400	合　計	1,548,400

当期純利益：484,800円（貸借差額）

4.　総合損益の計算

484,800円＋115,870円－6,000円＝594,670円（当期純利益）
（6,000円：繰延内部利益）

5.　合併財務諸表

本支店財務諸表項目を合算します。

なお、『本店・支店』、『本店仕入・支店売上』の照合勘定は相殺消去します。

また、内部利益は『商品』から控除します。合併損益計算書の当期商品仕入高は、外部仕入分のみです。本店仕入分を入れないように注意しましょう。

(1)　合併貸借対照表

現金預金：153,100円＋66,000円
＝219,100円

売掛金：235,000円＋88,000円
＝323,000円

貸倒引当金：4,700円＋1,760円
＝6,460円

商品：100,000円＋(35,080円
－6,000円)＝129,080円

備品：500,000円＋240,000円
＝740,000円

減価償却累計額：90,000円＋54,000円
＝144,000円

土地：700,000円＋180,000円
＝880,000円

買掛金：88,600円＋53,350円
＝141,950円

長期借入金：120,000円＋56,100円
＝176,100円

利益剰余金：300,000円＋594,670円（当期純利益）
＝894,670円

(2)　合併損益計算書

売上高：1,104,300円＋878,528円
＝1,982,828円

期首商品棚卸高：48,970円（支店外部仕入分）

当期商品仕入高：(850,000円＋100,000円)
＋78,400円
＝1,028,400円

期末商品棚卸高：100,000円
＋(35,080円－6,000円)
＝129,080円

営業費：65,000円＋140,000円
＝205,000円

減価償却費：45,000円＋27,000円
＝72,000円

支払利息：3,600円＋1,100円
＝4,700円

Chapter

18 キャッシュ・フロー計算書

Section 2 営業活動によるキャッシュ・フロー

問題1 営業活動によるキャッシュ・フロー1

解答

I 営業活動によるキャッシュ・フロー		(単位：円)
税引前当期純利益		4,250
減価償却費		500
貸倒引当金の増加額		100
受取利息及び受取配当金	△	200
支払利息		250
売上債権の〔**増加**〕額	(△	**1,000**)
棚卸資産の増加額	△	1,000
仕入債務の〔**増加**〕額	(	**500**)
未払費用の〔**減少**〕額	(△	**50**)
小計	(	**3,350**)
〔**利息及び配当金**〕の受取額	(	**300**)
利息の支払額	(△	**350**)
法人税等の支払額	△	1,000
営業活動によるキャッシュ・フロー	(	**2,300**)

解説

1. 売上債権の増加額

期末5,000円－期首4,000円＝**1,000**円

資産の増加→減算

2. 仕入債務の増加額

期末3,000円－期首2,500円＝**500**円

負債の増加→加算

3. 未払費用の減少額

調整が必要になるのは営業活動に係るもののみなので、支払利息は除かれます。

期末80円－期首130円＝△**50**円

負債の減少→減算

4. 利息及び配当金の受取額ならびに利息の支払額

未収利息・未払利息があるので、ボックス図を描いて受取額・支払額を計算します

受取利息

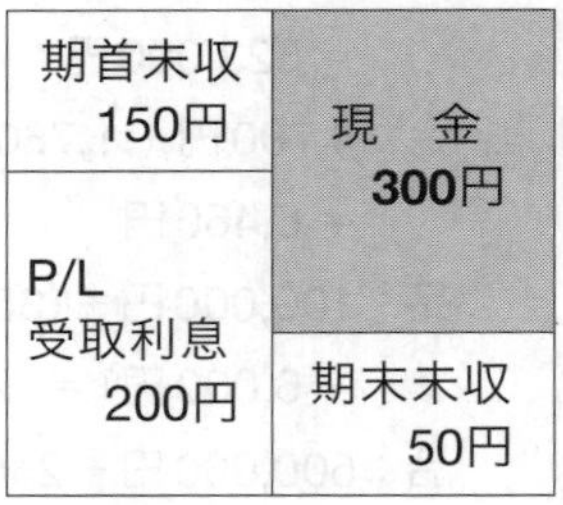

支払利息

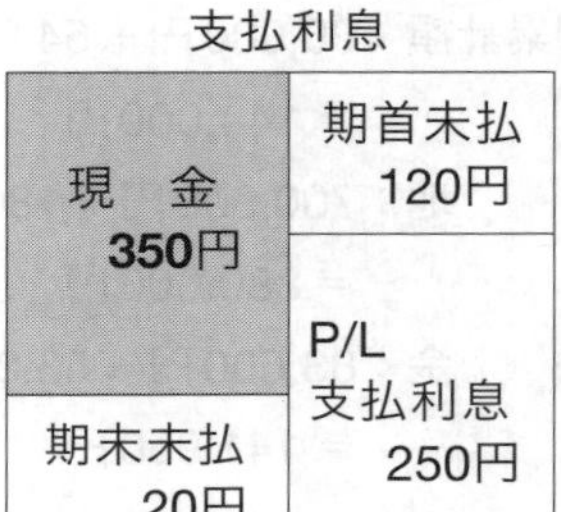

問題 2
営業活動によるキャッシュ・フロー 2

|解答|

営業収入＝ **593,000** 円

解説

営業収入＝150,000円（現金売上）＋140,000円（売掛金回収）＋300,000円（手形の回収）＋3,000円[01)]（前期貸倒の回収）＝**593,000**円

01) 前期に貸倒処理を行った売上債権の回収額（償却債権取立益）も、営業収入に入れます。

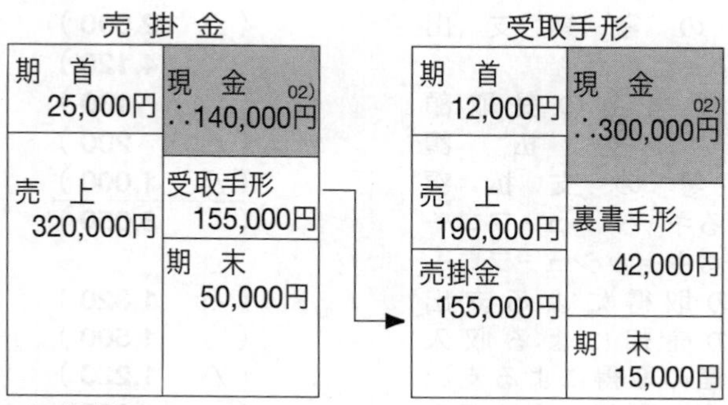

02) 貸借差額

Section

3 投資活動・財務活動によるキャッシュ・フロー

問題 3 キャッシュ・フロー計算書の総合問題

|解答|

問1. 直接法による場合

		(単位：円)
Ⅰ	営業活動によるキャッシュ・フロー	
	営業収入	(23,670)
	商品の仕入による支出	(△ 14,000)
	人件費支出	(△ 2,960)
	その他の営業支出	(△ 2,590)
	小計	(4,120)
	利息及び配当金の受取額	(130)
	利息の支払額	(△ 200)
	法人税等の支払額	(△ 1,000)
	営業活動によるキャッシュ・フロー	(3,050)
Ⅱ	投資活動によるキャッシュ・フロー	
	有価証券の取得による支出	(△ 1,320)
	有価証券の売却による収入	(1,500)
	有形固定資産の取得による支出	(△ 1,220)
	有形固定資産の売却による収入	(300)
	貸付けによる支出	(△ 1,000)
	貸付金の回収による収入	(300)
	投資活動によるキャッシュ・フロー	(△ 1,440)
Ⅲ	財務活動によるキャッシュ・フロー	
	短期借入れによる収入	(850)
	短期借入金の返済による支出	(△ 1,000)
	株式の発行による収入	(1,000)
	配当金の支払額	(△ 800)
	財務活動によるキャッシュ・フロー	(50)
Ⅳ	現金及び現金同等物に係る換算差額	(60)
Ⅴ	現金及び現金同等物の増加額	(1,720)
Ⅵ	現金及び現金同等物の期首残高	(1,930)
Ⅶ	現金及び現金同等物の期末残高	(3,650)

問2. 間接法による場合

Ⅰ 営業活動によるキャッシュ・フロー （単位：円）

税引前当期純利益	（ **3,350** ）
減価償却費	（ **750** ）
貸倒引当金の増加額	（ **20** ）
受取利息及び受取配当金	（△ **120** ）
有価証券売却益	（△ **300** ）
為替差益	（△ **100** ）
支払利息	（ **200** ）
固定資産売却損	（ **50** ）
売上債権の増加額	（△ **330** ）
棚卸資産の増加額	（△ **80** ）
仕入債務の増加額	（ **680** ）
小計	（ **4,120** ）
利息及び配当金の受取額	（ **130** ）
利息の支払額	（△ **200** ）
法人税等の支払額	（△ **1,000** ）
営業活動によるキャッシュ・フロー	（ **3,050** ）

解説

問1. 直接法による場合(単位：円)

1. 営業活動によるキャッシュ・フロー

売掛金

期首 1,380	現金（営業収入） 23,670 〈差額〉
売上高 24,000	期末 1,710

買掛金

現金（仕入支出） 14,000 〈差額〉	期首 1,240
期末 1,920	仕入 14,680

商品

期首 1,050	売上原価（P/Lより） 14,600
仕入 14,680 〈差額〉	期末 1,130

受取利息配当金

前期未収 30	現金 130 〈差額〉
受取利息 120	当期未収 20

未払法人税等

現金 1,000 〈差額〉	期首 300
期末 800	当期法人税等（P/Lより） 1,500

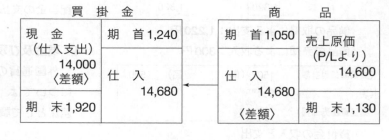

・人件費支出 **2,960**円：（給料）
・その他の営業支出 **2,590**円：（営業費）
・利息の支払額 **200**円：（支払利息）

2. 投資活動によるキャッシュ・フロー

・有価証券の取得および売却

有価証券

期首残高	2,500	売　　却	1,200
取　　得	1,320	期末残高	2,620
	3,820		3,820

有価証券の取得による支出：**1,320**円

有価証券の売却による収入：**1,500**円

(現　　　　金)	1,500[01]	(有　価　証　券)	1,200
		(有価証券売却益)	300

01) 貸借差額

・備品の取得および売却

備　　品

期首残高	7,500	売　　却	500
購　　入	1,200	期末残高	8,200
	8,700		8,700

未　払　金

支　　払	1,220	期首残高	120
期末残高	100	購　　入	1,200
	1,320		1,320

備品の取得による支出：**1,220**円

備品の売却による収入：**300**円

(減価償却累計額)	150	(備　　　　品)	500
(現　　　　金)	300[01]		
(固定資産売却損)	50		

・貸付金の収入と支出

貸　付　金

期首残高	1,830	回　　収	300
貸　　付	1,000	期末残高	2,530
	2,830		2,830

貸付けによる支出：**1,000**円

貸付金の回収による収入：差額より**300**円

3. 財務活動によるキャッシュ・フロー

・短期借入金の収入と返済

短期借入金

返　　済	1,000	期首残高	1,000
為替差益	40	借　　入	850
期末残高	810		
	1,850		1,850

短期借入れによる収入：差額より**850**円[02]

短期借入金の返済による支出：**1,000**円

02) 短期借入金の換算替え(為替差益)により、当期末残高が減少しているので、それを考慮して計算します。

・株式の発行による収入

資　本　金

期末残高	11,000	期首残高	10,000
		増　　資	1,000
	11,000		11,000

株式の発行による収入：**1,000**円

・配当金の支払額**800**円(剰余金の配当)

4. 現金及び現金同等物に係る換算差額

外国通貨の換算替えによる為替差益60円については、現金及び現金同等物に係る換算差額として調整します。

問2. 間接法による場合

1. 営業活動によるキャッシュ・フロー（小計まで）

・貸倒引当金の増加額　**20**円＝当期　80円－前期　60円　引当金の増加→加算

・売上債権の増加額　**330**円＝当期　1,710円－前期　1,380円　資産の増加→減算

・棚卸資産の増加額　**80**円＝当期　1,130円－前期　1,050円　資産の増加→減算

・仕入債務の増加額　**680**円＝当期　1,920円－前期　1,240円　負債の増加→加算

2. 小計以下　直接法と同じになります。

Section

4 連結キャッシュ・フロー計算書

問題 4 営業収入と商品仕入支出

|解答|

①	**660,000** 円	②	△ **390,000** 円

解説

P社の個別キャッシュ・フロー計算書に計上されている営業収入30,000円と、S社の個別キャッシュ・フロー計算書に計上されている仕入支出30,000円を相殺消去して、連結キャッシュ・フロー計算書を作成します。

①営業収入
520,000円＋170,000円－30,000円
＝**660,000**円

②商品の仕入による支出
330,000円＋90,000円－30,000円
＝**390,000**円

問題 5 貸付けと借入れ

|解答|

①	**62,500** 円	②	△ **44,500** 円	③	△ **175,000** 円	④	**215,000** 円

解説

親子会社間で、金銭の貸借が行われていることから、P社の個別キャッシュ・フロー計算書に計上されている貸付けによる支出15,000円とS社の個別キャッシュ・フロー計算書に計上されている短期借入れによる収入15,000円、およびそれぞれの利息の受取額1,500円と利息の支払額1,500円を相殺消去して、連結キャッシュ・フロー計算書を作成します。

①利息及び配当金の受取額
48,000円＋16,000円－1,500円＝**62,500**円

②利息の支払額
34,000円＋12,000円－1,500円＝**44,500**円

③貸付けによる支出
160,000円＋30,000円－15,000円
＝**175,000**円

④短期借入れによる収入
180,000円＋50,000円－15,000円
＝**215,000**円

問題 6 有形固定資産の売却と取得

|解答|

(A) △640,000円

(B) 200,000円

解説

P社の個別キャッシュ・フロー計算書に計上されている有形固定資産の売却による収入240,000円とS社の個別キャッシュ・フロー計算書に計上されている有形固定資産の取得による支出240,000円を相殺消去して、連結キャッシュ・フロー計算書を作成します。

(A) 有形固定資産の取得による支出
560,000円＋320,000円－240,000円
＝**640,000**円

(B) 有形固定資産の売却による収入
320,000円＋120,000円－240,000円
＝**200,000**円

問題 7 配当金の受取りと支払

|解答|

①	75,000円	②	△69,000円	③	非支配株主への配当金の支払額	④	△9,000円

解説

S社の個別キャッシュ・フロー計算書に計上されている配当金30,000円のうち、親会社に対する支払額21,000円（30,000円×70%）は、P社の個別キャッシュ・フロー計算書に計上されている利息及び配当金の受取額と相殺消去します。また、非支配株主に対する支払額9,000円（30,000円×30%）については、非支配株主への配当金の支払額として連結キャッシュ・フロー計算書に独立して記載します。

①利息及び配当金の受取額
72,000円＋24,000円－21,000円＝**75,000**円

②配当金の支払額
69,000円＋30,000円－30,000円＝**69,000**円

③非支配株主への配当金の支払額
30,000円×30%＝**9,000**円

問題 8

簡便法による連結キャッシュ・フロー計算書の作成

解答

連結キャッシュ・フロー計算書（単位：千円）

Ⅰ　営業活動によるキャッシュ・フロー	
〔**税金等調整前当期純利益**〕	(**15,700**)
減価償却費	(**9,600**)
〔**のれん償却額**〕	(**80**)
貸倒引当金の増加額	(**140**)
受取利息配当金	(△ **1,600**)
〔**持分法による投資利益**〕	(△ **2,100**)
売上債権の〔**増　加**〕額	(△ **7,000**)
棚卸資産の〔**減　少**〕額	(**500**)
仕入債務の〔**減　少**〕額	(△ **1,200**)
小　計	(**14,120**)
利息及び配当金の受取額	(**1,600**)
法人税等の支払額	(△ **5,900**)
営業活動によるキャッシュ・フロー	(**9,820**)

解説

簡便法・間接法により連結キャッシュ・フロー計算書を作成する場合は、連結損益計算書の**税金等調整前当期純利益**をベースに作成します。

なお、連結会社間の取引や内部利益については、資料に示された連結財務諸表を作成するさいに相殺消去されているため、改めて考慮する必要はありません。

・貸倒引当金の増加額　**140**千円＝当期　620千円－前期　480千円　引当金の増加→加算
・売上債権の増加額　**7,000**千円＝当期　31,000千円－前期　24,000千円　資産の増加→減算
・棚卸資産の減少額　△**500**千円＝当期　4,100千円－前期　4,600千円　資産の減少→加算
・仕入債務の減少額　△**1,200**千円＝当期　15,000千円－前期　16,200千円　負債の減少→減算
・法人税等の支払額　**5,900**千円＝3,200千円（期首）＋6,600千円（法人税等）－3,900千円（期末）

【解】 Chapter 18 キャッシュ・フロー計算書

Chapter

19 特殊論点編

Section 1 分配可能額の計算

問題1 分配可能額の算定 1

|解答|

問1. 1,400,000 円

問2. 1,392,000 円

解説

問1.

1. 分配可能額算定のための剰余金の算定

前期末

(360,000円＋480,000円＋640,000円)

＝1,480,000円

2. 分配可能額の算定

1,480,000円－80,000円(自己株式)＝1,400,000円

問2.

(1) ×8年6月25日から×8年12月24日までに行われた取引の仕訳

	借方科目	金額	貸方科目	金額
①	(繰越利益剰余金)	88,000	(利益準備金)	8,000
			(現金預金)	80,000
②	(資本準備金)	40,000	(その他資本剰余金)	40,000
	(利益準備金)	64,000	(繰越利益剰余金)	64,000
③	(任意積立金)	80,000	(繰越利益剰余金)	80,000
	(繰越利益剰余金)	56,000	(任意積立金)	56,000
④	(自己株式)	24,000	(現金預金)	24,000
⑤	(現金預金)	20,000	(自己株式)	16,000
			(その他資本剰余金)	4,000

(2) ×8年12月25日における残高試算表

残高試算表

×8年12月25日 (単位：円)

自己株式	88,000	資本金	9,000,000
		資本準備金	360,000
		その他資本剰余金	404,000
		利益準備金	536,000
		任意積立金	456,000
		繰越利益剰余金	640,000

(3) 分配可能額の計算

① 分配可能額算定のための剰余金の算定

×8年12月25日における剰余金

404,000円＋456,000円＋640,000円

＝1,500,000円

② 分配可能額の算定

1,500,000円－88,000円(自己株式)－20,000円(自己株式の処分対価)

＝1,392,000円

問題 2

分配可能額の算定 2

解答

(1)	**2,312,500** 円	(2)	**2,237,500** 円	(3)	**1,612,500** 円	(4)	**1,125,000** 円

解説

1. 分配可能額算定のための剰余金の算定

その他資本剰余金 562,500円＋任意積立金 750,000円＋繰越利益剰余金 1,000,000円
＝2,312,500円

2. 分配可能額の算定

(1) 資本等金額

資本金 6,500,000円＋資本準備金 625,000円
＋利益準備金 925,000円＝8,050,000円

(2) 分配可能額の算定

○公式により計算する方法

① のれん等調整額：6,250,000円÷2
＝3,125,000円

3,125,000円≦　8,050,000円
∴分配制限額　0円
∴分配可能額　2,312,500円

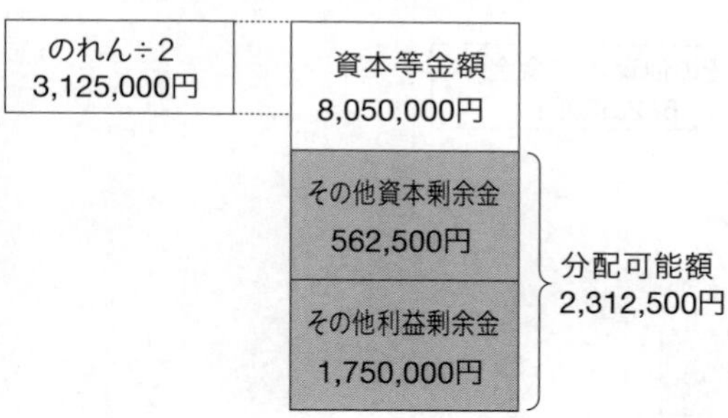

② のれん等調整額：16,250,000円÷2
＝8,125,000円

8,050,000円＜8,125,000円
≦8,050,000円+562,500円
＝8,612,500円

∴分配制限額 8,125,000円－8,050,000円
＝75,000円
∴分配可能額 2,312,500円－75,000円
＝2,237,500円

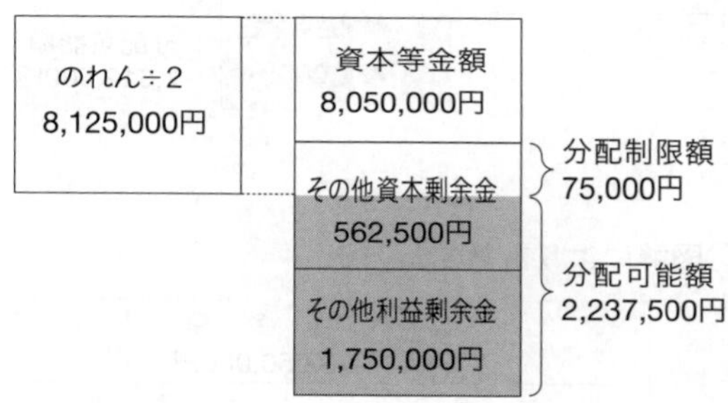

③　のれん等調整額：10,000,000円÷２
＋3,750,000円＝8,750,000円
8,050,000円＋562,500円
＝8,612,500円 ＜ 8,750,000円
10,000,000円÷２＝5,000,000円
≦ 8,050,000円＋562,500円
＝8,612,500円
∴分配制限額 8,750,000円－8,050,000円
＝700,000円
∴分配可能額 2,312,500円－700,000円
＝1,612,500円

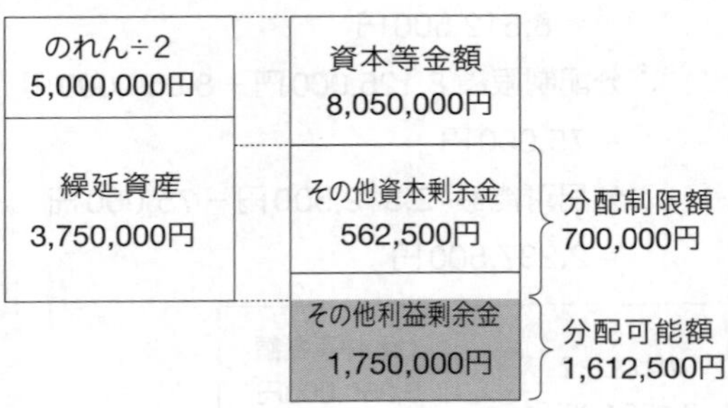

④　のれん等調整額：17,500,000円÷２
＋625,000円＝9,375,000円
8,050,000円＋562,500円
＝8,612,500円 ＜ 9,375,000円
8,050,000円＋562,500円
＝8,612,500円 ＜ 17,500,000円÷２
＝8,750,000円
∴分配制限額 562,500円＋625,000円
＝1,187,500円
∴分配可能額 2,312,500円－1,187,500円
＝1,125,000円

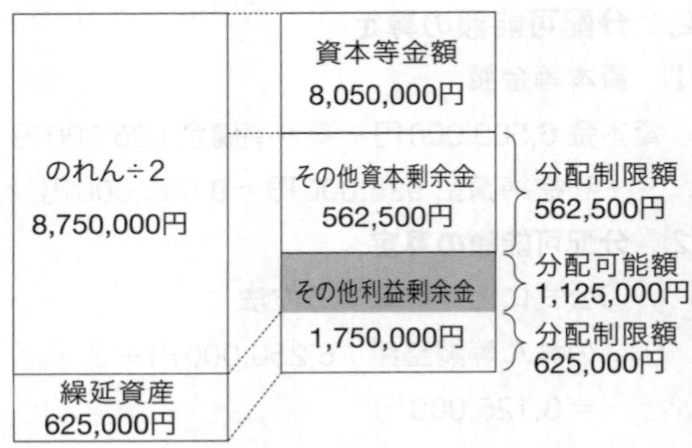

○図解により計算する方法

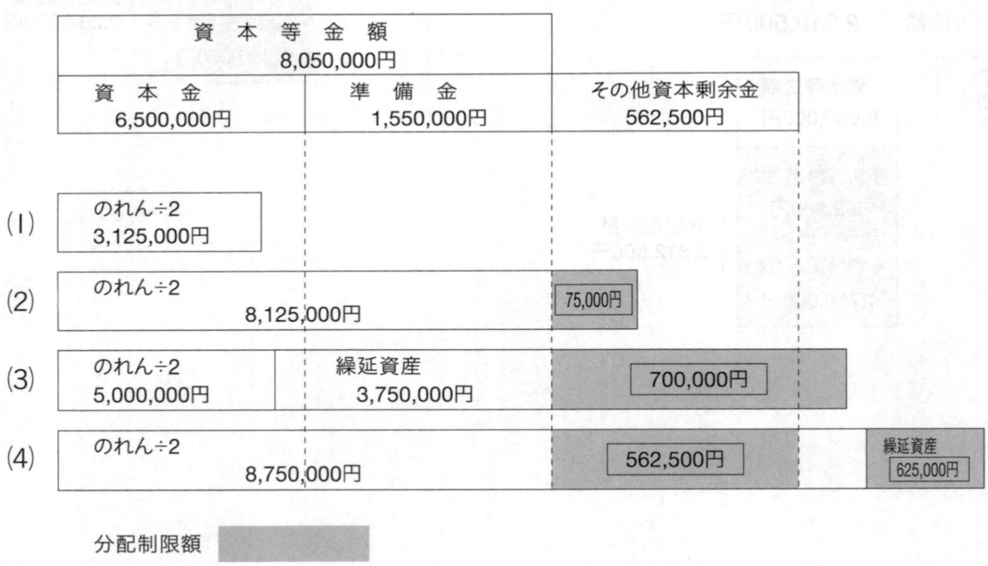

よって、分配可能額は
(1)　2,312,500円
(2)　2,312,500円－75,000円＝2,237,500円
(3)　2,312,500円－700,000円＝1,612,500円
(4)　2,312,500円－(562,500円＋625,000円)
＝1,125,000円

Section

2 金融商品等に係る特殊論点

問題 3 有価証券の消滅

解答

（単位：円）

貸借対照表

Ⅰ 流動資産

有価証券	（	2,600 ）

損益計算書

Ⅳ 営業外収益

有価証券評価益	（	300 ）
有価証券売却益	（	300 ）

解説

(1) A社株式

(借) 売買目的有価証券 100[01)] (貸) 有価証券評価損益 100

01) 1,100円−1,000円=100円

(2) B社株式

修正受渡日基準による場合、契約日に有価証券の発生の認識をせず、契約日から決算時までの時価の変動のみ認識します。

(借) 売買目的有価証券 200[02)] (貸) 有価証券評価損益 200

02) 1,200円−1,000円=200円

(3) C社株式

修正受渡日基準による場合、契約日に有価証券の消滅の認識をせず、売却損益のみ認識します。

(借) 売買目的有価証券 300[03)] (貸) 有価証券売却益 300

03) 1,300円−1,000円=300円

商業簿記　本試験の出題傾向（過去16回）

（網掛け）は３回以上出題されているものです。

商業簿記　本試験の出題傾向	頻度	131	132	134	135	137	138	140	141	143	144	146	147	149	150	152	153
損益計算書	4									●		●				●	●
貸借対照表	0																
決算整理後残高試算表	7		●		●		●	●	●		●				●		
本支店会計	2					●							●				
連結財務諸表	3	●		●										●			

決算整理事項等		頻度	131	132	134	135	137	138	140	141	143	144	146	147	149	150	152	153
現金預金	当座預金	1		●														
有価証券	売買目的有価証券	4				●			●			●				●		
	満期保有目的債券	6				●	●		●	●		●				●		
	子会社・関連会社株式	4				●			●	●		●						
	その他有価証券	8				●	●		●	●	●		●			●	●	
	外貨建有価証券	6				●	●		●	●		●				●		
貸倒引当金	財務内容評価法	4		●						●	●					●		
	キャッシュ・フロー見積法	4				●		●						●				●
商品売買	期中取引	3		●								●		●				
	商品評価損	9		●					●	●	●	●	●	●			●	●
	売価還元法	2						●										●
	未着品売買	2				●										●		
	委託販売	1										●						
有形固定資産	200%定率法	9				●	●	●	●	●		●		●			●	●
	資本的支出	1										●						
	圧縮記帳(積立金方式)	1														●		
減損会計	基本問題	1																●
	共用資産	1							●									
	のれん	0																
資産除去債務	基本問題	2							●							●		
	除去費用の変更	1								●								
リース会計	基本問題	4							●	●	●							●
	リース料の前払い	1		●														
	セール・アンド・リースバック	2				●								●				
	中途解約	1						●										
ソフトウェア	市場販売目的	1				●												
	自社利用	2											●				●	
	受注制作	1											●					
負債性引当金	退職給付引当金	6				●		●			●		●				●	●
社債	社債　償却原価法	4				●			●	●							●	
	社債　抽選償還	2								●							●	
	新株予約権付社債	3						●			●							●
純資産会計	剰余金の配当	3									●					●	●	
	自己株式	3				●					●		●					
	ストック・オプション	3							●			●	●					
	新株予約権	1				●												
為替予約	振当処理	3					●	●								●		
	独立処理	1										●						
	予定取引	1						●										
デリバティブ	金利スワップ	2		●						●								
	ヘッジ会計	2		●						●								
税効果会計	決算整理	4							●		●		●				●	
	回収可能性	3							●				●				●	
会計上の変更および誤謬の訂正	会計方針の変更	1							●									
	会計上の見積りの変更	5		●			●		●				●				●	
	誤謬の訂正	2						●									●	
連結会計	資本連結	3	●		●										●			
	成果連結	3	●		●										●			
	追加取得・一部売却	2	●												●			
	包括利益	3	●		●										●			
	在外子会社の連結	1	●															
	事業分離 連結	1			●													
本支店会計	合併処理	2					●							●				
	在外支店	2					●							●				
その他	貸付金の譲渡	2		●						●								
	返品権付き販売	1								●								
	代理人に該当する場合	2									●						●	
	企業結合(事業の取得)	1														●		

会計学　本試験の出題傾向（過去16回）

（網掛け）は２回以上出題されているものです。

会計学	本試験の出題傾向	頻度	131	132	134	135	137	138	140	141	143	144	146	147	149	150	152	153
正誤問題		4		●	●	●								●				
語句記入問題		11	●		●	●	●	●	●		●		●		●		●	●
語群選択問題		2								●						●		
記述問題		2		●												●		
	計算問題	頻度	131	132	134	135	137	138	140	141	143	144	146	147	149	150	152	153
有価証券	売買目的有価証券	1		●														
	満期保有目的債券	1		●														
	子会社･関連会社株式	1		●														
	その他有価証券	1		●														
貸倒引当金	財務内容評価法	0																
	キャッシュ･フロー見積法	0																
商品売買	商品評価損	0																
	トレーディング目的	1														●		
有形固定資産	200％定率法	0																
	圧縮記帳(積立金方式)	1										●						
減損会計	基本問題	1				●												
	共用資産	1			●													
	のれん	1													●			
資産除去債務	基本問題	1																●
	除去費用の変更	1					●											
リース会計	基本問題	3				●										●	●	
	リース料の前払い	0																
	セール･アンド･リースバック	0																
	中途解約	0																
ソフトウェア	市場販売目的	0																
	自社利用	0																
	受注制作	0																
負債性引当金	退職給付引当金	2										●			●			
社債	社債　償却原価法	0																
	社債　抽選償還	0																
	新株予約権付社債	1	●															
純資産会計	剰余金の配当	0																
	自己株式	1														●		
	ストック･オプション	0																
為替予約	振当処理	0																
	独立処理	0																
	予定取引	1											●					
デリバティブ	金利スワップ	0																
	ヘッジ会計	0																
	オプション取引	1											●					
税効果会計	決算整理	1																●
	実効税率の変更	1												●				
会計上の変更および誤謬の訂正	会計方針の変更	0																
	会計上の見積りの変更	1										●						
	誤謬の訂正	1										●						
連結会計	資本連結	3								●		●						●
	成果連結	3								●		●						●
	連結上の税効果	1								●								
	追加取得･一部売却	3								●		●						●
	段階取得	1														●		
	包括利益	3						●		●								●
	連結上の退職給付	2										●			●			
	在外子会社の連結	1									●							
	事業分離 連結	1											●					
	持分法	1															●	
	評価差額の実現	2								●								●
	取得関連費用	1																●
その他	分配可能額	1							●									
	キャッシュ･フロー計算書	1							●									
	工事契約	1									●							
	株式交換(個別･連結)	1	●															
	株式移転(個別･連結)	1					●											
	企業結合(合併)	1													●			
	共同支配企業の形成	1												●				

科目の表示区分一覧表

1級で学習する主な科目の貸借対照表と損益計算書の表示区分です。

貸借対照表

資　産　の　部

Ⅰ　流動資産

表示科目	内容・その他
現金預金	現金、当座預金、普通預金、翌期中に満期となる定期預金
電子記録債権	電子債権記録機関に発生記録をした債権
売掛金	営業取引により発生した債権。クレジット売掛金も含む
割賦売掛金	割賦販売による売掛金
契約資産	企業が顧客に移転した商品またはサービスと交換に受け取る対価に対する企業の権利のうち、相手にいまだ支払義務が発生せず、法的な請求権がないもの
有価証券	売買目的有価証券、債券のうち翌期中に償還期限が到来するもの
商品	手許商品、積送品、試用品、未着品、割賦商品など
返品資産	返品権付き販売において、顧客から返品が見込まれる商品を回収する権利
短期貸付金	翌期中に回収日が到来する貸付金
為替予約	為替予約により生じた正味の債権
先物取引差金	先物取引により生じた正味の債権
先物取引差入証拠金	先物取引の契約時に支払う保証金
金利スワップ資産 (または金利スワップ)	金利スワップ取引により生じた正味の債権
オプション資産	オプション取引により生じた正味の債権
リース債権	所有権移転ファイナンス・リースにおけるリース料を受け取る権利
リース投資資産	所有権移転外ファイナンス・リースにおけるリース料を受け取る権利
買戻権	債権を買い戻す権利
貸倒引当金	流動資産に表示される債権に係る貸倒見積高

Ⅱ　固定資産

1　有形固定資産

表示科目	内容・その他
リース資産	ファイナンス・リース取引で借手が取得した固定資産

2　無形固定資産

表示科目	内容・その他
のれん	企業の超過収益力
ソフトウェア	市場販売目的、自社利用のソフトウェア
ソフトウェア仮勘定	制作中のソフトウェア

3　投資その他の資産

表示科目	内容・その他
投資有価証券	その他有価証券、満期保有目的債券、 債券のうち翌々期以降に償還期限が到来するもの
関係会社株式	子会社株式、関連会社株式
長期貸付金	翌々期以降に回収日が到来する貸付金
破産更生債権等	経営破綻または実質的に経営破綻に陥っている債務者に対する債権（翌期中に回収が見込めないもの）
長期定期預金	翌々期以降に満期となる定期預金
長期前払費用	前払費用のうち翌々期以降に対応するもの
前払年金費用	個別上、年金資産の額が、退職給付債務に未認識数理計算上の差異および未認識過去勤務費用を加減した額を超える場合の科目 連結上は、「退職給付に係る資産」
繰延税金資産	将来減算一時差異により生じ、将来の税金の減額効果があるもの
投資不動産	賃貸や売却益を得るために取得した土地、建物
貸倒引当金	固定資産に表示される債権に係る貸倒見積高

Ⅲ　繰延資産

表示科目	内容・その他
創立費	会社の設立費用を資産計上したもの
開業費	開業に要した費用を資産計上したもの
開発費	資源の開発および市場の開拓費用を資産計上したもの
株式交付費	新株発行、自己株式の処分費用を資産計上したもの
社債発行費	社債発行費用を資産計上したもの

負債の部

Ⅰ　流動負債

表示科目	内容・その他
電子記録債務	電子債権記録機関に発生記録をした債務
契約負債	商品またはサービスを顧客に移転する前に、企業が顧客から対価を受け取ったもの
返金負債	顧客から対価を受け取っているものの、その対価の一部または全部を顧客に返金する義務
短期借入金	翌期中に返済期限が到来する借入金
未払法人税等	法人税、住民税、事業税の未払額
未払消費税	消費税の未払額
保証債務	割引・裏書した手形が不渡りになった場合の支払義務
リース債務	リース取引による債務で翌期中に返済予定のもの
営業外支払手形	企業の主たる営業取引以外の取引により発生した支払手形のうち、翌期中に満期日が到来するもの
リコース義務	債権が回収不能となった場合の支払義務
工事損失引当金	将来の工事損失を引当金として計上したもの

Ⅱ　固定負債

表示科目	内容・その他
社債	企業が発行した返済義務のある債券
長期借入金	翌々期以降に返済日が到来する借入金
退職給付引当金	従業員の将来の退職金のうち当期末までに発生しているもの
退職給付に係る負債	退職給付引当金の連結財務諸表上の表示科目
リース債務	リース取引による債務で翌々期以降に返済予定のもの
資産除去債務	有形固定資産を除去するさいに発生する将来の費用
繰延税金負債	将来加算一時差異により生じ、将来の税金の増額効果があるもの
(長期) 営業外支払手形	企業の主たる営業取引以外の取引により発生した支払手形のうち、翌々期以降に満期日が到来するもの

純資産の部

Ⅰ　株主資本

表示科目	内容・その他
資本金	株式の払込金額
資本準備金	株式の払込金額のうち資本金としなかったもの 剰余金の配当時に会社法の規定により積み立てたもの
その他資本剰余金	資本剰余金のうち資本準備金以外のもの
利益準備金	剰余金の配当時に会社法の規定により積み立てたもの
圧縮積立金	積立金方式の圧縮記帳により積み立てた利益の圧縮額
繰越利益剰余金	企業が獲得した利益
自己株式	自社の株式を購入したもの、資本の払戻し

Ⅱ　評価・換算差額等 (連結財務諸表では、その他の包括利益累計額)

表示科目	内容・その他
その他有価証券評価差額金	その他有価証券の簿価と時価の差額
繰延ヘッジ損益	デリバティブ取引よる損益を繰り延べたもの
為替換算調整勘定	在外子会社の貸借対照表の換算差額 (連結財務諸表のみ)
退職給付に係る調整累計額	未認識の数理計算上の差異と過去勤務費用 (連結財務諸表のみ)

Ⅲ　新株予約権

表示科目	内容・その他
新株予約権	新株を一定の価格で買うことができる権利

Ⅳ　非支配株主持分 (連結財務諸表のみ)

表示科目	内容・その他
非支配株主持分	子会社の資本のうち親会社の持分以外の部分

損益計算書

Ⅰ　売上高

表示科目	内容・その他
売上高	商品・製品の売上高、特殊商品販売による売上高も含む
完成工事高	完成、引き渡した工事の売上高
ソフトウェア売上高	ソフトウェアの売上高

Ⅱ　売上原価

表示科目	内容・その他
期首商品棚卸高	当期首における商品有高
当期商品仕入高	商品の純仕入高
期末商品棚卸高	当期末における商品有高
棚卸減耗損	期末商品帳簿棚卸高と実地棚卸高との差異 (販売費及び一般管理費の場合もあり)
商品評価損	商品の収益性の低下による評価損
繰延リース利益戻入	回収リース料に含まれる利益
繰延リース利益控除	未回収リース料に含まれる利益
完成工事原価	完成・引き渡した工事にかかる原価
ソフトウェア売上原価	販売したソフトウェアにかかる売上原価、市場販売目的のソフトウェアの償却額

Ⅲ　販売費及び一般管理費

表示科目	内容・その他
貸倒引当金繰入	売上債権に対する貸倒見積費用
貸倒損失	売上債権の回収不能額
退職給付費用	将来、従業員が退職するときに支払う退職金のうち、当期に負担すべき金額
棚卸減耗損	期末商品帳簿棚卸高と実地棚卸高との差額(売上原価の内訳科目とする場合もあり)
減価償却費	固定資産の取得原価の費用化額
利息費用	期首資産除去債務について期末までに発生した計算上の利息
履行差額	除去費用の実際額と見積り額との差額
のれん償却額	企業の超過収益力の費用化額
ソフトウェア償却	自社利用のソフトウェアの費用化額
研究開発費	新しい製品などの研究や開発にかかる費用
株式報酬費用	会社が従業員に報酬として付与した新株予約権の当期発生額
開発費（開発費償却）	開発費の費用化額（または繰延資産として計上したときの費用化額）
積送諸掛	委託販売の販売手数料・発送費用
戻り商品損失	割賦売掛金の貸倒れにより発生した損失
支払手数料	クレジット取引により信販会社に支払った手数料

Ⅳ　営業外収益

表示科目	内容・その他
受取利息	利息の受取額
有価証券利息	債券の利札・償却原価法による償却額
受取配当金	株式の配当金
有価証券売却益	主に売買目的有価証券の売却益
有価証券評価益	売買目的有価証券の評価益。評価損と相殺して表示
有価証券運用益	売買目的有価証券の配当金、売却損益、評価損益。運用損と相殺して表示
投資有価証券売却益	主にその他有価証券の売却益（特別利益の場合もあり）
仕入割引	買掛金の期日前の支払いによる一部免除額
保証債務取崩益	支払義務の消滅による保証債務の戻入れ額
為替差益	外貨建資産・負債の換算差額または決済差額。為替差損と相殺して表示
先物取引利益	先物取引による利益
金利スワップ差益	金利スワップ取引による利益
オプション差益	オプション取引による利益
投資不動産賃貸料	投資不動産にかかる賃貸収入
持分法による投資利益	持分法適用会社の利益の増加額のうちの投資会社持分（連結財務諸表のみ）
貸付金売却益	貸付金の売却益（特別利益の場合もあり）
賃貸収入	不動産の賃貸による収入（企業の主たる営業取引の場合、売上高）
雑収入	その他の営業外収益

Ⅴ　営業外費用

表示科目	内容・その他
支払利息	利息の支払額
社債利息	発行した社債にかかる利息
支払手数料	自己株式の取得、消却などにかかる手数料
有価証券評価損	売買目的有価証券の評価損
有価証券売却損	主に売買目的有価証券の売却損
有価証券運用損	売買目的有価証券の配当金、売却損益、評価損益
投資有価証券売却損	主にその他有価証券の売却損
投資有価証券評価損	その他有価証券に部分純資産直入法を適用した場合の評価損
売上割引	売掛金の期日前の回収による一部免除額
棚卸減耗損	棚卸減耗損のうち、原価性がないもの（特別損失の場合もあり）
貸倒損失	営業外債権の回収不能額
貸倒引当金繰入	営業外債権に対する貸倒見積費用
手形売却損	手形の額面金額と割引価額との差額
保証債務費用	手形の将来の支払義務を費用計上したもの
電子記録債権売却損	電子記録債権の債権金額と売却価額との差額
株式交付費（株式交付費償却）	株式交付費の費用化額（または繰延資産として計上したときの費用化額）
賃貸原価	不動産の賃貸にかかる費用（企業の主たる営業取引の場合、売上原価）
創立費（創立費償却）	創立費の費用化額（または繰延資産として計上したときの費用化額）
開業費（開業費償却）	開業費の費用化額（または繰延資産として計上したときの費用化額）

社債発行費（社債発行費償却）	社債の発行費用の費用化額（または繰延資産として計上したときの費用化額）
為替差損	外貨建資産・負債の換算差額または決済差額。為替差益と相殺して表示
先物取引損失	先物取引による損失
金利スワップ差損	金利スワップ取引による損失
オプション差損	オプション取引による損失
持分法による投資損失	持分法適用会社の損失のうちの投資会社持分（連結財務諸表のみ）
雑損失	その他の営業外費用

Ⅵ　特別利益

表示科目	内容・その他
固定資産売却益	固定資産の売却による利益
投資有価証券売却益	主にその他有価証券の売却益（営業外収益の場合もあり）
関係会社株式売却益	関係会社株式の売却による利益
社債償還益	社債の償還金額と簿価との差額
国庫補助金受贈益	国庫補助金の受取り額
事業移転利益	事業を他社に売却したことによる利益
新株予約権戻入益	新株予約権の権利行使期間満了時の戻入額
段階取得に係る差益	支配獲得までの取得原価と、支配獲得日の時価との差額による利益（連結財務諸表のみ）

Ⅶ　特別損失

表示科目	内容・その他
固定資産売却損	固定資産の売却による損失
固定資産除却損	固定資産の除却による損失
固定資産圧縮損	直接減額方式の圧縮記帳を採用した場合の固定資産の圧縮額
減損損失	固定資産の収益性の低下による損失
投資有価証券評価損	強制評価減・実価法による投資有価証券の評価損
投資有価証券売却損	投資有価証券の売却損（営業外費用の場合もあり）
関係会社株式売却損	関係会社株式の売却損
社債償還損	社債の償還金額と簿価との差額
事業移転損失	事業を他社に売却したことにより生じた損失
棚卸減耗損	棚卸減耗損のうち原価性がないもの（営業外費用の場合もあり）
リース資産除却損※	リース契約を中途解約した場合の、リース資産の除却損
リース債務解約損※	リース契約を途中解約した場合の、リース債務残高と違約金との差額
段階取得に係る差損	支配獲得までの取得原価と、支配獲得日の時価との差額による損失（連結財務諸表のみ）

※「リース資産除却損」と「リース債務解約損」を合わせて、P/L上、「リース解約損」として表示することもできます。

法人税等

表示科目	内容・その他
法人税、住民税及び事業税	法人税、住民税、事業税の発生額
法人税等調整額	税効果会計による法人税等の調整額

非支配株主に帰属する当期純利益（連結財務諸表のみ）

表示科目	内容・その他
非支配株主に帰属する当期純利益	子会社の利益の増加額のうち、親会社の持分以外の部分

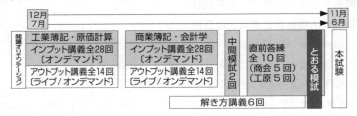

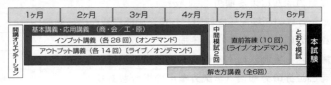

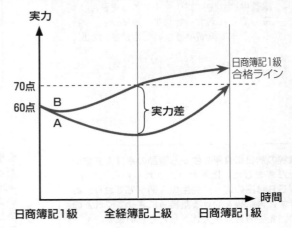

ネットスクールが誇る講師、スタッフが一丸となってこの1冊ができあがりました。
十分理解できましたか?
繰り返し学習し、合格の栄冠を勝ち取ってください。
制作スタッフ一同、心よりお祈り申し上げます。

■制作スタッフ■
森田　文雄／中村　雄行／藤本　拓也

■カバーデザイン■
久積　昌弘（B-rain）

■ DTP ■
長谷川　正晴（ドアーズ本舎）

■編集コーディネート■
落合　明江

◆本書に関する制度改正及び訂正情報について◆

本書の発行後に公表された法令等及び試験制度の改正情報、並びに判明した誤りに関する訂正情報については、弊社 WEB サイト内の**『読者の方へ』**にてご案内しておりますので、ご確認下さい。

https://www.net-school.co.jp/

なお、万が一、誤りではないかと思われる箇所のうち、弊社 WEB サイトにて掲載がないものにつきましては、**書名（ＩＳＢＮコード）と誤りと思われる内容**のほか、お客様の**お名前**及び**ご連絡先（電話番号）**を明記の上、弊社まで**郵送または e-mail** にてお問い合わせ下さい。

〈郵送先〉　〒 101-0054
東京都千代田区神田錦町 3-23 メットライフ神田錦町ビル３階
ネットスクール株式会社　正誤問い合わせ係
〈e-mail〉　seisaku@net-school.co.jp

※正誤に関するもの以外のご質問にはお答えできません。
※**お電話によるお問い合わせはお受けできません。**ご了承下さい。
※解答及び内容確認のためにお電話を差し上げることがございますので、必ずご連絡先をお書きください。

〈別冊〉答案用紙

ご利用方法

以下の答案用紙は、この紙を残したままていねいに抜き取りご利用ください。
なお、抜取りのさいの損傷によるお取替えはご遠慮願います。

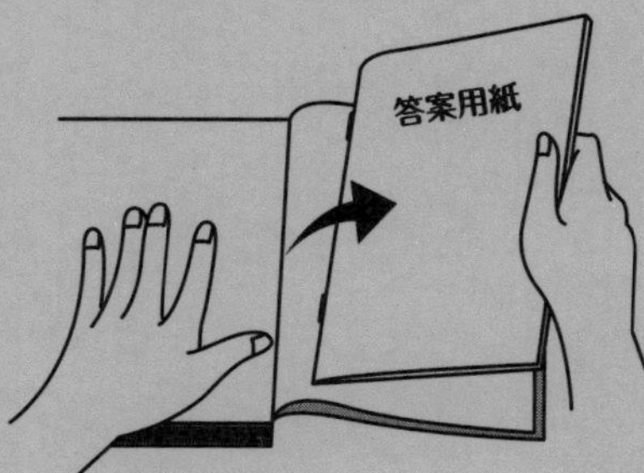

解き直しのさいには…
答案用紙ダウンロードサービス

ネットスクール HP（https://www.net-school.co.jp/）➡ 読者の方へをクリック

Chapter

1 会計の基本ルール

Section 1 会計の基本ルール

問題 1 会計公準

解答・解説 P.1-1

①		②		③		④	
⑤		⑥		⑦		⑧	

問題 2 真実性の原則

解答・解説 P.1-1

問 1.

①		②		③	

問 2.

問題 3 正規の簿記の原則

解答・解説 P.1-2

問 1.

①		②	

問 2.

問題 4 資本取引・損益取引区分の原則

解答・解説 P.1-2

問 1.

①		②	

問 2.

問題5 明瞭性の原則

解答・解説 P.1-3

問1.

①		②		③		④	
⑤		⑥					

問2. ①形式面

②内容面

問題6 継続性の原則

解答・解説 P.1-3

問1.

①		②	

問2.

問3.

(1)	正誤		理由	
(2)	正誤		理由	

問題 7 保守主義の原則

解答・解説 P.1-4

問1.

①		②	

問2.

問3.

(1)

正誤		理由	

(2)

正誤		理由	

問題 8 単一性の原則

解答・解説 P.1-4

問1.

①		②		③	

問2.

正誤		理由	

問題 9 重要性の原則

解答・解説 P.1-5

問1.

①		②		③		④	
⑤							

問2.

問3.

(1)

正誤		理由	

(2)

正誤		理由	

Chapter

2 損益計算書の基本ルール

Section 1 損益計算書のルール

問題1 財産法と損益法

解答・解説 P.2-1

(1) 財産法 [　　　] − [　　　] ＝純利益
（金額がマイナスのときは純損失）

(2) 損益法 [　　　] − [　　　] ＝純利益
（金額がマイナスのときは純損失）

問題2 損益会計に関する一般原則

解答・解説 P.2-1

(1)

①		②		③		④	
⑤		⑥		⑦		⑧	

(2)

⑨		⑩	

(3)

⑪		⑫		⑬	

問題 3 総額主義・費用収益対応表示の原則

解答・解説 P.2-2

(1)

①		②		③		④	

(2)

⑤		⑥		⑦	

Section 2 財務会計の概念フレームワーク

問題 4 財務会計の概念フレームワーク

解答・解説 P.2-3

①		②		③		④	
⑤		⑥					

Chapter

3 純資産会計 2（新株予約権）

Section 1 新株予約権

問題 1 新株予約権の会計処理

解答・解説 P.3-1

（単位：千円）

	借方科目	金額	貸方科目	金額
①				
②				
③				
④				

問題 2 ストック・オプションの会計処理

解答・解説 P.3-2

	株式報酬費用	新株予約権
×7年度	円	円
×8年度	円	円
×9年度	円	円

Section

2 新株予約権付社債

問題 3 新株予約権付社債(現金払込の場合)の会計処理

解答・解説 P.3-3

(単位：千円)

	借方科目	金額	貸方科目	金額
(1)				
(2)				
(3)				

問題 4 新株予約権付社債(代用払込の場合)の会計処理

解答・解説 P.3-4

(単位：千円)

借方科目	金額	貸方科目	金額

問題 5 新株予約権付社債(一括法)の会計処理

解答・解説 P.3-5

(単位：千円)

	借方科目	金額	貸方科目	金額
(1)				
(2)				

Chapter

4 デリバティブ

Section

1 デリバティブとヘッジ会計

問題 1 金利スワップ取引

解答・解説 P.4-1

問1. ヘッジ会計を適用しない場合

（単位：円）

	借方科目	金額	貸方科目	金額
(1)				
(2)				
(3)				
(4)				
(5)				

×2年度における投資有価証券売却損 円

×2年度における金利スワップ差益 円

問2. ヘッジ会計(繰延ヘッジ)を適用した場合

(単位：円)

	借方科目	金額	貸方科目	金額
(1)				
(2)				
(3)				
(4)				
(5)				

×2年度における投資有価証券売却益 [　　　　　円]

問題 2 先物取引 1

解答・解説 P.4-3

(単位：円)

	借方科目	金額	貸方科目	金額
(1)				
(2)				
(3)				
(4)				

問題 3 先物取引２

解答・解説 P.4-4

(単位：円)

	借方科目	金額	貸方科目	金額
(1)				
(2)				
(3)				
(4)				

問題 4 先物取引とヘッジ会計

解答・解説 P.4-5

(単位：円)

	借方科目	金額	貸方科目	金額
(1)				
(2)				
(3)				
(4)				

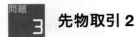

問題 5 **総合問題**

解答・解説 P.4-6

決算整理後残高試算表　　　　(単位：千円)

現金預金	(　　)	支払手形	(　　)
売掛金	(　　)	買掛金	(　　)
繰越商品	(　　)	未払費用	(　　)
前払費用	(　　)	未払法人税等	(　　)
未収収益	(　　)	貸倒引当金〔売上債権〕	(　　)
先物取引差金	(　　)	貸倒引当金〔長期貸付金〕	(　　)
建物	(　　)	退職給付引当金	(　　)
土地	(　　)	建物減価償却累計額	(　　)
満期保有目的債券	(　　)	資本金	(　　)
その他有価証券	(　　)	資本準備金	(　　)
関連会社株式	(　　)	その他資本剰余金	(　　)
長期貸付金	(　　)	利益準備金	(　　)
〔　　〕	(　　)	任意積立金	(　　)
仕入	(　　)	繰越利益剰余金	(　　)
棚卸減耗損	(　　)	その他有価証券評価差額金	(　　)
商品評価損	(　　)	〔　　〕	(　　)
販売費	(　　)	売上	(　　)
一般管理費	(　　)	有価証券利息	(　　)
減価償却費	(　　)		
退職給付費用	(　　)		
支払手数料	(　　)		
貸倒引当金繰入	(　　)		
関連会社株式評価損	(　　)		
〔　　〕	(　　)		
法人税等	(　　)		
	(　　)		(　　)

Chapter

5 会計上の変更および誤謬の訂正

Section

1 会計上の変更および誤謬の訂正

問題 1 会計方針の変更

解答・解説 P.5-1

損益計算書 (単位：円)

	前会計年度 (自×3年4月1日 至×4年3月31日)		当会計年度 (自×4年4月1日 至×5年3月31日)	
売上高		4,400,000		3,800,000
売上原価				
期首商品棚卸高	(　　)		(　　)	
当期商品仕入高	(　　)		(　　)	
合計	(　　)		(　　)	
期末商品棚卸高	(　　)	(　　)	(　　)	(　　)
売上総利益		(　　)		(　　)

貸借対照表 (単位：円)

	前会計年度 (×4年3月31日)	当会計年度 (×5年3月31日)
商品	(　　)	(　　)

問題 2 貸倒引当金の計上不足

解答・解説 P.5-3

(単位：円)

	借方科目	金額	貸方科目	金額
(1)				
(2)				

問題 3

耐用年数の短縮 1

解答・解説 P.5-4

(単位：円)

貸借対照表

固定資産	
有形固定資産	
建物	(　　)
減価償却累計額	(　　)
備品	(　　)
減価償却累計額	(　　)

損益計算書

販売費及び一般管理費	
減価償却費	(　　)

	株主資本			純資産合計
	資本金	利益準備金	繰越利益剰余金	
当期首残高	1,000,000	5,000	100,000	1,105,000
過去の誤謬の訂正による累積的影響額				
遡及処理後当期首残高	1,000,000	5,000		
当期変動額				
当期純利益			50,000	50,000
株主資本以外の項目の当期変動額				
当期変動額合計			50,000	50,000
当期末残高	1,000,000	5,000		

問題 4

耐用年数の短縮 2

解答・解説 P.5-5

(単位：円)

借方科目	金額	貸方科目	金額

問題 5

減価償却方法の変更

解答・解説 P.5-6

(単位：円)

借方科目	金額	貸方科目	金額

Chapter

6 研究開発費(ソフトウェア)

Section

1 研究開発費(ソフトウェア)

問題 1 研究開発費の会計処理

解答・解説 P.6-1

(1)		(2)		(3)		(4)	

問題 2 ソフトウェア制作費に係る会計処理

解答・解説 P.6-1

①		②		③	
④		⑤		⑥	
⑦		⑧			

問題 3 ソフトウェアの会計処理 1

解答・解説 P.6-2

問1.

	償却額
×1年度	円
×2年度	円
×3年度	円

問2.

	償却額
×1年度	円
×2年度	円
×3年度	円

問題 4 ソフトウェアの会計処理 2

解答・解説 P.6-3

問1.

（単位：円）

	借　方　科　目	金　　額	貸　方　科　目	金　　額
×1年度				
×2年度				
×3年度				

問2.

（単位：円）

	借　方　科　目	金　　額	貸　方　科　目	金　　額
×1年度				
×2年度				
×3年度				

Chapter

7 商品売買の期中処理

Section

1 商品売買の期中処理

問題 1 勘定連絡

解答・解説 P.7-1

(1) 期末現金預金	円
(2) 当期売上原価	円

問題 2 総記法の処理 1

解答・解説 P.7-1

問1.

決算整理前残高試算表 (単位：円)

		商　　品	(　　)

問2.

決算整理後残高試算表 (単位：円)

商　　品	(　　)	商品売買益	(　　)
棚卸減耗損	(　　)		

問3.

損益計算書		(単位：円)
Ⅰ 売上高		(　　　)
Ⅱ 売上原価		
1 期首商品棚卸高	(　　　)	
2 当期商品仕入高	(　　　)	
合計	(　　　)	
3 期末商品棚卸高	(　　　)	
差引	(　　　)	
4 棚卸減耗損	(　　　)	(　　　)
売上総利益		(　　　)

貸借対照表	(単位：円)
商品 (　　　)	

問題 3 総記法の処理 2

解答・解説 P.7-3

損益計算書		(単位：円)
Ⅰ 売上高		(　　　)
Ⅱ 売上原価		
1 期首商品棚卸高	(　　　)	
2 当期商品仕入高	(　　　)	
合計	(　　　)	
3 期末商品棚卸高	(　　　)	
差引	(　　　)	
4 棚卸減耗損	(　　　)	(　　　)
売上総利益		(　　　)

貸借対照表	(単位：円)
商品 (　　　)	

Chapter

8 収益認識

Section 1 収益認識の基本的処理

問題 1 収益認識　空欄補充

解答・解説 P.8-1

①		②		③	
④		⑤		⑥	
⑦		⑧		⑨	

問題 2 収益認識　基本問題

解答・解説 P.8-2

(単位：円)

貸 借 対 照 表

流動資産	
売　掛　金	(　　　)
貸倒引当金	(　　　)
⋮	⋮
流動負債	
契　約　負　債	(　　　)

損 益 計 算 書

売　上　高	(　　　)
⋮	⋮
販売費及び一般管理費	
貸倒引当金繰入	(　　　)

問題 3 変動対価(リベート)

解答・解説 P.8-4

(単位：円)

貸 借 対 照 表

流動資産	
売　掛　金	(　　　)
貸倒引当金	(　　　)
⋮	⋮
流動負債	
返　金　負　債	(　　　)

損 益 計 算 書

売　上　高	(　　　)
⋮	⋮
販売費及び一般管理費	
貸倒引当金繰入	(　　　)

問題 4 返品権付き販売

解答・解説 P.8-5

(単位：円)

貸借対照表

流動資産	
売掛金	(　　　)
貸倒引当金	(　　　)
：	：
商品	(　　　)
返品資産	(　　　)
流動負債	
返金負債	(　　　)

損益計算書

売上高	(　　　)
売上原価	(　　　)
：	：
販売費及び一般管理費	
貸倒引当金繰入	(　　　)

問題 5 重要な金融要素

解答・解説 P.8-6

(単位：円)

貸借対照表

流動資産	
売掛金	(　　　)
貸倒引当金	(　　　)

損益計算書

売上高	(　　　)
：	：
販売費及び一般管理費	
貸倒引当金繰入	(　　　)
：	：
営業外収益	
受取利息	(　　　)

問題 6 代理人取引

解答・解説 P.8-7

(単位：円)

貸借対照表

流動資産	
現金預金	(　　　)
売掛金	(　　　)
貸倒引当金	(　　　)
：	：
商品	(　　　)
流動負債	
買掛金	(　　　)

損益計算書

売上高	
商品売上高	(　　　)
手数料収入	(　　　)
売上原価	(　　　)
売上総利益	(　　　)
販売費及び一般管理費	
貸倒引当金繰入	(　　　)

Section

2 収益認識に係る個別論点

問題7 商品券

解答・解説 P.8-8

(単位：円)

貸借対照表

流動資産	
現金預金	(　　　)
商品	(　　　)
⋮	⋮
流動負債	
契約負債	(　　　)

損益計算書

売上高	(　　　)
売上原価	(　　　)
売上総利益	(　　　)
⋮	⋮
営業外収益	
雑収入	(　　　)

問題8 ポイント制度

解答・解説 P.8-9

(単位：円)

貸借対照表

流動資産	
現金預金	(　　　)
商品	(　　　)
⋮	⋮
流動負債	
契約負債	(　　　)

損益計算書

売上高	(　　　)
売上原価	(　　　)
売上総利益	(　　　)

問題9 契約資産が計上される場合

解答・解説 P.8-11

(単位：円)

貸借対照表

流動資産	
売掛金	(　　　)
契約資産	(　　　)
貸倒引当金	(　　　)

損益計算書

売上高	(　　　)
⋮	⋮
販売費及び一般管理費	
貸倒引当金繰入	(　　　)

Chapter

9 建設業会計(工事契約)

Section 1 工事契約の収益の認識

問題 1 工事収益の認識 1

解答・解説 P.9-1

(1) 進捗度にもとづき収益を認識する場合 (単位：万円)

	第 1 期	第 2 期	第 3 期
工事収益			
工事原価			
工事利益			

(2) 原価回収基準により収益を認識する場合 (単位：万円)

	第 1 期	第 2 期	第 3 期
工事収益			
工事原価			
工事利益			

問題 2 工事収益の認識 2

解答・解説 P.9-2

	× 1 年度	× 2 年度	× 3 年度
(1)	千円	千円	千円
(2)	千円	千円	千円

Section

2 建設業会計の処理

問題 3

建設業会計の処理

解答・解説 P.9-3

問1

(単位：千円)

	第１期	第２期	第３期
完成工事高			
完成工事原価			
完成工事総利益			

問2

(単位：千円)

	第１期	第２期	第３期
契約資産			
契約負債			
完成工事未収入金			

Section

3 工事損失引当金の処理

問題 4

工事損失引当金

解答・解説 P.9-5

①	千円	②	千円	③	千円	④	千円
⑤	千円						

Chapter

10 試用販売

Section

2 手許商品区分法の処理

問題 1 試用販売 1

解答・解説 P.10-1

損益計算書　　　　(単位：千円)

Ⅰ 売上高			
1 一般売上高		(　　)	
2 試用品売上高		(　　)	(　　)
Ⅱ 売上原価			
1 期首商品棚卸高			
(1) 手許商品	(　　)		
(2) 試用品	(　　)	(　　)	
2 当期商品仕入高		(　　)	
合計		(　　)	
3 期末商品棚卸高			
(1) 手許商品	(　　)		
(2) 試用品	(　　)	(　　)	(　　)
売上総利益			(　　)

問題2 試用販売2

解答・解説 P.10-2

損益計算書 (単位：千円)

Ⅰ 売上高			
1 一般売上高		(　　)	
2 試用品売上高		(　　)	(　　)
Ⅱ 売上原価			
1 期首商品棚卸高			
(1) 手許商品	(　　)		
(2) 試用品	(　　)	(　　)	
2 当期商品仕入高		(　　)	
合計		(　　)	
3 期末商品棚卸高			
(1) 手許商品	(　　)		
(2) 試用品	(　　)	(　　)	(　　)
売上総利益			(　　)

問題3 試用販売3

解答・解説 P.10-3

損益計算書 (単位：千円)

Ⅰ 売上高			
1 一般売上高		(　　)	
2 試用品売上高		(　　)	(　　)
Ⅱ 売上原価			
1 期首商品棚卸高			
(1) 手許商品	(　　)		
(2) 試用品	(　　)	(　　)	
2 当期商品仕入高		(　　)	
合計		(　　)	
3 期末商品棚卸高			
(1) 手許商品	(　　)		
(2) 試用品	(　　)	(　　)	(　　)
売上総利益			(　　)

Chapter

11 委託販売

Section 1 委託販売

問題1 積送諸掛の処理

解答・解説 P.11-1

問1. 期末一括法

（単位：円）

	借方科目	金額	貸方科目	金額
(1)				
(2)				
(3)				
(4)				
(5)				

問2.　その都度法

（単位：円）

	借方科目	金額	貸方科目	金額
(1)				
(2)				
(3)				
(4)				
(5)				

問題 2　委託販売（期末一括法）

解答・解説 P.11-3

損益計算書　（単位：円）

Ⅰ 売上高		
1. 一般売上高	(　　　)	
2. 積送品売上高	(　　　)	(　　　)
Ⅱ 売上原価		
1. 期首商品棚卸高	(　　　)	
2. 当期商品仕入高	(　　　)	
合計	(　　　)	
3. 期末商品棚卸高	(　　　)	(　　　)
売上総利益		(　　　)

問題 3 委託販売(その都度法)

解答・解説 P.11-6

損益計算書 (単位:円)

Ⅰ 売上高		
1 一般売上高	( )	
2 積送品売上高	( )	( )
Ⅱ 売上原価		
1 期首商品棚卸高	( )	
2 当期商品仕入高	( )	
合計	( )	
3 期末商品棚卸高	( )	( )
売上総利益		( )
Ⅲ 販売費及び一般管理費		
積送諸掛		( )
営業利益		( )

貸借対照表 (単位:円)

商品	( )		
繰延積送諸掛	( )		

問題 4 委託販売(数量分析)

解答・解説 P.11-9

決算整理後残高試算表 (単位:千円)

繰越商品	( )	一般売上	( )
積送品	( )	積送品売上	( )
繰延積送諸掛	( )		
仕入	( )		
積送諸掛	( )		
棚卸減耗損	( )		
商品評価損	( )		

Chapter

12 割賦販売

Section

1 割賦販売総論

問題 1 割賦販売 1

解答・解説 P.12-1

(1) 定額法によった場合

(単位：千円)

	×２年３月期	×３年３月期	×４年３月期
割賦売上			
売上原価			
受取利息			
割賦売掛金			0

(2) 利息法によった場合

(単位：千円)

	×２年３月期	×３年３月期	×４年３月期
割賦売上			
売上原価			
受取利息			
割賦売掛金			0

問題 2 割賦販売 2

解答・解説 P.12-3

⑴ 定額法によった場合 (単位：千円)

	×2年3月期	×3年3月期	×4年3月期
割賦売上			
売上原価			
受取利息			
割賦売掛金			0
利息調整勘定			0

⑵ 利息法によった場合 (単位：千円)

	×2年3月期	×3年3月期	×4年3月期
割賦売上			
売上原価			
受取利息			
割賦売掛金			0
利息調整勘定			0

Section **2** 戻り商品の処理

問題 3 戻り商品の処理

解答・解説 P.12-4

損益計算書　　（単位：円）

Ⅰ 売上高		
1 一般売上高	（　）	
2 割賦売上高	（　）	（　）
Ⅱ 売上原価		
1 期首商品棚卸高	（　）	
2 当期商品仕入高	（　）	
合計	（　）	
3 期末商品棚卸高	（　）	（　）
売上総利益		（　）
Ⅲ 販売費及び一般管理費		
1 戻り商品損失	（　）	
2 貸倒引当金繰入	（　）	（　）
営業利益		（　）
Ⅳ 営業外収益		
1 受取利息		（　）
経常利益		（　）

Chapter

13 リース会計(リースバック)

Section

1 セール・アンド・リースバック

問題 1 セール・アンド・リースバック取引

解答・解説 P.13-1

決算整理後残高試算表

×9年3月31日 (単位:円)

現金預金	( )	リース債務	( )
リース資産	( )	長期前受収益	( )
減価償却費	( )	リース資産減価償却累計額	( )
支払利息	( )		

問題 2 中途解約

解答・解説 P.13-2

(1) リース債務解約損 円

(2) リース資産除却損 円

Chapter

14 企業結合・事業分離(応用編)

Section

1 株式交換・株式移転

問題 1 株式交換

解答・解説 P.14-1

(単位：円)

借 方 科 目	金 額	貸 方 科 目	金 額

問題 2 株式移転

解答・解説 P.14-1

(単位：円)

借 方 科 目	金 額	貸 方 科 目	金 額

Section

2 事業分離(会社分割)

問題 3 分割会社の会計処理

解答・解説 P.14-2

問1.

(単位:円)

借方科目	金額	貸方科目	金額

問2.

(単位:円)

借方科目	金額	貸方科目	金額

問題 4 承継会社の会計処理

解答・解説 P.14-3

(単位:円)

借方科目	金額	貸方科目	金額

Chapter 15

連結会計3（持分の変動、税効果）

Section 1

追加取得と一部売却の処理

問題1 追加取得1（時価評価）

解答・解説 P.15-1

（単位：円）

借　方　科　目	金　　額	貸　方　科　目	金　　額

問題2 追加取得2（その他有価証券評価差額金）

解答・解説 P.15-2

（単位：円）

借　方　科　目	金　　額	貸　方　科　目	金　　額

問題3 追加取得3（取得関連費用）

解答・解説 P.15-3

（単位：円）

借　方　科　目	金　　額	貸　方　科　目	金　　額

問題 4

一部売却１（時価評価）

解答・解説 P.15-4

（単位：円）

借方科目	金額	貸方科目	金額

問題 5

一部売却２（その他有価証券評価差額金）

解答・解説 P.15-5

（単位：円）

借方科目	金額	貸方科目	金額

問題 6

一部売却３（取得関連費用）

解答・解説 P.15-6

（単位：円）

借方科目	金額	貸方科目	金額

Section

2 段階取得の処理

問題 7 段階取得の処理

解答・解説 P15-7

（単位：円）

借方科目	金額	貸方科目	金額

Section

3 持分法から連結への移行

問題 8 持分法から連結への移行

解答・解説 P.15-8

（単位：円）

	借方科目	金額	貸方科目	金額
(1)				
(2)				
(3)				
(4)				

Section

4 連結上の税効果会計

問題 9 未実現利益の消去に係る税効果 1

解答・解説 P.15-10

問1.

(単位：円)

借 方 科 目	金 額	貸 方 科 目	金 額

問2.

(単位：円)

借 方 科 目	金 額	貸 方 科 目	金 額

問題 10

未実現利益の消去に係る税効果２

解答・解説 P.15-11

問1.

（単位：円）

借方科目	金額	貸方科目	金額

問2.

（単位：円）

借方科目	金額	貸方科目	金額

問題 11

貸倒引当金の修正に係る税効果

解答・解説 P.15-12

(1) 債権・債務の相殺

（単位：円）

借　方　科　目	金　　額	貸　方　科　目	金　　額

(2) 貸倒引当金の修正

（単位：円）

借　方　科　目	金　　額	貸　方　科　目	金　　額

Section

5 持分法上の税効果会計

問題12 評価差額に係る税効果（持分法）

解答・解説 P.15-13

持分法による投資損益	円
C社株式勘定	円

問題13 未実現利益の消去に係る税効果（持分法）

解答・解説 P.15-14

問1.

（単位：円）

借方科目	金額	貸方科目	金額

問2.

（単位：円）

借方科目	金額	貸方科目	金額

Chapter

16 連結会計4（退職給付、在外子会社等）

Section

1 連結上の退職給付会計

問題1 連結上の退職給付会計1

解答・解説 P.16-1

連結包括利益計算書（単位：円）

当期純利益	20,000
その他の包括利益	
退職給付に係る調整額	△（　　　）
包括利益	（　　　）

連結株主資本等変動計算書（単位:円）

	退職給付に係る調整累計額
当期首残高	0
当期変動額	△（　　　）
当期末残高	△（　　　）

連結貸借対照表（単位：円）

退職給付に係る負債	（　　　）
退職給付に係る調整累計額	△（　　　）

問題2 連結上の退職給付会計2

解答・解説 P.16-2

退職給付費用	円
退職給付引当金	円

連結包括利益計算書（単位：円）

当期純利益	15,000
その他の包括利益	
退職給付に係る調整額	△（　　　）
包括利益	（　　　）

連結株主資本等変動計算書（単位:円）

	退職給付に係る調整累計額
当期首残高	0
当期変動額	△（　　　）
当期末残高	△（　　　）

連結貸借対照表（単位：円）

退職給付に係る負債	（　　　）
退職給付に係る調整累計額	△（　　　）

Section

2 在外子会社の財務諸表項目の換算

問題 3 在外子会社の円建財務諸表の作成手順２

解答・解説 P.16-3

損益計算書　(単位：円)

売上原価	(　　　)	売上高	(　　　)
減価償却費	(　　　)		
諸費用	(　　　)		
為替差損	(　　　)		
当期純利益	(　　　)		
	(　　　)		(　　　)

貸借対照表　(単位：円)

流動資産	(　　　)	諸負債	(　　　)
固定資産	(　　　)	資本金	(　　　)
		利益剰余金	(　　　)
		為替換算調整勘定	(　　　)
	(　　　)		(　　　)

Section

3 在外子会社の連結

問題 4 在外子会社の連結

解答・解説 P.16-5

連結損益計算書

×2年4月1日〜×3年3月31日　(単位：円)

諸費用	(　　)	諸収益	(　　)
非支配株主に帰属する当期純利益	(　　)		
親会社株主に帰属する当期純利益	(　　)		
	(　　)		(　　)

連結貸借対照表

×3年3月31日　(単位：円)

諸資産	(　　)	諸負債	(　　)
		資本金	(　　)
		利益剰余金	(　　)
		為替換算調整勘定	(　　)
		非支配株主持分	(　　)
	(　　)		(　　)

連結株主資本等変動計算書

×2年4月1日〜×3年3月31日　(単位：円)

	資本金	利益剰余金	為替換算調整勘定	非支配株主持分
当期首残高	(　　)	(　　)	0	(　　)
当期変動額				
剰余金の配当		(　　)		
親会社株主に帰属する当期純利益		(　　)		
株主資本以外の項目の当期変動額(純額)			(　　)	(　　)
当期変動額合計		(　　)	(　　)	(　　)
当期末残高	(　　)	(　　)	(　　)	(　　)

問題5 外貨建てのれん

解答・解説 P.16-7

① 連結貸借対照表 の れ ん　　　　　　円

② 連結貸借対照表 為替換算調整勘定　　　　　　円

③ 連結包括利益計算書 為替換算調整勘定　　　　　　円

④ 連結貸借対照表 非支配株主持分　　　　　　円

Section 4 組織再編にともなう連結上の処理

問題6 株式交換の連結上の処理

解答・解説 P.16-10

（単位：円）

借方科目	金額	貸方科目	金額

連結貸借対照表

×1年3月31日　　（単位：円）

諸資産	（　　）	諸負債	（　　）
〔　　〕	（　　）	資本金	（　　）
		資本剰余金	（　　）
		利益剰余金	（　　）
	（　　）		（　　）

問題 7

株式移転の連結上の処理

解答・解説 P.16-11

設問1

	A 社 株 主	B 社 株 主
P社に対する議決権比率	%	%

設問2

取得企業	社

設問3

A社株式の取得原価	千円
B社株式の取得原価	千円

設問4

P社連結財務諸表における金額

資本金	千円
資本剰余金	千円
のれん	千円

Chapter

17 本支店会計

Section

1 本店支店の期中取引

問題 1 本支店間取引

解答・解説 P.17-1

（単位：円）

		借方科目	金額	貸方科目	金額
(1)	本店				
	支店				
(2)	本店				
	支店				
(3)	本店				
	支店				
(4)	本店				
	支店				

問題 2 支店間取引

解答・解説 P.17-1

（単位：円）

		借方科目	金額	貸方科目	金額
(1)	本店				
	上野支店				
	新宿支店				
(2)	本店				
	上野支店				
	新宿支店				

Section **2** 本支店合併財務諸表の作成

問題3 本支店合併財務諸表

解答・解説 P.17-2

問1.

支店勘定	円	支店売上勘定	円
本店勘定	円	本店仕入勘定	円

問2.

①現金預金	円	②商品	円
③借入金	円	④資本金	円
⑤土地	円		

問3.

本支店合併損益計算書

自×2年4月1日　至×3年3月31日　（単位：円）

Ⅰ 売上高		（　）
Ⅱ 売上原価		
1．期首商品棚卸高	（　）	
2．当期商品仕入高	（　）	
計	（　）	
3．期末商品棚卸高	（　）	（　）
売上総利益		（　）
Ⅲ 販売費及び一般管理費		
1．販売費	（　）	
2．棚卸減耗損	（　）	
3．貸倒引当金繰入	（　）	
4．建物減価償却費	（　）	（　）
営業利益		（　）
Ⅳ 営業外費用		
1．支払利息		（　）
税引前当期純利益		（　）
法人税等		（　）
当期純利益		（　）

Section

3 決算手続と帳簿の締切り

問題 4 決算手続と帳簿の締切り

解答・解説 P.17-6

問1.

支　店　損　益　(単位：円)

繰越商品	(　　)	売上	(　　)
仕入	(　　)	繰越商品	(　　)
本店仕入	(　　)	有価証券売却益	(　　)
販売費	(　　)	有価証券評価益	(　　)
貸倒引当金繰入	(　　)		
減価償却費	(　　)		
〔　　〕	(　　)		
	(　　)		(　　)

問2.　本店勘定 [　　　] 円　　支店勘定 [　　　] 円

問3.

総　合　損　益　(単位：円)

〔　　〕	(　　)	本店損益	(　　)
法人税等	(　　)	支店	(　　)
繰越利益剰余金	(　　)	〔　　〕	(　　)
	(　　)		(　　)

Section

4 在外支店の財務諸表項目の換算

問題 5 在外支店の財務諸表の換算手順

解答・解説 P.17-11

(1)

支店貸借対照表 (単位：円)

現金預金	( )	買掛金	( )
売掛金	( )	長期借入金	( )
商品	( )	減価償却累計額	( )
備品	( )	本店	( )
		当期純利益	( )
	( )		( )

(2)

支店損益計算書 (単位：円)

期首商品棚卸高	( )	売上高	( )
当期商品仕入高	( )	本店へ売上	( )
減価償却費	( )	期末商品棚卸高	( )
その他の費用	( )	為替差益	( )
当期純利益	( )		
	( )		( )

問題 6 総合問題（在外支店）

解答・解説 P.17-13

(1) 合併貸借対照表

合併貸借対照表 （単位：円）

現金預金		(　　)	買掛金	(　　)
売掛金	(　　)		長期借入金	(　　)
貸倒引当金	(　　)	(　　)	資本金	(　　)
有価証券		(　　)	利益剰余金	(　　)
商品		(　　)		
備品	(　　)			
減価償却累計額	(　　)	(　　)		
土地		(　　)		
合計		(　　)	合計	(　　)

(2) 合併損益計算書

合併損益計算書 （単位：円）

Ⅰ 売上高		(　　)
Ⅱ 売上原価		
1. 期首商品棚卸高	(　　)	
2. 当期商品仕入高	(　　)	
計	(　　)	
3. 期末商品棚卸高	(　　)	(　　)
売上総利益		(　　)
Ⅲ 販売費及び一般管理費		
1. 営業費	(　　)	
2. 減価償却費	(　　)	(　　)
営業利益		(　　)
Ⅳ 営業外収益		
1. 有価証券評価益		(　　)
Ⅴ 営業外費用		
1. 支払利息	(　　)	
2. 為替差損	(　　)	(　　)
当期純利益		(　　)

Chapter

18 キャッシュ・フロー計算書

Section

2 営業活動によるキャッシュ・フロー

問題 1 営業活動によるキャッシュ・フロー1

解答・解説 P.18-1

Ⅰ 営業活動によるキャッシュ・フロー	(単位：円)
税引前当期純利益	4,250
減価償却費	500
貸倒引当金の増加額	100
受取利息及び受取配当金	△ 200
支払利息	250
売上債権の〔　　　〕額	(　　　)
棚卸資産の増加額	△ 1,000
仕入債務の〔　　　〕額	(　　　)
未払費用の〔　　　〕額	(　　　)
小計	(　　　)
〔　　　　　〕の受取額	(　　　)
利息の支払額	(　　　)
法人税等の支払額	△ 1,000
営業活動によるキャッシュ・フロー	(　　　)

問題 2 営業活動によるキャッシュ・フロー2

解答・解説 P.18-2

営業収入 ＝ 〔　　　　　　円〕

Section

3 投資活動・財務活動によるキャッシュ・フロー

問題 3 キャッシュ・フロー計算書の総合問題

解答・解説 P.18-3

問1. 直接法による場合

(単位：円)

Ⅰ	営業活動によるキャッシュ・フロー	
	営業収入	(　　　)
	商品の仕入による支出	(　　　)
	人件費支出	(　　　)
	その他の営業支出	(　　　)
	小計	(　　　)
	利息及び配当金の受取額	(　　　)
	利息の支払額	(　　　)
	法人税等の支払額	(　　　)
	営業活動によるキャッシュ・フロー	(　　　)
Ⅱ	投資活動によるキャッシュ・フロー	
	有価証券の取得による支出	(　　　)
	有価証券の売却による収入	(　　　)
	有形固定資産の取得による支出	(　　　)
	有形固定資産の売却による収入	(　　　)
	貸付けによる支出	(　　　)
	貸付金の回収による収入	(　　　)
	投資活動によるキャッシュ・フロー	(　　　)
Ⅲ	財務活動によるキャッシュ・フロー	
	短期借入れによる収入	(　　　)
	短期借入金の返済による支出	(　　　)
	株式の発行による収入	(　　　)
	配当金の支払額	(　　　)
	財務活動によるキャッシュ・フロー	(　　　)
Ⅳ	現金及び現金同等物に係る換算差額	(　　　)
Ⅴ	現金及び現金同等物の増加額	(　　　)
Ⅵ	現金及び現金同等物の期首残高	(　　　)
Ⅶ	現金及び現金同等物の期末残高	(　　　)

問2. 間接法による場合

Ⅰ 営業活動によるキャッシュ・フロー	(単位：円)
税引前当期純利益	(　　)
減価償却費	(　　)
貸倒引当金の増加額	(　　)
受取利息及び受取配当金	(　　)
有価証券売却益	(　　)
為替差益	(　　)
支払利息	(　　)
固定資産売却損	(　　)
売上債権の増加額	(　　)
棚卸資産の増加額	(　　)
仕入債務の増加額	(　　)
小計	(　　)
利息及び配当金の受取額	(　　)
利息の支払額	(　　)
法人税等の支払額	(　　)
営業活動によるキャッシュ・フロー	(　　)

Section

4 連結キャッシュ・フロー計算書

問題 4 営業収入と商品仕入支出

解答・解説 P.18-6

①	円	②	円

問題 5 貸付けと借入れ

解答・解説 P.18-6

①	円	②	円	③	円	④	円

問題6 有形固定資産の売却と取得

解答・解説 P.18-7

(A)	円
(B)	円

問題7 配当金の受取りと支払

解答・解説 P.18-7

①	円	②	円	③	
④	円				

問題8 簡便法による連結キャッシュ・フロー計算書の作成

解答・解説 P.18-8

連結キャッシュ・フロー計算書　（単位：千円）

Ⅰ　営業活動によるキャッシュ・フロー	
〔　　　〕	（　　　）
減価償却費	（　　　）
〔　　　〕	（　　　）
貸倒引当金の増加額	（　　　）
受取利息配当金	（　　　）
〔　　　〕	（　　　）
売上債権の〔　　〕額	（　　　）
棚卸資産の〔　　〕額	（　　　）
仕入債務の〔　　〕額	（　　　）
小計	（　　　）
利息及び配当金の受取額	（　　　）
法人税等の支払額	（　　　）
営業活動によるキャッシュ・フロー	（　　　）

Chapter

19 特殊論点編

Section 1 分配可能額の計算

問題1 分配可能額の算定 1

解答・解説 P.19-1

問1. [　　　　　　円]　　問2. [　　　　　　円]

問題2 分配可能額の算定 2

解答・解説 P.19-2

(1)	円	(2)	円	(3)	円	(4)	円

Section 2 金融商品等に係る特殊論点

問題3 有価証券の消滅

解答・解説 P.19-4

(単位：円)

貸借対照表

Ⅰ　流動資産

有　価　証　券　(　　　　　　)

損益計算書

Ⅳ　営業外収益

有価証券評価益　(　　　　　　)

有価証券売却益　(　　　　　　)

Memorandum Sheet

ネットスクール出版